Versklavt

Anna und Jason Johnson

Versklavt

In den Fängen von Menschenhändlern

Aus dem Englisch von
Sabine Schäfer

Weltbild

Die englische Originalausgabe erschien 2017 bei Ebury Press. Ebury Press gehört zur Penguin Random House Unternehmensgruppe.
Titel der englischen Originalausgabe: *Slave: Snatched off Britain's streets. The truth from the victim who brought down her traffickers.*

Copyright © Anna und Jason Johnson 2017.

Copyright der deutschsprachigen Ausgabe © 2018 by Weltbild GmbH & Co. KG,
Werner-von-Siemens-Str. 1, 86159 Augsburg
Übersetzung: Sabine Schäfer
Projektleitung und Redaktion: usb bücherbüro, Friedberg/Bayern
Umschlaggestaltung: atelier seidel, teising
Coverfoto: © istockphoto/stsmhn
Satz: Datagroup int. SRL, Timisoara
Gesamtherstellung: CPI Moravia Books s.r.o., Pohorelice
Printed in the EU
978-3-8289-5874-6

2019   2018
Die letzte Jahreszahl gibt die aktuelle Lizenzausgabe an.
Einkaufen im Internet:
www.weltbild.de

Dieses Buch ist ein Sachbuch, das auf dem Leben, den Erfahrungen und Erinnerungen von Anna, der Autorin, basiert. In einigen Fällen sind die Namen von Leuten und Orten, Zeitangaben und die Reihenfolge der einzelnen Ereignisse verändert worden.

Kapitel Eins

Sie entführten mich, weil ich nicht vermisst werden würde.

Es ist nicht einfach, jemanden zu entführen und ihn dann nicht wieder zurückzubringen. Einige Leute werden ihn vermissen; sie werden sich fragen, wohin er verschwunden ist. Sie rufen vielleicht die Polizei an, suchen sein Haus auf, durchsuchen die Dinge, die er zurückgelassen hat.

Sie hängen vielleicht Plakate auf oder erscheinen im Fernsehen und fragen: »Wohin ist diese Person verschwunden? Kann mir jemand helfen, diese Person zu finden? Die Person hat sich in Luft aufgelöst.«

Doch bei mir ist nichts davon passiert. Zu wissen, dass ich allein war, keine Menschen hatte, die darum kämpfen würden, mich zu finden, war alles, was sie wissen mussten. Ich war eine junge Frau aus Rumänien, inmitten von Leuten, die in einer großen, fremden Stadt ständig kamen und gingen, und wie das halt so ist, war ich nur ein Gesicht in der Menge. Also entführten sie mich. Es war, als wäre kein Verbrechen begangen worden. Es gab keine Spuren, und niemand bemerkte es. Und wissen Sie, manchmal denke ich immer noch: »Wie clever von ihnen.«

Von diesem Tag an nannten sie mich »die Blinde«. Sie sagten immer: »Wo ist die Blinde?«, »Wie viele hatte die Blinde?« oder: »Die Blinde hat wieder Ärger gemacht.«

Das war mein Name, vielleicht weil es die erste Schwäche war, die sie an mir entdeckten, als sie mich entführten. Meine Brille fiel herunter, als sie mich in das Auto zerrten.

Das Erste, was ich zu ihnen sagte, war: »Geben Sie mir meine Brille zurück.«

Und da sahen sie sich meine Brille an, drehten sie herum und konnten sehen, dass sie stark war, dass sie nicht nur zum Lesen gebraucht wurde, dass es eine Brille war, die jemand zum Leben brauchte, der nicht gut sieht.

Also lachten sie und nannten mit »blind« und dann »die Blinde«, und bewahrten meine Brille irgendwo auf. Ich weiß nicht, wo sie sich befand, aber es ist schon seltsam, zu denken, dass sie sie sehr sicher aufbewahrten. Sie sorgten dafür, dass sie nicht zerbrach, damit sie sie mir, als der richtige Zeitpunkt gekommen war, nachdem sie mich gebrochen hatten, wiedergeben konnten.

Und nach vier Monaten sagten sie sich: »Sie gehört jetzt uns, sie hat aufgegeben, sie ist jetzt keine Gefahr mehr für uns«, und gaben mir meine Brille zurück.

Vier Monate lang lebte ich, wie die Leute früher gelebt hatten, bevor Brillen erfunden wurden, mit schlechtem Sehvermögen, schmerzenden Augen und häufigen Kopfschmerzen und ohne in der Lage zu sein, irgendetwas oder irgendjemanden richtig zu sehen. Es war eine neue Welt für mich, ein Ort, an den ich nicht passte, der oft unscharf war.

Und dann sagten sie: »Hier, bitte sehr, du kannst sie jetzt tragen. Sag nicht, dass wir dir nie etwas geben.«

Kapitel Zwei

Es war der 11. März 2011. Es war ein Freitag.

Der Morgen war sonnig und mild – nicht warm, nicht kalt. Ich erinnere mich, dass ich dachte, wie schön der Tag war, als ich um halb acht die Tür schloss.

Die Straße in Nordlondon, in der ich lebte, nennt sich Westbury Avenue. Es ist eine lange Straße mit vielen Reihenhäusern und einigen Bäumen, am Ende ein paar Läden, ein Pub und ein paar Restaurants. Es ist eine angenehme Gegend, in der die Leute kommen und gehen, sich nicht umeinander kümmern und einen manchmal anlächeln, wenn sie an einem vorbeigehen.

Die U-Bahnstationen, die am nächsten lagen, waren Wood Green und Turnpike Lane, aber ich benutzte keine von beiden sehr häufig. Die meiste Zeit, wenn ich in London unterwegs war, nahm ich den Bus, saß ganz oben, hörte Musik und blickte hinaus.

Die U-Bahn ist ein guter Ort, um sich Menschen anzusehen, schnell durch gekachelte Tunnel zu gehen und die Poster in den Stationen zu betrachten, wo der einzige Wind von den Zügen kommt. Ganz okay, wenn man so etwas mag. Aber wenn man sich Gebäude oder Straßen ansehen will, wenn man sich gerne die Stadt selbst ansieht, sieht man sie dort unten nicht. In der U-Bahn weiß man nicht, wo man ist, man versteht nicht wirklich, wohin man sich bewegt. Die Wahrheit ist: Es fühlte sich für mich besser an, mit Bussen als mit U-Bahnzügen zu fahren, also nahm ich den Bus.

Ich stieg um Viertel vor acht in der Nähe der Turnpike Lane U-Bahnstation in den Bus, um um acht Uhr oder ein bisschen später bei meiner Arbeit in Finchley zu sein. Die Schönheitschirurgen, denen das Haus gehörte, störte es nicht, wenn ich ein bisschen später oder früher kam. Ich war gekommen, um zwei Stunden lang das Haus zu putzen, und ich würde zwei Stunden lang dort sein, daher würde ihre Tochter, wenn ich um zehn nach acht kam, immer noch nett zu mir sein, »guten Morgen« sagen und mich fragen, wie es mir ginge. Ich sagte dann »Gut, danke«, danach sagte ich »Hallo« zu ihrem Hund und wir gingen alle unseren Geschäften nach.

Ich bügelte ein bisschen, putzte die Küche und die Badezimmer und ging nach zwei Stunden.

Ich brauchte um die zehn Minuten zu Fuß bis zu dem zweiten Ort, wo ein Mann allein lebte. Manchmal war er da, manchmal nicht, aber ich hatte einen Schlüssel für sein Haus, so wie ich einen Schlüssel für beinahe alle Häuser hatte, in denen ich putzte.

Ich kannte diesen Mann nicht sehr gut, aber er war schon älter, und ich wusste, dass er wirklich jemanden brauchte, der ihm half, die Dinge sauber zu halten. Die Küche war nicht so toll, und ich glaube nicht, dass er wusste, wie man die Spülmaschine benutzt. Er stellte schmutziges Geschirr hinein, wobei das Essen nicht einmal von den Tellern gekratzt war, schloss dann die Tür und vergaß es.

Ich war beinahe zwei Stunden dort, putzte die Küche, räumte den Geschirrspüler aus, stellte neues Geschirr hinein und schaltete ihn an, putzte das Bad und wusch seine Kleidung. Die Toilette in seinem Haus war – nun, das müssen Sie nicht wissen.

Es war beinahe ein Uhr, als ich mit diesen beiden Jobs fertig war und meine Mittagspause machte. Am Nachmittag hatte ich einen weiteren Job in Wood Green, und der dauerte wieder zwei Stunden, denn das war der Zeitraum, den viele Leute für ausreichend hielten.

An jenen Tagen, wenn ich zwischen den Jobs eine Stunde oder mehr Zeit hatte, fuhr ich zurück in die Westbury Avenue, um etwas zu essen und fernzusehen. Mein Frühstück hatte an jenem Tag nur aus einem Croissant und einer Coke bestanden, wie das üblicherweise der Fall war, und ich war hungrig. Nach Hause zu fahren, um mich zu entspannen, zu essen und fernzusehen, ohne irgendetwas bezahlen zu müssen oder jemanden zu treffen, während ich meine Arbeitskleidung trug, war eine gute Idee.

Ich nahm den Bus nach Wood Green, und ich erinnere mich, gedacht zu haben, es könnte später am Tag regnen, dass der Londoner Himmel ein bisschen dunkler geworden wäre. Ich stieg aus und ging die Straße entlang in Richtung meines Hauses. Wenn Sie sich mich vorstellen wollen, sollten Sie wissen, dass ich meine Ohrhörer in den Ohren hatte und dass ich meine Brille und eine graue Winterjacke mit einem pelzigen Kragen trug.

Ich trug ein dunkles T-Shirt, irgendeine Hose und flache Schuhe, die ich für die Arbeit benutzte und die nicht allzu modisch waren.

Ich befand mich in meiner eigenen kleinen Welt, ging einfach so dahin, weder glücklich noch traurig, den Kopf Richtung Gehsteig gesenkt, denn ich bin kein Mädchen, das immer den Kopf hoch trägt.

Ich näherte mich meinem Haus, es war vielleicht noch

drei oder vier Türen entfernt, als ich an einem dunkelroten Auto vorbeiging, das mit Blick auf mich an der Straßenseite parkte. Es waren Leute darin – zwei vorne, ein Mann und eine Frau. Sie blickten geradeaus und redeten nicht.

Warum hätte mich das kümmern sollen? Das tat es nicht. Doch ich erinnere mich, dass ich das Auto und diese Leute ansah und dachte: »Warum sitzen die so still da wie Dummys?« Ich erinnere mich nicht mehr daran, ob der Motor lief.

Ich ging weiter und war vielleicht noch zwei Häuser von meinem eigenen Haus entfernt. Ich hörte keine Autotür, niemand sagte irgendwas. Alles, was ich hören konnte, war Musik, nur Beyoncé, die in meinen Ohren sang. Dann fühlte ich, wie eine Hand mich fest im Nacken ergriff. Ein Arm erschien vor meinem Gesicht und bedeckte meinen Mund. Ich fiel rückwärts – wurde rückwärts gezogen – und dann zogen weitere Hände an meinen Schultern, zerrten mich weg.

Ich erinnere mich nicht, ob ich daran dachte, mich zu wehren oder zu beißen, aber alle meine Körperglieder bewegten sich; meine Arme und Füße versuchten, nach jemandem auszuschlagen, den ich nicht sehen konnte. Ich kann nur sagen, dass ich kräftig und schnell in das Auto gezogen wurde und mir währenddessen meine Hände überall anstieß. Ich war nicht stark genug oder hatte nicht genug Glück, jemandem Schaden zuzufügen. Jemand schloss die Tür von außen und stieg vorne in das Auto. Ich schrie sie an, als sie sich wieder auf den Beifahrersitz setzte, mit meiner Brille in der Hand. Ich brüllte irgendein Wort, vielleicht auf Englisch, vielleicht auf Deutsch oder Rumänisch. Es war der erste vernünftige Laut, den ich von mir gab, aber ich weiß nicht mehr, was es war.

Der Mann hinten schob mich von sich herunter und sagte: »Schhh.«

Ich zog mich an meiner Seite an der Tür hoch. Ich wusste, er hatte meine Tasche, und ich konnte sehen, dass er hineinsah, also fing ich an, ihn zu schlagen. Er senkte den Kopf, und ich schlug heftig nach seinem Gesicht und seinem Kopf und kratzte ihn. Die Frau fing an, mich auf den Hinterkopf und die Seite meines Gesichts zu schlagen. Sie schlug mich an die Seite meines Kopfes und der Mann schob mich zurück. Sie schlug mich noch mehr, und stärker, aber ich schlug nicht zurück. Ich wusste nicht, ob ich blutete.

Die Musik hatte aufgehört. Ich konnte die Kabel meiner Ohrhörer an meiner Jacke herunterhängen sehen, aber nicht sehr deutlich. Der Lärm in meinen Ohren war laut von den Schlägen, eine Art Heulen, wie eine Sirene. Ich hob mein Gesicht, um nach vorne zu sehen, und ich konnte die Frau sehen, die zwischen den beiden Sitzen saß, bereit, mich wieder zu schlagen. Sie erschien mir schlank, aber stark, und sehr entschlossen. Und sie war sehr wütend, als hätte ich ihr irgendwas getan.

Ich wusste, dass sie Rumänin war. Ich hatte sie schon einmal gesehen, ich kannte ihr Gesicht, und bereits zu diesem Zeitpunkt wollte ich es nie wiedersehen. Ich hatte auch den Mann neben mir schon gesehen; sein Gesicht kam mir irgendwie bekannt vor. Bei dem Fahrer war ich mir nicht sicher. Ich wusste mit Sicherheit, dass sie alle Rumänen waren, aber das Nächste, was ich sagte, war auf Englisch. Ich wischte mir über die Nase und sagte: »Geben Sie mir meine Brille zurück.«

Und sie schüttelte den Kopf und blickte auf die Brille in ihrer Hand hinunter. Sie drehte sie um, als würde sie sie untersuchen.

»Sie ist blind«, sagte sie auf Rumänisch und blickte wieder zu mir hoch.

Der Mann auf dem Vordersitz sagte auf Rumänisch: »Ah, blind«, als hätte das eine Bedeutung, aber er sah mich nicht an, als er sprach. Er blickte in den Seitenspiegel des Autos, bog bereits auf die Straße und fuhr los.

Ich hatte nicht gehört, wie der Motor angelassen wurde. Vielleicht war er bereits gelaufen, als sie mich ergriffen. Ich konnte mir nicht zusammenreimen, was los war, aber natürlich wusste ich, dass es schlimm war.

Der Mann neben mir reichte die Tasche nach vorne weiter, und die Frau fing an, sich den Inhalt anzusehen. Meine Hand bewegte sich, als hätte sie einen eigenen Willen, wollte sie zurückholen, streckte sich und griff nach ihr, und da schlug der Mann neben mir mich zum ersten Mal. Er schlug mir mit der Faust auf mein Kinn. Ich fühlte, wie meine Zähne gegeneinanderschlugen, und dann hörte ich auf, mich zu bewegen. Sein Name ist Carol, ein Jungenname in Osteuropa, ein Mädchenname im Westen.

Ich saß mit schmerzendem Gesicht und Kopf da, während sie in meine Tasche schaute. Ich fühlte mich, als hätte mich jemand an den Haaren gezogen, aber ich konnte mich nicht daran erinnern, dass jemand mich an den Haaren gezogen hatte.

Wurde ich jetzt vielleicht beraubt? Das war die erste vernünftige Erklärung, die mir zu dem, was passierte, einfiel. Und ich dachte damals, dass es mir egal war, falls ich beraubt wurde, solange sie nur das Auto anhielten und mich rauswarfen.

Ich blickte auf die Kabel hinab, die an meiner Jacke hingen, und zog an ihnen, an den Ohrhörern, als wollte ich sie abnehmen. Carol beobachtete mich, betrachtete mich und meine Kleidung, dann griff er wie ein geübter Dieb in meine Tasche, weil er wusste, dass sich dort mein Telefon befand. Er reichte es nach vorne weiter.

Er wusste nicht, dass ich noch ein weiteres, das ich nur für die Arbeit benutzte, in einer anderen Tasche hatte. Sofort dachte ich: »Sei vorsichtig damit. Denk immer erst gründlich nach und behalt das andere Telefon.«

Mir war jetzt klar, dass ich jeden Augenblick wieder geschlagen werden konnte. Mir war klar, dass ich in einem Auto mit drei Leuten gefangen war. Mir war klar, dass es ihnen egal war, dass ich ihre Gesichter gesehen hatte. Auf diese Weise würde man niemanden ausrauben.

Jetzt war meine Atmung tief, nicht allzu schnell, aber die Atemzüge waren tief, als würde mein Körper versuchen, sich zu beruhigen, sich bereitzumachen.

Ich sagte mir, dass ich noch nicht versucht hatte, durch die Tür zu entkommen, dass ich noch nicht an dem Griff direkt neben mir gezogen hatte. Es waren erst ein paar Sekunden vergangen, vielleicht auch eine Minute, und ich hatte noch nicht das Vernünftigste getan, nämlich versucht, die Tür zu öffnen. Ich sagte mir, dass wir auf einer Straße fuhren, aber dass ich, wenn wir langsamer wurden oder anhielten, mutig genug sein würde, am Griff zu ziehen, rauszuspringen und um mein Leben zu rennen. So machen das Menschen, die in Autos gefangen sind, wenn sie entkommen wollen. Ich sagte mir, dass ich auf diese Weise entkommen konnte.

Aber denken Leute, die in Autos gefangen sind, was ich dachte? Fangen sie an zu zählen? Ich würde zwei oder drei Sekunden brauchen, um die Tür zu öffnen, aber der Mann war weniger als eine Sekunde von ihr entfernt. Die Frau war mir genauso nahe wie der Mann.

Und ich sagte mir: »Was, wenn es eine Kindersicherung gibt?« Ich fragte mich: »Was wird passieren, wenn ich daran ziehe und die Tür sich nicht öffnet?«

Ich fühlte mich nicht mutig. Mein Kopf sagte: »Lass dich nicht wieder schlagen«, und: »Frag sie einfach, was du für sie tun kannst.« Er sagte: »Wenn du versuchst, an diesem Türgriff zu ziehen, wirst du wieder und wieder geschlagen werden. Es wäre ein Fehler.« Ich dachte nicht, dass ich aus diesem Auto entkommen könnte, aber da war immer noch etwas, das mir sagte, ich müsste es versuchen.

Also wartete ich auf den richtigen Moment.

Und dann fiel mir der Name der Frau ein. Sie hieß Crina, und sie war Carols Freundin. Crina und Carol. Das alles fiel mir in einem Augenblick wieder ein, nachdem ich es zuerst nicht realisiert hatte. Sie lebten sogar in demselben Haus wie ich. Sie teilten sich im Obergeschoss ein Zimmer. Sie waren eines der Paare in dem Haus, einem großen Haus, das einem rumänischen Vermieter gehörte, der auch dort lebte. Ich kannte dieses Paar nicht persönlich, hatte nur ihre Gesichter gesehen, ihre leisen Stimmen gehört, wenn sie an meiner Tür vorbeigingen, aber jetzt erkannte ich sie plötzlich.

Diese Fremde, Crina, arbeitete in einem Strip-Club. Und jetzt sah sie sich die Schlüssel anderer Leute in meiner Tasche an, jetzt durchsuchte sie mein Portemonnaie, überprüfte, wie viel darin war. Sie sah sich alles an, was ich hatte, alles, was ihr von Nutzen sein oder sie interessieren könnte.

Ich dachte: »Wer bist du, dass du mir das antust?«

Und dann nahm sie sich mein Telefon vor, sah sich die Namen der Leute an, die ich angerufen hatte, die Verbindungen, die ich auf Facebook hatte, hauptsächlich Freunde aus Rumänien.

Sie wandte sich mir zu, sah, wie ich sie ansah und sie bereits in diesem Moment hasste, und ich wusste nicht, ob ich wegsehen sollte.

Auf Rumänisch sagte sie: »Ich muss dir sagen, Anna, wenn du willst, dass deine Mutter stirbt, dann kannst du schreien. Verstehst du das?«

Carol sagte: »Also, willst du jetzt schreien? Mach schon, fang an zu schreien. Und wir versprechen dir, dass deine Mutter in Sibiu sterben wird, klar?«

Crina sagte: »Sie heißt auch Anna, oder?«

Und ich sagte: »Da.«

Das bedeutet »Ja«.

Denn meine Mutter heißt auch Anna.

Crina nickte und machte mit dem weiter, was sie getan hatte, sah sich die Mädchen an, die ich auf Facebook kannte, sah sich Teile meines Lebens an, die sie nichts angingen.

Wir waren mittlerweile auf einer größeren Straße und fuhren schneller. Ich erinnere mich nicht, ob das Auto überhaupt angehalten hatte oder wirklich langsamer geworden war. Aber ich erinnere mich, dass es begann, schneller zu werden, und dass der Mann hinten jedem eine Zigarette gab. Mir bot er keine an, und ich weiß nicht, ob ich sie genommen hätte. Ich denke, ich hätte es vielleicht getan.

Ich wollte aus dem Fenster blicken, mir die Straßen richtig ansehen, aber ich hatte das Gefühl, dass ich Schwierigkeiten bekommen würde, wenn ich das tat, wenn ich versuchte, die Namen der Orte zu lesen, an denen wir vorbeifuhren. Ich denke, es ist eine normale Reaktion, still zu sitzen und keine Aufmerksamkeit auf sich ziehen zu wollen, wenn man Angst hat.

Als ich geradeaus blickte, beherrscht und still, sah ich hoch oben ein Schild, das mir sagte, auf welcher Straße wir fuhren. Darauf stand: »Luton Airport«.

Ich glaube, genau in diesem Augenblick dachte ich zum ersten Mal, seit ich in das Auto gezerrt worden war, sehr klar. Die Verrücktheit all dessen war für diese Leute gar nicht verrückt. Sie mussten einen Grund haben. Und ich glaube, nach den ersten Minuten begann ich zu verstehen, was sie von mir wollten.

Ich hatte davon gehört, es hatte mit Sex zu tun, mit Prostitution. Sie würden mich irgendwo hinbringen, mir ein paar Sachen erzählen, um mir Angst zu machen, mir sagen, ich solle Geld für sie verdienen. Das ist die wahre Horrorgeschichte, die Leute in Rumänien seit Jahren hören, die Geschichte, in der dumme Mädchen, die weggehen, hereingelegt, gefangen und gezwungen werden, sich selbst zu verkaufen, um die Taschen von anderen zu füllen.

Und wissen Sie was? Ich hatte keinerlei Zweifel daran, dass ich, falls ich recht hatte, dem nicht zum Opfer fallen würde. Ich würde nicht zu einer Prostituierten werden. Das auch nur zu denken, ist Irrsinn. Mir würde das nicht passieren.

Ich dachte: »Wie schlimm kann so etwas werden?«

Ich überlegte mir, dass ich ohne jeden Zweifel auf den richtigen Moment warten musste, um wegzulaufen, dann mein Telefon benutzen, mir selbst helfen und Hilfe suchen. Ich dachte, es müsste mir doch möglich sein, diesen drei Leuten und aus diesem Auto zu entkommen.

Aber ich hatte keine Ahnung, wie, nicht eine einzige Idee.

Sie wussten viel mehr, als ich dachte. Sie hatten bereits herausgefunden, dass ich meinen Pass bei mir trug, weil er mir schon einmal aus meinem Zimmer gestohlen worden war. Sie wussten, dass ich ihn bei mir haben würde, vermutlich in meiner Tasche, während ich auf dem Weg zurück von der Arbeit allein die Straße hinunterging. Und sie kannten die einfache Wahrheit, dass ein Pass und ein Ticket die einzigen beiden Sachen sind, die man braucht, um jemanden aus einem Land in ein anderes zu schaffen.

Also, wie gesagt, ich hatte keine einzige Idee. Ich versuchte nie, den Türgriff zu betätigen. Ich fand nie den perfekten Moment, auf den ich wartete, den Moment, um zu flüchten und mich zu befreien. Ich denke, dass ich mich an jenem Tag nur mit kindischen Gedanken an eine Flucht beschäftigte, weil ich keinen Raum für andere Gedanken lassen wollte.

Kapitel Drei

Ich habe einen guten Rat, wenn Sie ihn hören wollen: Hinterlassen Sie immer eine Spur.

Wenn man kriminell ist, oder ein Betrüger oder ein Tier, das von anderen Tieren gejagt wird, dann ist das ein schlechter Rat. Doch wenn man ein normaler Mensch ist, der nichts zu verbergen hat, sollte man darüber nachdenken.

Es ist nie ein Fehler, in der Lage zu sein, seine Schritte zurückzuverfolgen oder anderen zeigen zu können, wo man gewesen ist. Wenn man eine Spur hinterlässt, können Leute die Reise nachvollziehen. Wenn man es schafft, Beweise bei sich zu tragen, darüber, wo man gewesen ist, dann kann man den Leuten die Geschichte davon erzählen, wo man gewesen ist, vielleicht auch, wer man ist.

Eine Spur bedeutet, dass immer die Chance besteht, dass man in der Lage sein wird, den Leuten die Wahrheit zu zeigen, dass man immer in der Lage sein wird, sich selbst zu helfen oder gefunden zu werden, wenn man vermisst wird. Es bedeutet, dass man gut organisiert ist und nachdenkt, und dass man weiß, dass eine Karte wertvoller ist, als ein Geheimnis. Die Leute bilden sich ständig sofort ihre Meinung über jemanden, bevor sie irgendetwas von ihm wissen. Wenn man seine Geschichte hat, wenn sie diese Geschichte erfahren können, dann wissen sie, wer und was man wirklich ist.

Dieser Rat gehört zu meinen frühesten Erinnerungen. Meine Großmutter, mit ihren dichten, blonden Haaren, sagte mir das viele Male. Ihre Worte wurden, nach ihrem Tod, sehr viel relevanter und wichtiger für mich, als ich sagen kann.

Sie wurde Martha genannt und war während des kommunistischen Regimes in Rumänien Sängerin. Sie wissen vielleicht, dass das Land bis zur Revolution, die am ersten Weihnachtsfeiertag 1989 endete, von dem Diktator Nicolae Ceausescu regiert wurde. Viele Leute sahen sich, was an diesem verrückten Tag passierte, im Fernsehen an. Er und seine Frau Elena waren Wahnsinnige, die das Leben von Millionen zerstörten. Nicolae war das Monster, das die Empfängnisverhütung verbot und den Krankenhäusern Gelder entzog, sogar nachdem Babys durch dreckige Nadeln mit HIV infiziert worden waren. Er war ein Monster, das jeden hinrichten ließ, von dem er dachte, er sei sein Feind, der Spione hatte, die auf jeder Straße, und in sehr vielen privaten Haushalten, für seine Geheimpolizei arbeiteten, weil er so krank und paranoid war.

Und in jenem Winter sagten die Leute, sie hätten genug davon, überwacht, misshandelt und getötet zu werden, ihre Familien, Städte und ihr Land leiden zu sehen, wegen des Egos dieses Schweines und seiner irren Frau. Sie rannten um ihr Leben, aber ich bin froh, sagen zu können, dass sie gefangen und am ersten Weihnachtstag verurteilt, dann nach draußen gebracht und erschossen wurden. Sie starben zusammen, und als der Film über ihre letzten Augenblicke im Fernsehen gezeigt wurde, sprangen die Menschen im ganzen Land vor Freude an die Decke. Viele Gesetze änderten sich danach, und eine der ersten Änderungen war, dass die Todesstrafe verboten wurde. Sie waren die letzten Menschen, die in Rumänien hingerichtet wurden. Da war ich sechs Monate alt. Ich wurde am 16. Juli 1989 geboren. Alles veränderte sich in meinem Land.

Meine Großmutter sang jahrelang, jahrzehntelang, in den Fünfzigern, Sechzigern und Siebziger, in einigen der besten Etablissements des Landes, für die Kommunisten. Sie war einigen der hochrangigsten Leute in Rumänien begegnet. In ihrer Zeit war sie eine wichtige Stimme im sogenannten Nationalchor, der dem Land gehörte, dem Regime, das sie überhaupt nicht mochte. Er tourte herum und sang traditionelle Volkslieder für unterschiedliches Publikum. Manchmal umarmten sie Fremde, wenn sie sie sahen, sagten ihr, sie sei schön oder sie könne sie traurig oder glücklich machen. Ich war so stolz auf sie.

Und Martha war wirklich eine sehr schöne Dame, eine sehr elegante Frau. Aber sie war tough und eigenwillig und sie traute, da sie in einer schwierigen Zeit aufgewachsen war, in ihrem ganzen Leben nur zwei oder drei Menschen.

Ich erinnere mich daran, dass meine Mutter mir sagte, eine sehr wichtige Sache, die man über ihre Mutter wissen müsse, sei, dass Männer ihr immer die Tür aufhielten, wo auch immer sie hinging. Und sie sagte, es sei mehr gewesen als nur das. Denn in der sehr ungewöhnlichen Situation, in der Martha an eine Tür kam und ein Mann sie ihr nicht aufhielt, sagte sie dem Mann, er solle sie öffnen – und der Mann tat es, ohne Fragen zu stellen. Es ist mir egal, ob die Leute die Tür für mich öffnen oder nicht, aber ich liebe die Tatsache, dass meine Großmutter eine Frau war, die Prinzipien hatte, die alle respektieren mussten.

Meine Großmutter verabscheute meinen eigenen Vater

Stefan. Sie hasste ihn, weil er und meine Mutter die ganze Zeit stritten, weil er wütend und gewalttätig war und keinerlei Liebe in seinem Herzen hatte.

In den Augen meiner Großmutter war er nie eine gute Wahl gewesen, nie ein guter Ehemann, nie einer Frau würdig gewesen, die so kostbar war, wie meine Mutter, und damit hatte sie sehr recht.

Die Wahrheit ist, dass Stefan nie Kinder wollte, nie ein Baby wollte, weil er nur an Geld interessiert war, und er sagte, es würde zu viel kosten, ein Kind großzuziehen.

Doch er wollte meine Mutter, und ich bin sicher, das war nur, weil sie ein wenig Geld hatte, weil sie aus einer wohlhabenderen Familie kam und er sich hinter ihrem Bedürfnis, Erfolg im Leben zu haben, verstecken und die Belohnungen abwarten konnte. Meine Mutter hatte viele Male bewiesen, dass sie belastbar und klug war. Sie hatte sich in ihrem Leben an verschiedenen Unternehmungen versucht, oft mit genug Erfolg, um ein bisschen Geld zu verdienen, aber nie viel. In der Zeit, als ich ein kleines Mädchen war, verkaufte sie Fisch, ein kleines Geschäft, das sie aus dem Nichts aufgebaut hatte. In den letzten Jahren des Kommunismus lief es gut.

Anna und Stefan waren beide 21, als sie sich trafen, aber sie war die einzige von den beiden, die davon träumte, ein nettes Zuhause zu haben und eine Familie zu gründen. Bevor sie heirateten, redete er davon, sie zu wunderbaren Flitterwochen mitzunehmen, redete von Rom und Paris, Orten, an die zu kommen für normale Rumänen sehr schwierig war, und ich glaube, sie wusste immer, dass er nur Lügen erzählte. Wie erwartet, nahm er sie nie irgendwo mit hin.

Als sie sagte, sie sei schwanger, sagte er ihr, das Baby sei nicht willkommen und es müsse etwas getan werden. Abtreibungen waren seit langer Zeit illegal in Rumänien gewesen, und ein unerwünschtes Baby, ein Baby, das vom Vater nicht anerkannt wird, wurde »ein Baby von den Blumen« genannt, was bedeutet, dass es niemandes Kind war. Mein Vater sagte meiner Mutter, ich würde so ein Kind sein. Wenigstens war er da ausnahmsweise mal ehrlich.

Meine Mutter war enttäuscht, aber Stefan war noch nicht fertig. Er sagte, wenn sie ihm die Hälfte des Geldes aus dem Verkauf ihrer Wohnung geben würde, was sie nach meiner Geburt zu tun geplant hatte, dann würde er das Kind anerkennen. Die Wohnung gehörte ganz allein ihr, war ihr von ihren eigenen Eltern geschenkt worden, und er wollte die Hälfte davon.

Und nein, er war immer noch nicht fertig. Er sagte außerdem, er wolle, dass ich den Vornamen seiner Wahl bekomme, denn er wisse, dass meine Großmutter, wenn ich ein Mädchen sein würde, darauf bestehen würde, dass ich denselben Namen wie meine Mutter haben musste. Und meine arme Mutter wusste nicht, was sie tun sollte.

Am Ende bekam Stefan seinen Willen in Bezug auf meinen Namen, aber nach Auseinandersetzungen in der Familie wurde ihm gesagt, er werde nicht die Hälfte der Wohnung bekommen, sie werde weiter der Familie meiner Mutter gehören. Und darüber war er nicht glücklich.

Ich war noch ein Baby, als er mich nahm und verschwand. Er packte mich in sein Auto und fuhr beinahe dreihundert Kilometer bis zur ungarischen Grenze. Er hatte Verhandlungen geführt, um hinüberzugelangen, als der Polizei in Sibiu gesagt wurde, ich sei verschwunden.

Eine Suche begann, und die Grenzstationen wurden kontaktiert. Es wurde festgestellt, dass mein Vater versuchte, mich außer Landes zu bringen, aber keine Ausweispapiere für mich hatte und nicht durchkam.

Meine Papiere waren von meiner Mutter versteckt worden. Ich glaube, ihr Instinkt hatte ihr gesagt, dass Stefan so etwas versuchen würde, nachdem ich geboren worden war.

Meine Großmutter war sich, schon davor, sicher gewesen, dass Stefan einen Plan hatte, mich loszuwerden. Sie glaubte, er hätte es gerne gehabt, wenn meine Mutter mich abgetrieben oder verloren hätte, oder mich gar für jeden Preis an Kriminelle verkauft hätte.

Zu der Zeit glaubte meine Mutter, er würde nur versuchen, ihr Angst zu machen, sie zu zwingen, einen Handel über die Wohnung einzugehen, die ihr gehörte, glaubte, er wäre eifersüchtig auf diesen neuen Menschen, der ihre Liebe bekommen würde. Sie glaubte, das hätte ihn verwirrt.

Ich weiß nicht, was die Wahrheit ist, aber ich kann nur sagen, dass ich froh bin, dass er aufgehalten wurde. Ich freue mich außerdem, sagen zu können, dass er nach diesem Vorfall verschwand.

Als ich vier Jahre alt war, sah ich ihn wieder. Es fühlte sich an, als würde ich ihn zum ersten Mal sehen, denn natürlich hatte ich keine Erinnerung daran, was vorher passiert war. Doch ich erinnere mich daran, dass ich Angst hatte, als er mit der Absicht in die Wohnung kam, meine Mutter anzugreifen. Ich beobachtete mit Tränen in den Augen, wie er sie schlug, wie sie versuchte, ihr Gesicht zu verbergen, als er nach ihr schlug.

Ich sah ihn nicht mehr, bis ich siebzehn war, und das war

ein kurzes Wiedersehen. Ich verabredete mich mit ihm, weil ich ihn nach diesen Zeiten fragen wollte. Und natürlich sagte er, er habe mich damals, als ich ein Baby war, mitnehmen wollen, um ein besseres Leben zu beginnen. Er sagte, die Dinge in Sibiu seien zu verrückt gewesen, mit meiner verrückten Mutter und Großmutter, und er habe mich von all dem wegbringen wollen, um sicherzustellen, dass ich eine bessere Chance im Leben haben würde.

Ich fragte ihn, warum er meine Mutter geschlagen habe, und er sagte, das sei nie passiert, meine Mutter habe Lügen über ihn erzählt und dafür gesorgt, dass sie in meinem Gedächtnis kleben blieben, wie Bilder auf einer Wand. Er sagte, das habe nicht passieren können, denn er sei kein wütender Mann.

Ich verließ ihn in dem Wissen, dass ich nicht ein Wort von dem glaubte, was er gesagt hatte, und ich wusste, dass ich ihn nie wiedersehen wollte. Ich hatte ein starkes Gefühl von Befriedigung nach diesem Treffen, da ich, was meinen Vater betraf, wusste, was ich wollte, da ich wusste, dass ich eine Tür schloss, die ich nie wieder öffnen würde.

Eine meiner frühesten Erinnerungen an meine Großmutter ist, wie sie mir sagte, dass ich, sollte ich jemals den Mann sehen, der sich mein Vater nannte, weglaufen und es ihr erzählen solle. Ich hätte genau das getan, was sie mir gesagt hatte.

Manche Menschen haben keine Väter in dem Sinn, dass es irgendetwas bedeuten würde, und ich bin einer von diesen Menschen. Doch ich hatte meine Großmutter, und sie war der großartigste Elternteil, den ich hätte haben können. Ich liebte sie mehr, als ich sonst jemals jemanden geliebt habe.

Doch Stefan verstand nicht, was es bedeutete, Vater zu sein. Er war in Sibiu ein Mann mit einem Ruf, ein Mann, der viel in Kämpfe verwickelt wurde und sich nicht darum kümmerte, was andere von ihm dachten. Und wegen ihm wurde mir der Name Sonia gegeben. Das ist mein erster Vorname. Mein Name ist Sonia Anna, aber niemand darf mich Sonia nennen, nur Anna.

Wissen Sie, wer Sonia ist? Sie ist eine der Frauen, mit denen sich mein Vater traf, als er sich auch mit meiner Mutter traf. Sie ist die Frau, mit der er zusammen war, als ich ein Baby war, das im Mutterleib heranwuchs. Und er nannte mich Sonia, nach ihr. War das nicht scheußlich?

Ich war fünfzehn, als mir meine Mutter von diesem Namen erzählte, wo er herkam. Ich habe ihn immer gehasst, und dann hatte ich plötzlich noch viel mehr Grund, ihn zu hassen.

Man kann mir den Namen Sonia entgegenbrüllen, und ich höre nicht. Ich reagiere nicht darauf. Mein Name ist Anna.

Also ja, meine Mutter und mein Vater trennten sich, nachdem er dabei erwischt worden war, wie er Sibiu mit mir in den Armen verlassen hatte. Von da an arbeitete meine Mutter hart, und meine Großmutter verbrachte mehr und mehr Zeit mit mir, und ich war an den meisten Tagen der Woche bei ihr.

Ich habe nicht wirklich sehr lange bei meiner Mutter gelebt, als ich klein war, hauptsächlich bei meiner Großmutter. Meine Mutter arbeitete hart an ihrem Geschäft, aber meine Großmutter war im Ruhestand, und es war sinnvoller, dass meine Großmutter sich um mich kümmerte. Es erschien allen sinnvoller, denke ich. Erst als sie starb, als ich sechzehn war, zog ich wieder zurück zu meiner Mutter, aber nur für kurze Zeit.

Meine Mutter hatte diese kleine Firma, die Fisch an Läden verkaufte, und sie machte auch ein wenig Buchhaltung für andere Leute, wenn sie konnte. Doch es wurde immer schwieriger für sie. Nachdem der Kommunismus gefallen war, veränderte sich wirtschaftlich alles, und die Wahrheit ist, es entwickelte sich schlecht für sie. Und es ist ebenfalls wahr, dass sie ein paar schlechte Entscheidungen in ihrem Leben getroffen hat. Wissen Sie, manche Leute sind sehr stark, aber nicht immer auf die beste Weise.

Am Ende wurde meine Mutter Krankenschwester, ging, als sie um die Vierzig war, noch aufs College, um ihr Leben zu verändern, und dort fand sie, was man vielleicht ihre Berufung nennen kann, eine Aufgabe, bei der sie alle ihre Stärken auf die bestmögliche Weise einsetzen konnte.

Meine Großmutter hatte auf professioneller Ebene starke Verbindungen zu den Kommunisten, doch sie sagte immer, in ihrem Herzen sei sie Deutsche. Ihre Wurzeln lagen in Deutschland, sie sprach deutsch, da ihre Familie zu den Siebenbürger Sachsen gehörte, einem Volk, das sich in diesem Teil Rumäniens über Hunderte von Jahren bis ins zwanzigste Jahrhundert hinein angesiedelt hatte, und dessen erste Sprache Deutsch ist. Sie hatte viele Verwandte, sogar enge Familienangehörige, in ihrem geliebten Deutschland.

Ihre Leute hatten einen militärischen Hintergrund, und sie gab sich oft Tagträumen darüber hin, was sie erreicht hatten, und wie sie nach Deutschland, in den Westen, zurückkehren würde, obwohl sie in ihrem ganzen Leben noch nie dort gewesen war. Sie zog es vor, wenn in ihrem Haus in Sibiu nicht Rumänisch gesprochen wurde. Ich sprach immer nur Deutsch mit ihr, und das gefiel mir.

Als ich drei Jahre alt war, hatte meine Großmutter mir ein wunderbares Zimmer in ihrem Haus gegeben und brachte mich in den ungarisch-deutschen Kindergarten in der Nähe. Sie wollte, dass ich mit Kindern deutscher Abstammung verkehrte und mir, während ich aufwuchs, meiner Identität sehr sicher war.

Genau wie sie, hatte ich diese hellblonden Haare, reinweißes, leuchtendes Haar, und sie sagte mir immer, wie schön das sei und dass es Teil des sächsischen Erbes sei, das ich in meinem Blut hätte. Sie liebte alles Deutsche, und kulturelle Dinge, wie Kunst und Musik, edle lange Kleider, gutes Essen, Blumen und Schmuck, und Dinge, die den Geist und die Sinne beleben.

Und sie liebte es, dass ich ihre Anna war, denselben Namen hatte, den sie meiner Mutter gegeben hatte, dass sie mich mit ihrem absoluten Lieblingswort rufen konnte, dass ich ein weiteres kleines Mädchen war, das sie hegen konnte.

Vielleicht klingt das wie ein seltsamer Start ins Leben, und das war es wohl auch. Doch wenn man jung ist, ist alles normal. Es war normal für mich, als ich zwei oder drei war, bei meiner Mutter zu sein, wenn sie weinte. Es war normal, wenn ich an den Wochenenden bei ihr war, die Decke über sie zu ziehen, zu hören, wie sie mir erzählte, sie habe Probleme mit Menschen und sie habe nur dumme Männer kennengelernt.

Sie lebte in einer Wohnung in einem Wohnblock, der von ihrem Vater, einem angesehenen Projektingenieur gebaut worden war. Er baute viele Häuser für das kommunistische Regime, und um ihm ein Geschenk zu machen, hatten sie ihm diese Wohnung gegeben, als er damit fertig war. Er gab sie an meine Mutter weiter, bevor er starb.

Sie lag an der Ecke einer viel befahrenen Straße, und man konnte die ganze Zeit die Autos hören. Ich stellte fest, dass ich, wenn ich mir die Decke über den Kopf zog, die Geräusche gedämpfter hörte, viel leiser. Wenn uns jemand gesehen hätte, wenn sie in dieser Wohnung traurig war, hätte er gesehen, wie meine Mutter redete und sich die Augen wischte, und gehört, wie die Autos vorbeifuhren und sie mir sagte, sie liebe mich. Und er hätte gesehen, wie dieses kleine Mädchen ganz normal mit Spielzeugen unter der Bettdecke spielte.

Ich war gerne dort mit ihr, egal wie es sich vielleicht anhört. Ich hörte sie gerne reden. Ich hatte mein eigenes Bett, ein großes Doppelbett mit einer pinkfarbenen Überdecke, das voller Stoffaffen war – ich liebe Plüschaffen immer noch – aber ich ging auch oft zum Bett meiner Mutter, kletterte darauf, kroch unter die Decke und ließ sie reden und weinen.

Manchmal versuchte sie, mich von sich fernzuhalten, wenn sie weinte, aber andererseits war der Grund, warum sie weinte, manchmal der, dass ich bei ihr war.

Manchmal hatte ich das Gefühl, ich wäre diejenige, die sie vom Weinen abhalten konnte, dass sie, wenn ich nette Dinge für sie tat, nicht mehr traurig sein würde, aber normalerweise funktionierte das nicht. Wenn ich ein Herz für sie zeichnete und ihr sagte, dass ich sie liebte, machte es das noch schlimmer. Und einmal pflückte ich für sie ein paar

Wildblumen in einem Park in der Nähe ihrer Wohnung, und als ich sie ihr reichte, brach ihr das beinahe das Herz.

Im Haus meiner Großmutter gab es keine Tränen. Ich kann mich nicht daran erinnern, dass sie oder ich dort jemals weinte. Es gab nur Freude – Freude, Begeisterung und Gespräche über die Zukunft, und darüber, voranzukommen und eine junge Dame zu werden. Für ein kleines Mädchen war das ein wundervoller Ort. Sie hatte ein ganzes Zimmer nur für all ihre Kleider, alle handgenäht, und als ich bei ihr einzog, wurde dieses zauberhafte Zimmer mein Zimmer.

In ihren späteren Jahren, nachdem sie sich mit sechzig zur Ruhe gesetzt hatte, verfolgte sie weiter ihre Interessen und führte eine Weile ihre eigene kleine Schneiderei. Sie war eine echte Expertin im Nähen und der Herstellung von Damenkleidung. Nach einer Weile beschloss sie, dass es nett für uns wäre, wenn wir beide gleich angezogen wären, und sie und eine Freundin nähten mir Kleider, Röcke und Oberteile, die zu der Kleidung meiner Großmutter passten.

Es war lustig, wunderbar und freundlich von ihr, so zu denken. Es begeisterte mich, zu denken, dass die Leute glauben könnten, ich hätte etwas von ihrer Klasse, wenn sie mich so angezogen sahen. Ich liebte die Tatsache, dass sie mir, als ich fünf war, bereits ein Hochzeitskleid ausgesucht hatte. Es gab mir so ein zuversichtliches, sicheres Gefühl in Bezug auf meine Zukunft.

Sie brachte mir das Tanzen bei, und an vielen Tagen wirbelten und glitten wir zu ihrer Musik im Haus herum, und sie summte und sagte mir, wo ich meine Füße hinsetzen und dass ich den Kopf hochnehmen sollte. Es war idyllisch.

Ihr Mann, mein Großvater, starb 1985, in seinen Fünfzigern, daher lernte ich ihn nie kennen. Er verbrachte einen großen Teil seines Lebens im Mittleren Osten, besonders in Syrien, wo er für die dortige Regierung arbeitete, und riesige Büro- und Wohnblocks baute. Einiges von dem, was er baute, wurde vermutlich zerstört, seit die Syrer anfingen, gegeneinander Krieg zu führen.

Er fing 1975 an, dort zu arbeiten und kam zuerst häufig nach Sibiu zurück, doch im Laufe der Zeit, während die Arbeiten weitergingen, kehrte er immer seltener zurück und sah auch meine Großmutter immer seltener.

Wenn er mal nach Hause kam, dann brachte er oft Gold mit. Tatsächlich versteckte er es zwischen Werkzeugen, offiziellen Dokumenten und Pralinenschachteln, weil er nicht wollte, dass es bekannt wurde. Meine Großmutter sammelte Gold, trug es, genoss es und liebte es, etwas aufzubauen, das nicht nur schön, sondern auch wertvoll war. Sie liebte einzigartige Dinge. Sie hielt es jedoch ebenfalls geheim. In jener Zeit, während der Diktatur, gab es immer Spione, die hinter dem Rücken der Leute über sie redeten und Informationen an die Geheimpolizei, die korrupte Securitate, weitergaben. Und die Leute, denen es gut ging, oder die sich wertvolle Sachen aus dem Ausland leisten konnten, wären für sie von großem Interesse gewesen. Sie kamen ständig vorbei und bestahlen die Leute, und niemand konnte etwas dagegen tun.

Bevor ich geboren wurde, durchsuchte die Geheimpolizei einmal das Haus meiner Großmutter. Es war ihnen ein Hinweis gegeben worden, es gebe dort Edelmetall. Sie verwüsteten das Haus, nahmen es auseinander, als hätte ein Sturm darin gewütet. Sie hatten Gold gefunden, so in etwa ein

Kilo, und es mitgenommen. Doch meine Großmutter war zu schlau, um es ihnen leicht zu machen, alles zu finden. Sie sagte immer, es sei ihre eigene Freundin gewesen, die der Polizei einen Hinweis gegeben habe, und deshalb sei es schwer, in dieser Welt Menschen zu vertrauen. Sie erzählte mir, sie habe dieser Freundin nie von dem Geheimfach in ihrem Kleiderschrank erzählt, und das sei der Grund, warum sie nicht all ihr Gold bekommen hätten.

Es ist lustig, aber wenn ich an meine Großmutter denke, kann ich frisches Brot und Marmelade riechen, meinen absoluten Lieblingsgeruch. Ich kann nicht aufhören, sie mit Brot und Marmelade in Verbindung zu bringen, und das ist okay für mich.

Ich wachte in dem großen Bett in diesem fröhlichen, farbenfrohen Schlafzimmer auf, und dann standen da immer Brot und Marmelade auf dem Nachttisch – frisches Brot, frische Butter, frische Erdbeermarmelade. Manchmal hörte ich sie am Morgen kommen und tat so, als würde ich noch schlafen, nur um hören zu können, wie sie den Teller hinstellte, zusammen mit einem Glas Milch. Ich hielt meine Augen geschlossen und lauschte den Geräuschen, und dann, wenige Augenblicke später, erreichte dieser Geruch der Freude meine Nase. Die Tür schloss sich und ich sprang auf und verschlang das Essen.

Dann stellte sie die Musik an. Sie spielte fast die ganze Zeit Musik, jeden Tag, und manchmal konnte ich sie leise singen hören, wenn sie daran ging, ihren Aufgaben für den Tag nachzugehen.

Das Haus meiner Großmutter war nur knapp fünf Kilometer vom Haus meiner Mutter entfernt, aber es trennten sie Welten. Das Haus meiner Großmutter war wunderbar – nicht, dass die Wohnung meiner Mutter schlecht gewesen wäre. Es ist nur so, dass die Nachbarschaft meiner Großmutter ruhiger war, und, wie ich glaube, ein besserer Ort für Kinder.

Ich war immer glücklich dort, eine kleine Dame, ließ mir von meiner Großmutter Lippenstift auftragen und mir das Haar frisieren, bevor wir spazieren gingen.

In dieser Gegend sprachen die meisten Leute draußen Ungarisch, einige sprachen Deutsch und einige Rumänisch. Meine Muttersprache ist Deutsch, und sie ist auch Rumänisch. Ich habe beide bereits in meinen frühesten Jahren gesprochen. Meine Großmutter mochte Rumänisch nicht, und meine Mutter mochte Deutsch nicht, was, wie ich denke, einiges über ihre Beziehung aussagt.

Ich lernte auch ein wenig Ungarisch, und in der Schule wurde uns, da Rumänien daran arbeitete, seine Verbindungen zu Europa zu stärken, Französisch, Englisch und Spanisch beigebracht. Ich lernte schnell, also werde ich, wenn jemand mit mir in der Sprache seiner Wahl sprechen will, vermutlich ganz gut wissen, was derjenige sagt.

Meine beste Freundin war ein kleines Mädchen namens Mirela, ein Jahr jünger als ich, das nur ein paar Straßen entfernt wohnte. Ihre Familie hatte weniger als meine, und ich erinnere mich daran, dass ich mich fragte, ob Mirela hungrig war, ob sie genug zu essen hatte. Doch sie beklagte sich nie darüber – alles, was sie wollte, war, die Kleider meiner Großmutter zu sehen, mich in meiner neusten wunderbaren Kreation zu sehen. Wir konnten lange dasitzen und über die Nähte, Materialien und Farben reden. Ich denke, wir beide träumten davon, unser Leben damit zu verbringen, in fantastischen Kleidern herumzutanzen. Wir dachten, glaube ich, dass das Leben so sein könnte, dass das Leben meiner Großmutter so gewesen war. Und natürlich stimmte das überhaupt nicht.

Ich war sieben, als meine Großmutter damit begann, den Versuch zu unternehmen mir zu sagen, dass das Leben nicht immer schön war, dass es viele schlimme Dinge und böse Menschen da draußen gab. Mein Vater, sagte sie, sei nur einer von ihnen. Sie erklärte mir, dass mein Leben als Dame sehr schwer sein würde, dass es jedoch sehr wichtig sei, mich immer selbst zu respektieren, mich niemals zu tief zu ducken, um anderen zu gefallen, oder mich selbst zu beschämen, nur um etwas zu erreichen, sondern mir immer hohe Ziele zu setzen.

Sie redete über diese Sachen, und ich stellte nur wenige Fragen. Ich schätze, ich nahm einfach an, dass ich schon noch herausfinden würde, was sie meinte. Wir redeten und redeten, dann las sie mir eine kleine Geschichte aus der Bibel vor, und wir beteten zusammen. Ich habe immer nur auf Deutsch gebetet.

Als ich vierzehn war, wurde mir, wie es die Tradition einiger Familien in der Gegend war, wo ich aufwuchs, Gold geschenkt. Für mich waren es Ohrringe und eine Halskette, von meiner Großmutter. Ich erinnere mich, dass sie mir in dieser Zeit noch mehr über die Welt erzählte, darüber, nur gute Freunde zu behalten, und Leute zu meiden, bei denen man sich nicht sicher über ihre Absichten sein kann. Und benimm dich immer, immer, sagte sie mir, wie eine Dame und kleide dich auch so.

Sie schaffte es nie, nach Deutschland zu ziehen, aber ein einziges Mal, in den 1990er Jahren, fuhr sie zu einem Besuch dorthin. Ihre Brüder hatten es während der kommunistischen Zeit geschafft, dorthin zurückzukehren, und als die Berliner Mauer fiel und die Reisebeschränkungen sich änderten, war sie in der Lage, das Land zu besuchen und ihre eigenen Leute aufzusuchen.

Doch als sie zurückkam, war sie unglücklich, enttäuscht. Sie sagte, ihre Familie habe sie nicht willkommen geheißen, sie hätten ihr, an dem Ort, an dem sie immer hatte sein wollen, das Gefühl gegeben, sie sei eine Außenseiterin. Sie dachten, so glaubte sie, dass sie ihnen, weil sie ihre berufliche Laufbahn damit verbracht hatte, für den kommunistischen Staat zu singen, auf gewisse Weise fremder sei, als sie es gewesen wäre, wenn sie ein anderes Leben gelebt hätte. Es war hart für sie, eine grausame Wendung der Ereignisse. Meiner Großmutter wurden gewöhnlich alle Türen geöffnet, aber hier war es, als hätte man ihr diese eine vor der Nase zugeschlagen. Es macht mich traurig zu denken, dass sie so behandelt wurde.

Im Jahr 2005 wurde sie krank, und ich wurde auch krank. Es passierte in etwa zur selben Zeit. Bei ihr wurde Leukämie diagnostiziert, und bei mir Lungenentzündung. Es war seltsam, dass wir uns beide zur selben Zeit zur Behandlung in einem Krankenhaus wiederfanden – sie im Kreiskrankenhaus, und ich im Kinderkrankenhaus.

Die Ärzte stellten fest, dass ich Allergien gegen einige Medikamente und gewisse Antibiotika hatte, und sie brauchten anscheinend eine Weile, um herauszufinden, wie sie mich behandeln konnten. Ich hatte Ausschläge und allergische

Reaktionen, und mein Körper wollte einfach nicht kooperieren. Ich sah aus wie ein roter Dalmatiner.

Mein Fieber hörte nicht auf, und ich erinnere mich an Zeiten, in denen ich im Bett lag und der Schweiß einfach aus meiner Haut fiel, sich aus mir ergoss, als würde ich schmelzen. Meine Temperatur erreichte 43,5 Grad, was den Körper sehr beansprucht. Sie dachten wohl wirklich, ich wäre dem Tod nahe.

Meine Mutter las Gebete an meinem Bett, und ich hörte zu, während ich innerlich brannte, kaum bei Bewusstsein war und dachte, das wäre es – mein Ende. Ich dachte, ich würde bald wissen, ob es einen Himmel gab, und fragte mich, wie er sein würde, was ich dort in meinem Alter tun würde und ob ich immer jung bleiben würde.

Sie füllten eine Badewanne mit Eis und kaltem Wasser und legten mich hinein. Für sie war es die letzte Hoffnung. Ich verstand nicht wirklich, was passierte, aber im einen Moment war ich noch im Bett, und im nächsten wurde ich in dieses schreckliche Wasser geschubst und dort festgehalten.

Ich konnte weder sprechen, noch denken und schrie nur, wütete, unter heftigen Schmerzen, und fühlte mich, als würde ich gefoltert werden. Es war das Furchtbarste, was ich jemals durchgemacht hatte, aber es funktionierte. Sie schafften es, meine Temperatur auf 36 Grad zu senken, und mir wurde gesagt, ich hätte Glück, noch am Leben zu sein.

Ich war viele Wochen im Krankenhaus und bekam so viele Behandlungen und Medikamente, dass mein ganzer Körper davon für immer verändert wurde. Mir wurde gesagt, die Antibiotika, die sie hätten benutzen müssen – denn sie hätten keine andere Wahl gehabt – hätten meine Eierstöcke beschädigt. Sie glaubten, ich hätte keine Chance mehr, jemals Kinder zu bekommen.

Das war nur eine weitere Sache, die mich traurig machte. Ich hatte noch nie auch nur intimen Kontakt gehabt, und jetzt wurde mir gesagt, ich würde sowieso nie in der Lage sein, ein Baby zu bekommen. Meine Hoffnungen für meine Zukunft zerbrachen.

Es macht mich traurig zu sagen, dass meine Großmutter das Krankenhaus nicht mehr lebend verließ. Sie brauchte viele Male Bluttransfusionen, als Teil ihrer Behandlung, und ihre Blutgruppe, Rhesus Negativ A, war selten. Ich hätte ihr Blut gespendet, wenn es so funktioniert hätte. Ich hätte ihr all mein Blut gegeben. Aber meins war voller Medikamente, es war das Blut eines Mädchens mit Fieber, und es hätte sie getötet.

Ich sah sie in ihren letzten Tagen, als ich stärker war, und es war fast nichts mehr von ihr übrig. Sie war zerbrechlich, klein, nur noch ein Zweig. Ich betete an ihrem Bett, nicht dafür, dass sie überlebte, sondern dafür, dass sie starb und Frieden fand. Ich wusste, dass sie kämpfte, dass es keine Hoffnung, keine Rückkehr für sie gab. Ich hoffte nur, dass Gott sie zu sich nehmen würde, obwohl es mir schwerfiel, zu denken, dass sie nicht mehr in meinem Leben sein würde.

Ich fand durch einen Anruf von Petre, der der zweite Mann meiner Mutter geworden war, heraus, dass sie gestorben war. Ich erinnere mich, gedacht zu haben, dass sie aus diesem kleinen Zimmer verschwunden sein würde, wo sie so viel Zeit verbracht hatte, dass es dort still sein würde, es dort nur eine kleine Mulde geben würde, einen kleinen, flachen

Abdruck von ihr aus ihren letzten Tagen. Die letzte kleine Spur von der Reise, auf der sie gewesen war. Sie zu verlieren, machte mich trauriger, als ich sagen kann.

Ich hielt mich drei Tage lang in der Nähe ihres Körpers auf, unfähig zu schlafen, uninteressiert an der Welt. Ich blieb bei ihrem Sarg in ihrem Haus, und meine Mutter war auch dort, und erzählte ihr Dinge, wenn andere Leute schliefen.

Sie war sechsundsechzig und hätte weitere zwanzig oder dreißig Jahre leben können, wenn da nicht die Leukämie gewesen wäre, und ich wünschte mir aus tiefstem Herzen, dass hätte sie.

Tausend Leute kamen zu ihrer Beerdigung, und tausend Leute umarmten mich an jenem Tag. Ich dankte ihnen allen für Ihre Beileidsbekundungen.

Doch ich hatte mich noch nie in meinem Leben so allein gefühlt.

Kapitel Vier

Ich wollte das Land verlassen. Oder ich wollte wenigstens meine eigene Wohnung. Ich war mir nicht völlig sicher, aber ich musste anfangen, mit meinem Leben weiterzumachen. Ich war sechzehn, und mir wurde gesagt, ich solle mit meiner Mutter und diesem Mann, Petre, den ich nicht mochte, leben. Im Haus meiner Großmutter zu bleiben, war nicht möglich, obwohl ich weiß, dass sie nichts dagegen gehabt hätte. Aber nein, ihre Familie – hauptsächlich ihre beiden Söhne – wollten es für sich selbst.

Daher war alles, was ich dagegen unternehmen konnte, was jeder Teenager tun würde: Ich wurde mürrisch und ließ alle wissen, wie ich mich fühlte.

Petre mochte mich nicht, und ich mochte ihn nicht. Er war nicht der richtige Mann für meine Mutter, und sie wusste es. Doch das war ihre Schwäche – schlechte Entscheidungen. Er war immer schlechter Stimmung, bei ihm war es sogar noch schlimmer als bei mir, einem dummen Teenager. Und er hatte einen Charakter, dem ich nicht traute. Ich wusste nicht wirklich, woran ich bei ihm war, wo er stand. Bei all den Gelegenheiten, bei denen ich ihn traf, erlebte ich nie einen freundlichen Mann. Eine Tochter hat einen Instinkt dafür, welcher Mann der Richtige für ihre Mutter ist, und dieser Mann war es nicht.

Ich stürzte mich in meine Schulausbildung, begann mich wirklich darauf zu konzentrieren, meine Bildung dafür zu benutzen, etwas zu erreichen. Ich machte einen Tanzkurs und begann, jüngeren Schülern Nachhilfe in Mathematik zu geben, da meine Noten immer unter den Besten in der Stadt gewesen waren.

Mirela redete mit mir über Miss Rumänien. Sie wusste, dass ich niedergeschlagen, deprimiert war, versuchte, etwas zu erreichen, aber kein Ziel hatte. Sie sagte mir, wegen meiner Körpergröße und -form und meiner germanischen blonden Haare, solle ich im regionalen Wettbewerb mitmachen, um zu sehen, wie weit ich kommen würde. Es erschien mir eine dumme Idee zu sein. Ich hatte nie daran gedacht, zu modeln. Aber vielleicht würde es Spaß machen.

Der Bruder meiner Freundin war mein Begleiter, der Herr, der die Dame begleitete. Es fand in Sibiu statt, wo man das Mädchen auswählen würde, das die Repräsentantin für die Gegend sein würde. Und ich gewann. Ich posierte auf der Bühne und zog einen Schmollmund, lief und redete, lächelte und warf Kusshände und tat, was sie mir sagten. Und auf diese Weise gewann ich.

Es war aufregend, aber nicht emotional, in keiner Weise eine Erfahrung, die mich tief berührte. Es ist schwer zu erklären. Ich erinnere mich daran, dass man mir auf der Bühne Blumen reichte und ich dachte, das sei nett, aber nicht wirklich etwas Besonderes. Was hatte ich getan, um Blumen zu verdienen? Blumen sind für etwas Besseres, als einen Schmollmund zu ziehen und zu lächeln, denke ich. Dies war nur ein Wettbewerb für Mädchen, denen gesagt wurde, sie sollten herumlaufen und sich betrachten lassen. In meinem Herzen fühlte es sich oberflächlich an, als würden wir alle so tun, als wären wir Damen, aber wir waren keine Damen.

Ich machte damit nicht weiter. Ich sagte den Organisatoren, als ich sie das nächste Mal traf, ich werde nicht darum kämpfen, Miss Transsylvanien zu werden, dann weiterkämpfen, um Miss Rumänien zu werden und weiterkämpfen, um Miss World zu werden. Diese kleine Schlacht war für mich vorüber. Ich wollte mehr. Wenn ich jemals dem Pfad folgen würde, auf einer Bühne aufzutreten, dann würde es eher Tanzen als Modeln sein, doch selbst dann war ich nicht sicher, was ich tun wollte.

Ich wurde im Juli 2006 siebzehn. Es war ein schlechter Tag. Petre kam in mein kleines Zimmer, um mit mir über meine Gedanken zum Erwachsenwerden zu reden, über meine Pläne für die Zukunft. Er sagte mir, was auch immer passieren würde, ich müsse in einem Jahr aus dem Haus sein.

Ich sagte, ich hätte noch keine Pläne gemacht, aber ich würde ihn auf dem Laufenden halten. Ich erwartete etwas von dem Erbe meiner Großmutter, doch er sagte, es werde noch ganze Weile lang niemand etwas bekommen, da meine Onkel sich über alles stritten. Es habe kein Testament gegeben, erinnerte er mich, weil sie nicht erwartet habe zu sterben. Er sagte, ich sei zu jung, um einen Einfluss darauf zu haben, was mit ihrem Vermögen passieren würde. Meine Mutter erzählte mir später, ihre Mutter habe sie nur darum gebeten, sich um mich zu kümmern. War das nicht sowieso ihre Aufgabe? Ich war mir nicht sicher, was ich glauben konnte. Also blieb mein Hauptproblem – ich musste dieses Haus verlassen.

Als die Schule in jenem Sommer zu Ende war, nach meinen Prüfungen, fand ich einen Job im Vertrieb, und sie gaben mir ein Auto, damit ich von Laden zu Laden fahren konnte. Vertreter für Nahrungsmittel und Getränke, nennt man es wohl. Ich lernte schnell und leicht Auto fahren, und liebte das Gefühl der Unabhängigkeit. Und glauben Sie mir, wenn ich sage, dass ich bis heute eine gute Fahrerin bin.

In manchen Nächten schlief ich bei Freunden, und in anderen Nächten fuhren ich und die kleine Mirela in der Stadt herum, lächelten und flirteten und rauchten Zigaretten mit einigen der modischen Jungen, die ihr Leben an den Straßenecken von Stadtzentren verbringen.

Und in manchen Nächten schlief ich in dem kleinen Auto. Ich hatte zusammengefaltete Bettwäsche und ein Kissen hinten drin, und ich konnte mich einwickeln und es mir gemütlich machen, und niemand belästigte mich. Ich fand ruhige Plätze, wo ich anhalten konnte – Parkplätze, auf denen sich niemand befand, oder parkte neben bewaldeten Gebieten außerhalb der Stadt – legte mich hin und genoss die Stille, genoss es, es warm und behaglich zu haben, und dachte an meine eigene Wohnung und meine Zukunft.

Wie bereits gesagt, hatte ich einen Nebenjob, vielleicht um zu vermeiden, zu viel im Haus zu sein, als Aushilfe in einem Tanzkurs angenommen. Ich war so viele Male mit meiner Großmutter durchs Haus gewalzt, dass ich einige Schritte aufgeschnappt hatte. Doch nun lernte ich noch mehr und setzte das in die Praxis um, was ich bereits wusste, indem ich jungen und älteren Leuten half, die es versuchen wollten.

Ich liebte diese Abende, an denen ich nur herumwirbelte und wusste, dass alles andere durch die Freude der Bewegung verschwindet. Ein Tipp von mir: Tanzen macht glücklich, und selbst wenn man nicht glücklich ist, wird man feststellen, dass es einen, wenn man aufsteht und anfängt, in irgendeinem Zimmer auf der Welt herumzuwirbeln, glücklich macht. Ich glaube, es ist eine chemische Reaktion im Inneren. Tanzen, glaube ich, ist die dem Körper eigene Art zu lächeln.

Manchmal schlug ich die verschiedenen Tänze nach, lernte, warum sie so genannt wurden. Das erschien mir lohnender, als als Model auf einer Bühne zu stehen, und der Welt zu sagen, dass ich eine beliebige Person war, die sie repräsentieren sollte. Es war sehr viel angenehmer für mich, mich einfach über die Tanzfläche zu bewegen und mir keine Sorgen zu machen.

Wissen Sie, dass ich fünfunddreißig Tänze tanzen kann? Wissen Sie, dass ich Ihnen die Geschichte von ihnen allen erzählen kann? Was meine Lieblingstänze betrifft, liebe ich den Wiener Walzer – den Großartigen, Langsamen, nicht den Schnellen – und alles Klassische. Ich kann jetzt nicht mehr so viel tanzen, nachdem mein Rücken beschädigt worden ist.

Ich war beinahe achtzehn, als ich bei Alex einzog. Er war siebenundzwanzig. Und er war weiser, stärker und seltsamer, als jeder Mann, den ich vorher getroffen hatte.

Seine Familie kannte meine Großmutter, und ich wusste, dass sie eine hohe Meinung von ihnen hatte. Tatsächlich hatte ich ihn erst durch sie kennengelernt, da er auf der anderen Straßenseite wohnte. Doch erst später begannen wir, uns öfter zu sehen und etwas aus unserer Verbindung zu machen.

Es war eine starke Tradition bei einigen in der Gegend, dass Mädchen und Jungen nicht zusammen sein sollten, weder im physischen Sinn noch im Sinn von Zusammenleben, bis sie beide achtzehn waren. So lief es bei uns tatsächlich. Wir hielten uns sehr genau an die Regeln, aber nicht ganz.

Es fühlte sich wunderbar an, eingeladen zu werden, bei ihm einzuziehen, in seine eigene Wohnung in der Nähe vom Haus meiner Großmutter. Und es fühlte sich auch völlig natürlich an, wie ein glatter Übergang nach ein paar Monaten der Verabredungen, eine natürliche Entwicklung, die keine Fragen aufwarf. Und natürlich war es auch eine Erleichterung, zu wissen, dass ich an einem Ort sein würde, wo ich mich nicht unerwünscht fühlte.

Das Ungewöhnlichste an seiner Wohnung, und etwas, das man sofort bemerkte, war, dass sie keinerlei Dekorationen aufwies, es gab wirklich nur ein Bett, ein paar elementare Möbel und ein paar Notwendigkeiten in der Küche. Sie erzählte eine Geschichte davon, dass er ein einfaches Leben in einer komplizierten Welt lebte, oder wenigstens versuchte, das zu tun.

Ich fragte ihn, warum er nicht mehr Dinge habe, mehr Farben, oder Kunst oder kleine Dinge, die ihn zum Lächeln brachten, und er sagte, er sei nur an Dingen interessiert, die nützlich für ihn seien. Aber er begriff, was ich sagen wollte. Ich musste nicht allzu viel sagen, bis er anfing, mich mit in Läden zu nehmen, um neue Bettwäsche, Bilder und Dekorationsgegenstände für die Wohnung zu kaufen.

Nur einen Monat, nachdem ich eingezogen war, verschwand er für drei volle Wochen. Er sagte mir, er habe Arbeit zu erledigen, er werde reisen und er werde mich bald wiedersehen. Ich war die meiste Zeit allein dort, verfluchte die Bilder und die nette Dekoration und den Mann, der dafür bezahlt hatte. Wenn Mirela vorbeikam, tranken wir Wein, rauchten Zigaretten und redeten darüber, was für ein Idiot er sei.

Als er zurückkam, stritten wir uns. Oder ich stritt mich. Ich verlangte zu wissen, wo er gewesen sei, was er getan habe, damit er verstand, wie das für mich gewesen war, dass ich mich wie eine Närrin gefühlt hatte, als ich herumsaß und auf ihn wartete, dass ich Besseres zu tun hatte.

Doch er sagte kaum etwas. Dann sagte er mir, er sei verrückt nach mir und wir gingen miteinander ins Bett.

Er sagte mir, er arbeite für verschiedene Leute als Vertreter. Er sagte, er sei im Vertrieb, er wolle nicht darüber reden. Es gab eine Waffenfabrik einige Kilometer von unserer Stadt entfernt, wo Leute aus Sibiu arbeiteten, und ich erinnere mich, dass ich mich fragte, ob er etwas damit zu tun haben könnte, ob er Waffen verkaufte, ob er etwas Geheimes täte. Er lachte und erzählte mir, er habe dort gearbeitet und habe Freunde dort, aber sein Leben sei nicht annähernd so aufregend, wie ich dachte.

Er führte mich zum Abendessen aus, ging mit mir Freunde besuchen, zu Partys, ins Kino und manchmal saßen wir einfach nur drinnen und sagten stundenlang nichts. Ich mochte das. Ich mochte das Gefühl, das er mir gab. Es klingt vielleicht verrückt, aber es gefiel mir, nicht alles von ihm zu wissen, ich mochte es, mir Fragen zu stellen.

Und dann verschwand er wieder, dieses Mal für eine Woche. Dann erneut, für eine längere Zeit. Dann noch länger. Und die ganze Zeit hatte ich so gut wie keine Ahnung, wohin er ging und keine Ahnung, wann er zurück sein würde. Gelegentlich gab es eine SMS, aber die meiste Zeit war er über sein Telefon überhaupt nicht zu erreichen.

*

Die Ungewissheit, die Unsicherheit, war immer schwerer zu ertragen, doch wenn er da war, fühlte ich mich sicherer, als ich mich jemals zuvor mit jemandem gefühlt hatte.

Wir redeten über Mathematik, darüber, dass Probleme Lösungen haben, über Autos, Haare, Gebäude und Geschichte, und darüber, wie komisch es ist, wenn Leute andere Leute über- oder unterschätzen.

Eines Abends besuchte ich meine Mutter und hatte einen Streit mit Petre. Er geriet ein bisschen außer Kontrolle und ich fiel vornüber. Es war eine Mischung aus einem Schubser von ihm und einem Stolpern von mir, und ich zerrte mir einen Muskel in meinem Rücken. Als ich dort wegging, war ich wütend auf ihn, aber nicht überrascht über die Art, wie er sich benommen hatte.

Zurück in Alex' Wohnung nahm ich eine Dusche. Er kam auf mich zu, als ich herauskam, sagte er wisse, dass etwas nicht stimmt. Ich erklärte, was zwischen mir und dem Narren, den meine Mutter geheiratet hatte, vorgefallen war. Er nickte, küsste mich und sagte mir, ich solle warten.

Etwas später rief meine Mutter an und fragte mich, ob ich den Verstand verloren hätte.

Ich sagte, ich wisse nicht, was sie meine oder was los sei.

Sie sagte: »Alex kam hier mit einer Waffe an, richtete sie auf meinen Mann und sagte ihm, er werde ihn erschießen!«

Petre flippte gerade im Hintergrund aus, brüllte. Er rastete aus, sagte: »Sag ihr, sie soll niemals wieder diesen Mann hierherbringen. Und sag ihr, sie soll niemals wieder zurückkommen.«

Ich hatte keine Ahnung, dass Alex so etwas tun würde. Ich wusste nicht einmal, dass er eine Waffe hatte.

Er kam zurück, und ich explodierte. Ich wollte wissen, was es mit seiner Waffe auf sich hatte und warum er getan hatte, was er getan hatte, warum er dachte, er könnte losgehen und den Mann meiner Mutter bedrohen, doch wie immer ließ er mich erst mal herumbrüllen, bevor er antwortete.

»Ich habe sichergestellt, dass er dich nie wieder anfassen wird«, sagte er und steckte die Pistole in die Tasche, die er auf Reisen mitnahm. »Du wirst jetzt sicherer sein. Das war alles, was ich wollte.«

Ich fragte mich die ganze Nacht, was er mit seinem Leben anfing. Er war immer in der Lage, mich zu unterstützen, mit Geld, mit Worten, mit der Liebe, die er mir zeigte.

Doch zur selben Zeit war er wie ein Geist, so oft nicht da, rief nie an, erzählte mir nie etwas darüber, was er tat.

Eines Abends saßen wir zusammen auf dem Sofa und sahen uns den Film *Memoirs of a Geisha* auf DVD an. Ich liebe diesen Film und hatte ihn schon viele Male gesehen, allein, oder mit Mirela, wenn Alex weg war.

Alex und ich hatten es uns gemütlich gemacht, verbrachten eine glückliche Zeit miteinander, und ich fing einfach an, ein paar Sätze aus dem Film zu sagen, ein paar Worte auf Japanisch, die ich nicht verstand, die die Geisha zu einem der Herren sagt. Und Alex antwortete, auf Japanisch. Ich weiß nicht, was er sagte, aber die Worte kamen flüssig und leicht über seine Lippen.

Ich setzte mich auf und fragte, woher er diese Worte kenne. Er sagte, er wisse ein paar Worte in vielen Sprachen, was er mir gegenüber noch nie erwähnt hatte. Ich testete ihn mit ein paar Worten Französisch, Englisch und Spanisch, und er konnte mir in allen Sprachen antworten. Er sprach nicht fließend, aber er verstand sehr gut. Ich sagte ihm, er überrasche, erstaune und verwirre mich immer wieder.

*

Die meisten Leute in Rumänien gehen mit neunzehn oder zwanzig in die Armee. Manche bleiben, arbeiten in verschiedenen Projekten oder landen bei der Polizei. Ich sagte Alex, dass ich dachte, bei ihm müsse es so etwas sein, aber er sagte: »Nein, ich sagte es dir, ich verkaufe Sachen für Leute.«

Sein Rat an mich war, bei der Polizei in Rumänien anzufangen und dann zu versuchen, in den SRI zu kommen – den Geheimdienst – denn er habe gehört, dass es dort jetzt gute Karrieremöglichkeiten geben würde, da mein Land die Vergangenheit abschüttelte und stärker wurde.

Ich sagte ihm, ich würde darüber nachdenken, und ich erinnere mich, gedacht zu haben, dass es eine gute Idee sein könnte.

Alex Eltern waren nicht wohlhabend, aber die Gegend, in der sie lebten, die Gegend meiner Großmutter, war nicht billig. Ich wusste nie, woher sie das Geld hatten, dort zu leben. Und Alex eigene große Wohnung war wahrscheinlich sogar noch mehr wert, als das Haus seiner Eltern.

Ich sagte zu ihm: »Hast du etwas geerbt? Bist du der Erbe eines Vermögens?«

Und er sagte mir, das sei er nicht.

Dann ging er zum letzten Mal. Er sagte es mir am Abend vorher. Er sagte, er müsse gehen und werde vielleicht monatelang weg sein. Ich wusste, was »Monate« bedeutete. Wenn ein paar Tage drei Wochen waren, dann wusste ich, was das bedeutete.

Ich ging am Morgen hinter ihm her, traurig, weinend, verwirrt und verletzt. Doch er hob seine Hand, eine Stop-Geste, sagte mir, ich könne nicht weitergehen. Keiner wusste, dass er wegging, weder seine Eltern, noch seine Freunde.

Während die Tage vergingen, ging ich zu einem seiner guten Freund, der mir sagte, er habe keine Ahnung, was los sei. Ich sagte ihm, ich wolle Pläne machen, ich könne nicht in Sibiu herumsitzen und wie eine Idiotin auf diesen Mann warten. Er sagte, ich solle tun, was ich tun müsse.

Ich rief denselben Freund Monate später noch einmal an, nur um zu sehen, ob er gehört hatte, was aus Alex geworden war. Er sagte, er wisse es nicht, doch seinen Eltern sei gesagt worden, er sei in Asien.

Ich liebte ihn, aber er kam nie zurück.

Wissen Sie, was er mir sagte? Nachdem er gedroht hatte, den Mann meiner Mutter zu töten? Er sagte mir, er werde nicht immer da sein, ich müsse vorsichtig sein, ich müsse immer bereit sein, mich selbst zu schützen.

Er sagte – genau wie meine Großmutter es mir gesagt hatte –, ich solle eine Spur hinterlassen, einen Pfad zurück zu dem Ort, wo ich vorher im Leben gewesen war, falls ich mal eine falsche Abzweigung nehmen würde, eine Art Fluchtweg zu dem Ort, an dem man vorher in Sicherheit gewesen war. Er sagte, ich solle immer Beweise hinterlassen, dass ich irgendwo gewesen war. Zu wissen, wo man gewesen ist, sagte er, sei genauso wichtig, wie zu wissen, wo man war.

Ich sagte ihm, ich sei kein dummes Mädchen, ich sei nicht länger eine Prinzessin, die in hübschen Kleidern herumwirbele, ohne eine Ahnung davon zu haben, was zum Teufel in der Welt los war. Und er sagte mir, ich solle zuhören, mich immer daran erinnern, dass ich, wenn ich irgendwohin gehe, wissen müsse, wie ich dort hingekommen war. Er sagte mir, ich solle Karten und Grafiken in meinem Kopf anfertigen, um mich an die Straßen, die Gesichter, Daten zu erinnern, Wege finden, wie ich mich an Dinge erinnern konnte, und Dinge miteinander in Verbindung bringen, damit ich sie nicht vergesse.

Er sagte mir, ich sei Mathematikerin – genau wie er – und hätte ein gutes Verständnis für Fakten, ich solle diese Fähigkeiten nutzen und mir selbst beibringen, immer erst nachzudenken, ich solle bewusster sein, er habe das Gefühl, ich sei naiver in Bezug auf die Welt, als ich es mir vorstellen könne.

Er brachte mir bei, an mich selbst zu glauben, auch wenn mir das zu dieser Zeit nicht so bewusst war. Von ihm hörte ich das zwingende Argument, dass die Welt einen testen kann, einen vom Weg abbringen kann, und dass es besser ist, wenn man vorbereitet ist, wenn man irgendeine Art von Fluchtplan hat. Von ihm wusste ich, dass Selbstständigkeit die größte Sicherheit ist, die man finden kann, dass man in seinem ganzen Leben nur eine geringe Chance hat, dass ein mutiger Mann, der einen beschützt, einem zu Hilfe kommen wird, wenn man ihn am dringendsten braucht.

Ich blieb in Alex' Wohnung, arbeitete weiter, sparte Geld und begann, vom Weggehen zu träumen.

Kapitel Fünf

Ich interessiere mich für Psychologie. Zu verstehen, wie das Gehirn funktioniert, ist sehr hilfreich, wenn man verstehen will, warum die Menschen tun, was sie tun. Und es gibt nichts Interessanteres als Menschen.

Im Großen und Ganzen wollen wir alle dasselbe – Sicherheit, Behaglichkeit, Wärme, Essen, Wasser und Liebe – doch im Kleinen, im Detail, zeigt sich, wie wir an diese Dinge kommen, wie wir sie benutzen, wie wir unsere Bedürfnisse befriedigen. Da zeigen sich die Unterschiede. Wir alle gehen andere Wege, um zum selben Ort zu gelangen.

Ich sagte meiner Mutter, ich wolle Psychologie studieren, und sie sagte, sie werde Krankenschwester werden. Es gebe freie Stellen für Krankenschwestern, sagte sie, und ein guter Lehrgang werde vor Ort angeboten, der sicherstellen würde, dass sie einen Job bekomme.

Sie sagte mir, ich solle darüber nachdenken, ob ich das nicht auch machen wolle. Psychologie, sagte sie, sei vermutlich sehr interessant, aber ich müsse an die Zukunft denken. Ich wusste, dass sie in der Hinsicht recht hatte, dass sie praktisch dachte. Und mein eigensinniger Kopf sagte mir, dass ich ebenfalls recht hatte, dass mehr zu wollen, der erste Schritt dazu war, mehr zu erreichen. Also machte ich beides. Ich dachte, wenn ich beides machen würde, dann würde ich darauf hinarbeiten, eine medizinische Fachkraft zu werden. Ich würde, sagte ich mir, Psychologin werden. Ich fand das sehr aufregend.

Ich bewarb mich um einen dreijährigen Studiengang an der Spiru-Haret-Universität in Bukarest. Das war mit dem Auto fast drei Stunden entfernt, aber das volle Jahr bestand nur aus vierzehn Wochen, verteilt über zwei Semester, und ich konnte viel zu Hause arbeiten. Gleichzeitig bekam ich einen Teilzeitplatz an der Krankenpflegeschule. Beide Studiengänge wurden vom Staat finanziert, also hatte ich nichts zu verlieren. Doch ich würde sehr viel zu tun haben.

Es war anstrengend, und vielleicht ein Zeichen für mein damaliges Bedürfnis voranzukommen, aber ich war engagiert. Ich würde lernen müssen, meine Zeit und meine Arbeit zu organisieren, und ich würde vermutlich manchmal in meinem Auto schlafen müssen, aber ich war zuversichtlich, dass ich es schaffen konnte. Die Ausbildung zur Krankenschwester dauerte drei Jahre, und danach konnte ich vielleicht nach Bukarest ziehen, aber das wollte ich eigentlich nicht. Also begann ich im Oktober mit beiden Ausbildungen, entschlossen, es zu schaffen.

Ich könnte sagen, dass ich als Krankenschwester und als Psychologin etwas Gutes tun wollte, und es würde vermutlich unehrlich klingen. Doch es war etwas Wahres daran. Ich war im Krankenhaus gewesen, mir war geholfen, ich war gerettet worden, Ärzte hatten mich wieder in Ordnung gebracht, und es erschien mir eine wunderbare Art zu sein, seinen Lebensunterhalt zu verdienen.

Ich war am Leben, obwohl ich hätte tot sein können, und ich musste etwas mit meinem Leben anfangen, mit der unbezahlbaren Tatsache, dass ich jeden Tag in der Lage war zu atmen, mich zu bewegen und zu denken, wie ich wollte. Alles – in meinem Kopf und in meinem Herzen – wies mich auf irgendeine Art von Beruf hin, bei dem ich mit Leuten arbeiten würde, die Hilfe brauchten.

Ich absolvierte zwei Jahre in beiden Ausbildungen und arbeitete gleichzeitig, wobei ich um die achthundert Euro im Monat verdiente, indem ich Nahrungsmittel und Getränke verkaufte und nebenbei Schulkindern ein wenig Nachhilfe in Mathematik gab. Ich war eine gute Studentin, genoss mein Studium, bekam gute Noten und schloss neue Freundschaften.

Meistens verschaffte ich mir mit dem Schlüssel Zugang zu Alex' Wohnung und wohnte dort, ohne wirklich zu wissen, was mit ihr passieren würde, unsicher, ob er jemals zurückkehren würde. Seine Eltern kamen vorbei und holten Sachen, aber weil ich sie nicht wirklich kannte, fühlte ich mich dabei nicht allzu wohl.

Daher wohnte ich auch noch bei meiner Mutter. Wir waren beide im selben Krankenpflegelehrgang und wir saßen oft in den Unterrichtsstunden nebeneinander, wie alte Freundinnen. Es war nett, nach den Stunden herumzusitzen und über das, was wir gelernt hatten und über die anderen Leute in dem Kurs zu reden.

Eines Tages war ich in ihrer Wohnung und ging in die Küche. Petre kam zu mir und sagte ganz einfach: »Wenn du wieder hier wohnen willst, wirst du Miete zahlen müssen.«

Ich wusste, wenn er das sagte, hatte er es vermutlich bereits mit meiner Mutter besprochen. Es war auch für sie härter geworden, da sie so wenig arbeitete, daher war das vielleicht verständlich. Meine Mutter war nicht gut darin, schlechte Nachrichten zu überbringen, aber dieser Mann schon. Er war gut darin. Er genoss es.

Ich sagte Petre, ich würde meiner Mutter mit Geld aushelfen, wenn sie es brauchte, egal, ob ich dort lebte oder nicht. Eine solche Einstellung verstand er nicht. Ich fragte ihn, wie viel Miete er bezahle, und er wollte es nicht sagen. In Wirklichkeit zahlte er gar nichts. Aber seine Worte hatten mich daran erinnert, dass es Zeit war, von dort wegzukommen.

Es gab da einen Mann, den ich kannte, einen Freund, einen Typen, den ich seit ein paar Jahren kannte, der in derselben Gegend der Stadt aufgewachsen war, in der meine Großmutter gelebt hatte.

Wir waren im selben Alter, hatten einige gemeinsame Bekannte, und ich hatte ihn immer gemocht. Man könnte sagen, dass wir aus gegensätzlichen Verhältnissen stammten, da er aus einer armen Familie kam, aber wir hatten immer die gleiche Art von Geisteshaltung gehabt, ein Interesse an der Welt.

Er nannte sich Marco, und als Rumänien sich zwei Jahre vorher der EU angeschlossen hatte, war er nach London gezogen. Ich war eines Tages bei einer Freundin, die mit jemandem telefonierte, und sie wandte sich mir zu, hielt mir das Telefon hin und sagte: »Es ist Marco, aus London!«

Wir führten eine wunderbare kleine Unterhaltung und er erzählte mir, er komme nach Hause, um das Weihnachtsfest 2009 bei seiner Familie und alten Freunden zu verbringen.

»Anna«, sagte er, als wir uns trafen. »Wie geht es dir? Ich vermisse die Leute von zu Hause.«

Wir tranken eine Tasse Kaffee zusammen und lachten. Er erzählte mir etwas von der Arbeit, die er gemacht hatte, verschiedenen Jobs, und den Orten, an denen er gewesen war.

»London ist eine sehr große Stadt«, sagte er. »Es ist die größte Stadt in Europa, die Hauptstadt der Welt!«

Diese Worte hallten in meinem Kopf nach. Ich weiß nicht warum, aber sie hatten eine Bedeutung für mich, eine aufregende. Ich hatte meine Hoffnungen und Wünsche, ich dachte ständig an die Zukunft, und doch war ich immer noch in Sibiu und hatte immer noch das Gefühl, zu langsam voranzukommen.

Auf dem Papier klingt es vielleicht, als wäre es bei mir gut gelaufen, aber es gibt Zeiten, wenn man jung ist, in denen es einen in den Fingern juckt, in denen man das Gefühl hat, man würde nicht schnell genug vorankommen.

Ich traf mich während dieser Feiertage noch einmal mit Marco, und er sagte, er freue sich darauf, wieder zurück zu seinem Leben in London zu kommen. Ich sagte ihm, ich hätte darüber nachgedacht, über die Stadt, und wie es dort sein musste, und er sagte, er wisse, was ich meine.

Er sagte, er sei aufgrund des Abkommens von 2007 zwischen der EU und Rumänien nicht in der Lage, einen legalen Job in Großbritannien zu haben. Es sei schwer für ihn, sagte er, denn er wolle in London bleiben. Wenn er eine sogenannte Blue Card hätte, sagte er, könne er Vollzeit arbeiten und würde Geld verdienen, legal leben und viel glücklicher sein.

»Ich müsste ein Familienangehöriger von jemandem sein, der das Recht hat, in Großbritannien zu leben, um die Blue Card zu bekommen«, sagte er.

Einen Moment lang sah ich es nicht kommen.

Und dann sagte er: »Wenn wir heiraten würden, nur im Geheimen, und du für eine Weile in London leben würdest, dann könnte ich die Blue Card bekommen. Weißt du, wenn du sagen würdest, du seist Studentin und würdest in London studieren, dann wäre es dir erlaubt, dort zu leben, ohne dass jemand Fragen stellen würde. Wenn ich mit jemandem verheiratet wäre, der das Recht hat, dort zu bleiben, dann wäre ich in der Lage, die Blue Card zu bekommen.«

Ich sagte: »Was?«

Er sagte: »Denk darüber nach, Anna. Nach einem Jahr hätte ich das volle Bleiberecht, wie du. Dann könnten wir uns scheiden lassen. Du würdest nicht einmal in London bleiben müssen. Viele Leute tun das.«

Ich hörte, wie er seinen Standpunkt verteidigte, aber er verstand nicht wirklich, was mir durch meinen verwirrten Kopf ging.

»Marco ...«

Er sagte, das Abkommen zwischen den Ländern sei eine Übergangsregelung, und die Blue Card sei nur die derzeitige Art, die Dinge zu regeln.

»Nein«, sagte ich, »Ich frage dich nicht nach der Karte. Ich frage dich – was? Du fragst mich, ob ich dich heiraten will?«

Er riss die Augen weit auf und blickte zu Boden. Er sagte: »Ja. Das tue ich. Willst du?«

Das kam unerwartet.

Marco und ich wären normal nie ein Paar geworden. Aber wir waren gute Freunde geworden, und er wusste, dass ich Single war, dass er niemandem auf die Füße trat. Und ich sage ganz ehrlich, dass ich die Art von Mensch bin, der anderen Menschen hilft, der gerne alles tut, was er kann, wenn ein Freund ihn um Hilfe bittet.

Wir besprachen die Sache und recherchierten alles, und nach einer Weile sagte ich: »Ich nehme deinen Antrag an.«

Er sagte: »Gut. Dann beantrage einen Pass.«

Wir konnten sehr günstig in einem Standesamt heiraten. Alles, was wir brauchen würden, waren zwei Trauzeugen, und wir mussten ein paar Formulare unterschreiben.

Es gab eine Regel, die besagte, falls wir uns innerhalb eines Jahres scheiden lassen würden, würde es kostenlos sein, und wir mussten nur ein Jahr verheiratet bleiben. In dieser Zeit konnte Marco die Blue Card beantragen, und ich konnte ein paar Formulare ausfüllen und zu ihm nach London ziehen.

Es war aufregend. Ich hatte einen Ort, an dem ich wohnen konnte, ich konnte mich umsehen, diese große Stadt erkunden, die so viele Rumänen bisher nicht hatten besuchen können. Er sagte mir, es werde für mich kein Problem sein, ebenfalls zu arbeiten, ich könne leicht ein paar Jobs annehmen und in ein paar Tagen mehr Geld verdienen, als ich in Rumänien vielleicht in einem Monat verdient hätte.

Innerhalb weniger Wochen, nachdem ich meine Prüfungen am Ende des ersten Semesters abgeschlossen hatte, machte ich mich bereit. Ich bewarb mich über die Universität um den EU-Studenten-Status, und wurde gebeten, ein paar Optionen in London auszuwählen. Ich wusste über keinen der Orte etwas, aber ich wählte ein paar von ihnen aus, die Psychologiekurse anboten, und drückte die Daumen.

Und sehr bald danach zog ich ein nettes, dezentes, hellblaues Kleid an und heiratete Marco.

Es war ein witziger Tag. Die Trauzeugen waren zwei Menschen, die er zehn Minuten vorher auf der Straße gefragt hatte. Wir machten uns beide Sorgen darum, dass unsere Familien es herausfinden könnten, also gingen wir mit den Informationen über unsere Hochzeit um wie Geheimagenten. Der einzige Mensch auf der Welt, dem ich es erzählte, war Mirela, und ich wusste, dass sie es respektieren würde, wenn ich sie darum bat, nichts darüber zu sagen.

Ich und Marco hatten nicht daran gedacht, dass die Eheschließung selbstverständlich in der örtlichen Zeitung bekannt gegeben werden würde. Ein Beamter bei der Hochzeit erzählte uns das und sagte, es sei seine Pflicht, die Einzelheiten weiterzugeben. Wir konnten nur noch lachen, als uns klar wurde, dass früher oder später jeder wissen würde, dass Marco und Anna Ehemann und Ehefrau waren. Ich wusste, dass meine Mutter fassungslos sein würde. Aber wir waren jetzt erwachsen, und keiner von uns, da waren wir uns sicher, war ein Dummkopf.

Wir heirateten am 5. Februar.

Die Bekanntmachung stand am 17. in der Zeitung.

Die neue Mrs Corbu reiste am 15. nach London ab.

Ich hatte ein Angebot von einer Universität in London angenommen, dort zu studieren. Ein Brief von ihnen reichte aus, damit ich beantragen konnte, auf unbestimmte Zeit als Studentin dort zu leben. Ich hatte das Gefühl, als würden mir Türen geöffnet, als stünde mir die Welt offen.

In meiner Tasche hatte ich tausendfünfhundert Euro, die ich von meiner Arbeit, in meinem ganzen Leben, gespart hatte. Und ich dachte mir, dass all das Spaß machen könnte, interessant, gewagt und neu sein würde.

Marco lebte in einem Haus in der Pevensey Avenue in Enfield in Nord-London, mit vierzehn anderen Leuten an Rumänien. Wir hatten ein Zimmer, ohne Schloss an der Tür, ein kleines Bett, und wir teilten die Toilette, die Küche und das Bad mit allen anderen.

Es war verrückt, und geschäftig, und von der Decke über unserem Zimmer tropfte es, wenn jemand duschte. Es stank manchmal, und es war kein Platz, aber es war auf seine eigene Art gemütlich. Marco fing sehr früh am Morgen mit der Arbeit an und schlief auf dem Boden, damit ich im Bett schlafen konnte. Ich machte mir keine Illusionen, dass ich bald in den Buckingham-Palast umziehen würde.

Mir gefiel es, die Geschichten anzuhören, die die Leute über das Leben in einer riesigen Stadt erzählten, über die Orte, an denen sie gewesen waren, und über die Menschen, die ihnen begegnet waren. Und es gefiel mir sogar, zu hören, wie problematisch die Dinge werden konnten, und wie teuer alles sein konnte, darüber, wie leicht es war, an Ganoven und in Geldschwierigkeiten zu geraten. Es waren für niemanden ideale Umstände, und viele durchlebten harte Zeiten, aber wir waren alle noch härteren Zeiten entkommen, und wir machten das Beste aus der Freiheit, die unsere Eltern nicht gehabt hatten. Wir waren die erste Generation postkommunistischer rumänischer Menschen, die in London lebte, und es war, als würden wir in der Welt vorankommen und die ganze Zeit dazulernen.

Kleine Gruppen trafen sich in der Küche und tranken Bier, Whisky und Wodka, oder hingen in Schlafzimmern herum und berieten einander über das, was wir gelernt oder wen wir getroffen hatten.

Es ist schon seltsam, aber wenn man von dem Ort wegwill, an dem man ist, und dann anderswo ankommt, fängt man an, sehr stolz auf den Ort zu sein, von dem man kommt. Ich muss selbst jetzt noch lachen, wenn ich daran denke, wie wir Lieder aus »unserem alten Land« sangen, während wir in London lebten. Ich muss ehrlich sagen, dass ich diese Zeit liebte. Die eigene Identität wird unter diesen Umständen gefestigt, sagt mir meine Psychologie, und das scheint mir wichtig zu sein.

Wenn ich Studentin in London werden wollte, musste ich noch Monate warten, bis ich meine Studien aufnehmen konnte. Die ganze Zeit wurde ich gefragt, was ich tun würde, wie lange ich bleiben würde. Und die ganze Zeit wurde mir von vielen Möglichkeiten erzählt, Geld zu verdienen, wurde mir gesagt, dass viele Leute Erfolg hätten, sparen und Geld nach Hause schicken würden.

Also fing ich an, mich nach Jobs umzusehen. Ich durfte, aufgrund der sogenannten Yellow-Card-Vereinbarungen, zwanzig Stunden die Woche arbeiten. Es erschien mir dumm, es nicht zu tun. Marco konnte sich um seine Blue Card bewerben, und ich sagte ihm, er solle das auch tun. Ich wusste nämlich nach ein paar Wochen, dass er immer noch nicht dazu gekommen war. Er war oft betrunken, nahm Drogen und war manchmal nicht besonders gut darin, sich und seine Zeit zu organisieren. Für mich fühlte es sich an, als würde er auf meine Kosten Party machen.

Ich nahm mir vor, dafür zu sorgen, dass er diese eine Sache tat, wie er es versprochen hatte, denn je länger er seine Blue Card nicht hatte, desto länger würden wir verheiratet bleiben.

Er habe, versicherte er mir immer wieder, einen Buchhalter-Freund namens Jonny, der dafür sorgen würde, dass er seine Blue Card bekäme.

Zuerst arbeitete ich in einer Sandwich-Bar, belegte Sandwiches und räumte die Tische ab. Ein Mädchen im Haus hatte mir den Namen des Eigentümers gegeben, und ich hatte ihn angesprochen und gefragt, ob er Arbeit für mich hätte, und er sagte, das sei kein Problem. Es war nicht sehr interessant, aber ich verdiente genug, um sicherzustellen, dass ich mein Geld nicht mit Nichtstun verschwendete.

Ein rumänisches Mädchen, mit dem ich einen Kaffee trank, bevor wir eines Abends schlossen, sagte mir, die Bezahlung für die Arbeit in der Sandwichbar sei sehr schlecht für London. Als ich ihr zustimmte, sagte sie, sie kenne einige Mädchen aus unserem Land, die andere Arbeit hätten, und die viel mehr Geld verdienen würden.

»Was machen sie denn?«, fragte ich.

»Du weißt schon«, sagte sie. »Sex.«

»Ah«, sagte ich. »Dann können sie nicht glücklich sein.«

Das Mädchen zuckte die Achseln. Sie lächelte und sagte: »Vielleicht sind sie glücklich mit dem Geld.«

Es war nicht das erste Mal, das dieses Thema aufgekommen war. Ich hörte, dass die Zahl osteuropäischer Mädchen, die als Prostituierte in London arbeiteten, explodiert sei, dass sie wie Kleider oder Autos im Internet angeboten würden, dass die Männer nur mit Bargeld bezahlten, dass in einer so großen Stadt das Angebot nie größer als die ständige Nachfrage sei.

Ich sagte meiner Freundin in der Sandwichbar, ich könne so etwas nicht tun, egal wie viel Geld dafür bezahlt würde.

Als der März kam, musste ich eine Entscheidung bezüglich des Colleges treffen. Würde ich zurück nach Rumänien gehen, oder würde ich in London bleiben und meinen Studiengang beginnen?

Zu Hause wartete nicht allzu viel auf mich. Es gab keine glückliche Familie, keinen wundervollen Job und kein wundervolles Leben, wo ich aus tiefstem Herzen sein wollte. Was ich hatte, war ein anderes Leben, in dem ich Kontakte knüpfte und Geld verdiente, und in dem ich mich, selbst so weit von zu Hause entfernt, glücklich fühlte. Diese neue Welt war gut für mich, das konnte ich spüren.

Also würde ich, um Bedauern zu vermeiden, noch länger in London bleiben. Ich würde bis Mai bleiben, bis dahin arbeiten, ein wenig mehr Geld sparen und dann entscheiden, ob ich in London oder in Rumänien studieren würde.

Ich informierte meine Mutter – sie kam nie ganz darüber hinweg, dass ich geheiratet hatte – dass alles gut war. Ich erzählte ihr, ich würde bald anfangen, ihr Geld nach Hause zu schicken, solange sie mir verspreche, dass sie es nicht Petre erzähle.

Als der Mai kam, war ich nicht länger jemand, der Psychologin, Krankenschwester oder Studentin irgendeines Faches sein wollte. Ich hatte herausgefunden, dass ich gerne hart arbeitete, dass ich gerne früh ins Bett ging und früh am Morgen aufstand, um zur Arbeit zu kommen. Ich tickte wie eine Uhr, stellte mir vor, wie viel mehr ich aus mir machen könnte, wenn ich mich reinkniete. Ich mochte es, Möglichkeiten zu haben, Entscheidungen zu treffen und mir gefiel die Vorstellung nicht, die ganze Nacht zu trinken und Drogen zu nehmen, und das zu verlieren, was eine Chance für mich war. London, das wusste ich mit Sicherheit, war genau richtig für mich.

Ich machte Sandwiches und servierte Pizza. Ich arbeitete eine Zeit lang in einer Wäscherei, in einem Café und in einem indischen Restaurant, und all diese Jobs waren legal, und ich war, was ich sein wollte – ein Steuern zahlendes Individuum. Ich hatte viele Jobs, ein paar Stunden hier und da, und die meiste Zeit wachte ich glücklich auf.

Eine der Frauen im Haus hatte ihre eigene kleine Reinigungsfirma und fragte mich, ob ich ihr helfen wolle. Es war Schwarzarbeit und würde mir dreißig Pfund am Tag für leichte Arbeiten einbringen. Ich sagte, das sei okay.

Es war keine großartige Arbeit. Die Häuser für Leute zu putzen, die faul waren, Hilfe brauchten oder deren Häuser zu groß für sie waren, um sich richtig um sie kümmern zu können, war keine aufregende Sache. Es war nichts, was ich vorher schon häufiger getan hatte, aber es sei, wie mir gesagt wurde, nicht besonders kompliziert. Ich machte es, nicht weil ich musste, sondern weil ich diesen Antrieb in mir hatte, der mir sagte, ich würde in die richtige Richtung gehen.

Das Schlimmste daran war, meine Arbeit von dieser Frau überprüfen zu lassen, die selbst beinahe nichts machte, die mich bat, alles zu machen. Sie saß nur herum, telefonierte, und heimste dann alle Lorbeeren dafür ein, wirklich fleißig zu sein.

Wenn die Hauseigentümer nicht da waren, deutete sie auf ihre eigene unhöfliche Weise an, ich sei nicht so gut in meinem Job. Sie lachte und suggerierte es, als wäre es dann okay, wenn sie es sagte. Das ärgerte mich wirklich. Ich war gut in dem, was ich tat. Wir würden keine lebenslangen Freundinnen werden. Ich dachte viele Male: »Ich werde morgen bei dieser Frau aufhören – ich muss das nicht machen.«

Es dauerte nicht lange, bis ich herausfand, dass sie hundert Pfund am Tag verdiente, obwohl sie mir nur dreißig Pfund gab. Ich hörte, wie sie eine Unterhaltung in Englisch mit einem der Kunden führte. Dadurch kam ich mir richtig dumm vor.

In jenem Sommer war ich dann wieder unentschieden, ob ich nach Hause zurückkehren sollte. Mich langweilte viel von dem, was ich jeden Tag tat, und ich fühlte mich ein wenig schuldig, weil ich meine Mutter so lange allein ließ, auch wenn es das war, was ihr Mann wollte.

Ich fragte bei Marco wegen seiner Blue Card nach. Ich wollte sicherstellen, dass wir nicht allzu lange aneinander gebunden sein würden, dass er in der Lage sein würde, mir jetzt alle meine Papiere zurückzugeben, dass sie sich im Antragsverfahren befanden. Mir war eingefallen, dass er sie mir noch nicht zurückgegeben hatte.

»Es ist alles im Zimmer«, sagte er.

»Wo?«

Er wusste es nicht.

»Was ist los?«

Er hatte sich wie ein Idiot benommen. Er erzählte mir, er habe sich noch nicht um seine Blue Card bemüht, er sei so damit beschäftigt gewesen zu arbeiten und habe zu viele lange Nächte gehabt, doch sein Freund Jonny werde das schnell in Ordnung bringen.

»Und wo sind meine Papiere jetzt?«

Er zuckte wieder nur die Achseln.

Waren sie aus unserem Zimmer gestohlen worden?

Das war der Augenblick, als ich im Haus wirklich zum fünften Rad am Wagen wurde, weil ich anfing, Probleme zu machen. Ich fragte jede einzelne Person, mehr als einmal, ob sie etwas über meinen Pass oder meinen Trauschein wisse.

Bei diesen Befragungen kam nichts heraus, also fragte ich wieder. Ich kann sehr hartnäckig sein.

»Wer hat meine Papiere?«, sagte ich zu jedem, ein paar Mal, viele Male.

Doch keiner wusste es, oder gab zu, es zu wissen.

Ich fühlte mich veralbert, ärgerlich, vielleicht sogar traurig wegen dieser Situation. Ich wurde von jemandem für dumm verkauft, von einem Dieb oder einem Idioten, und ich ertrage solche Leute nicht allzu lange.

Ich schob alles andere in meinem Geist beiseite, um nachdenken zu können, um zu sehen, ob ich herausfinden konnte, wer mich bestohlen hatte.

Mir kam eine Idee. Ich sah mir heimlich Marcos Telefon an. Ich suchte mir die Nummer des Mannes namens Jonny heraus.

Ich sagte: »Hallo, ich bin Marcos Frau Anna, und ich glaube, Sie haben mit ihm über eine Blue Card gesprochen.«

Und Jonny sagte: »Ja, es ist nett, mit Ihnen zu reden, Anna.«

Jonny sagte, Marco habe ihm gerade erst vor ein paar Tagen die Papiere gegeben. Es würde vielleicht noch ein bis drei Monate dauern, bevor er die Blue Card bekam.

Also war ich angelogen worden. Er hatte vergessen, seinen Antrag auszufüllen, und als ich meine Papiere wollte, sagte er mir, er wisse nicht, wo sie seien. Er hatte sie genommen und Jonny gegeben.

»Tja«, sagte ich zu Jonny. »Es hat da eine Verwechslung gegeben. Ich beantrage eine Blue Card, nicht Marco.«

»Sie sind Studentin, also haben Sie Anspruch auf eine Yellow Card«, sagte er.

»Ich bin Studentin, und ich arbeite seit fünf Monaten mit der Yellow Card. Gibt es irgendeinen Grund, warum ich jetzt nicht eine Blue Card beantragen kann?«

»Anna«, sagte er. »Ich kann Ihnen eine Blue Card beschaffen.«

»Gut«, sagte ich.

Hatte Marco ihn bezahlt? Nein, und er hatte gehofft, dass Marco ihn im Voraus bezahlen würde. Also sagte ich ihm, ich würde ihn am nächsten Morgen bezahlen, und ich würde ihm hundert Pfund bezahlen und nicht die achtzig Pfund, die er von Marco zu bekommen hoffte.

»Und all das ist übrigens in Ordnung für Marco«, sagte ich. »Er hat einfach zu viele Probleme derzeit. Der Antrag sollte für mich sein.«

Im August, an einem schönen warmen Tag, gab es eine Party in unserem Haus, und ich beteiligte mich an dem Spaß. Ein Mädchen sagte mir, es sei Post gekommen. Ich ging zur Tür, blickte mich um und fand den Umschlag. Darin befanden sich mein Pass, mein Trauschein und eine Blue Card, datiert auf den 6. August 2010. Ich war hoch erfreut. Ich war begeistert. Ich hätte vor Freude Luftsprünge machen können. Was auch immer ich jetzt tun würde, ich hielt mein Recht in den Händen, in Großbritannien zu arbeiten, zu bleiben, zu tun, was ich wollte.

Marco hatte keine Ahnung, was passiert war. Ich ging zu ihm, als er Bier trank und mit jemandem redete. Die Augen meines Mannes waren verschwommen, als er versuchte, seinen Blick auf mich zu fokussieren.

Ich sagte: »Sieh mal, ich habe eine Blue Card.«

Das war ein Schock für ihn. Wie hatte ich die bekommen? Wo war seine? Wieso hatte ich meinen Pass? Er spuckte beinahe sein Bier aus. Der Grund, warum er mich geheiratet hatte, war, um eine zu bekommen, aber hier stand ich nun und hielt ihm meine eigene vor die Nase.

»Wo ist meine?«, sagte er.

»Ich weiß es nicht«, sagte ich. »Rede mit Jonny.«

»Du Miststück«, sagte er. »Wo ist meine?«

»Rede mit Jonny«, sagte ich.

Es würde jetzt natürlich nicht mehr sehr angenehm sein, bei Marco zu wohnen, aber ich konnte tun, was ich tun wollte. Ich war nur dem Namen nach verheiratet, nicht in meinem Herzen. In meinem Herzen war ich single, jung, fit und frei.

Ich flog zurück nach Rumänien, um meine Mutter zu besuchen. Wollte ich immer noch Krankenschwester werden? Das fragte sie mich viele Male, und ich sagte, ich wolle mich nicht selbst in Studien begraben.

Ich erzählte ihr, einige der Leute, die ich getroffen hatte, seien Schlangen, doch ich hätte keinen Job in Rumänien und ich hätte eine Blue Card für London. Ich sagte, ich würde zurückgehen und mein eigenes kleines Reinigungsgeschäft eröffnen, genau wie die Frau, die mich abgezockt hatte. Ich würde mich von Marco scheiden lassen, sagte ich, und mein Kopf wurde während der ganzen Zeit immer klarer.

Petre fragte mich über alles aus, was ich tue, und ich sagte ihm, alles liefe gut. Er sagte, er sei froh, dass ich etwas tue, das funktioniere. Er sagte, er kenne einen Freund, der hoffe, nach London ziehen zu können, und fragte, ob ich ihm helfen könne. Ich sagte ihm, das denke ich nicht, weil ich sehr beschäftigt sein würde.

Kapitel Sechs

Ich zog in ein Haus in Wembley, zu einer türkischen Dame, und machte mich daran, kleine Karten in den Schaufenstern von Läden in Nordwestlondon auszulegen.

»Erfahrene Reinigungskraft«, schrieb ich. »Referenzen vorhanden, Preise verhandelbar.«

Ich hatte nie daran gedacht, Reinigungskraft zu werden, bevor ich nach London abgereist war, aber jetzt wusste ich etwas darüber. Es war ein Anfang für mich, eine Möglichkeit, wie ich mich selbstständig machen konnte, und ich wusste zu schätzen, was ich lernte.

Nichts passierte schnell, aber im Laufe der Zeit, innerhalb von ein paar Wochen, mehr durch Mundpropaganda, als durch meine Werbung, schaffte ich es, mir einen Kundenstamm aufzubauen. Die meisten schienen mich zu mögen, Vertrauen in meine Arbeit zu haben, und das fühlte sich gut an. Ärzte, Anwälte und alle möglichen Leute in allen möglichen interessanten Gebäuden.

Und nach sehr kurzer Zeit händigten einige von ihnen mir Schlüssel aus, damit ich dort arbeiten konnten, auch wenn sie nicht da waren.

Mein Territorium, wenn man es so nennen will, war die Gegend North Finchley, Finchley Central, Golders Green und Kilburn. Manche von den Leuten dort waren richtig reich, hatten schöne Häuser voller schöner Dinge. Und andere waren ebenfalls reich, hatten aber weniger schöne Dinge. Manche waren gar nicht reich, aber sie brauchten jemanden, der für sie putzte.

An manchen Abenden versuchte die türkische Dame, mir Worte in ihrer Sprache beizubringen, und wir plauderten über die Nachrichten, das Wetter, die Menschen in England und die Preise in London. Es war alles sehr zivilisiert, und es gefiel mir. Ich war glücklich dort. Ich war immer nüchtern, immer ehrgeizig, als ich an diesem Ort war. Ich bin die Art von Mensch, der vielleicht ziemlich viel in seinem eigenen Kopf lebt, der gerne seine Gedanken an alberne Orte schweifen lässt, der vielleicht ein bisschen ein Einzelgänger ist. Und wegen all dem waren das Haus und der Job perfekt für mich. Ich war frei, glücklich, mit einer Blue Card ausgestattet und legte Geld beiseite, um meine Steuern zu bezahlen, also musste ich mich nicht einmal deswegen schuldig fühlen. Ich musste niemandem Rechenschaft ablegen und keiner machte mir irgendwelche Probleme, weil ich einfach ich war.

Die türkische Dame hasste es, um Geld zu bitten, hasste es, wenn das Ende des Monats kam und ich ihr die Miete gab. Sie sagte immer: »Tut mir leid«, und es sei nett, mich im Haus zu haben und ähnliches, aber ich sagte ihr immer wieder, es sei in Ordnung, ich schulde ihr das Geld und ich komme gut klar.

Sie erzählte mir, ihre Tochter komme im Dezember zurück und sie würde im Januar wieder gehen, und ich sagte, all das sei völlig in Ordnung. Ich würde zu Weihnachten 2010 nach Hause fahren, sagte ich, und ich sei immer noch nicht sicher, ob ich nach London zurückkehren würde. Ich hielte mir immer alle Optionen offen, sagte ich.

Zu Hause liefen die Dinge nicht gut. Meine Mutter und Petre fuhren weg, um zum Fest seine Schwester zu besuchen, wie sie es geplant hatten, aber sie trafen keine Vorkehrungen, um mir Zugang zur Wohnung zu verschaffen. Ich kam spät in Sibiu an, und sie waren bereits weg. Ich rief meine Mutter an, und Petre, der gerne ans Telefon ging, sagte mir, ich solle es bei ein paar Freunden versuchen und nicht erwarten, immer die Wohnung meiner Mutter benutzen zu können. Ich hätte nicht viel aus London geschickt, sagte er.

Ich kam mit ihm und seiner Familie nicht aus, und ich denke, er und seine Familie beeinflussten meine Mutter negativ in Bezug auf mich. Sie wurde von ihm kontrolliert, und es machte mich verrückt. Tatsächlich machte sie mich verrückt. Er machte mich verrückt. Es fühlte sich an, als wäre das ganze Land Gift für mich, als ich die Realität dessen sah, was mit meiner Mutter vor sich ging. Es verletzte mich zu dem Zeitpunkt so sehr, dass ich einfach nur noch weglaufen und meine Mutter nie wiedersehen wollte.

Ich hatte ihr erst vor ein paar Tagen hundertfünfzig Pfund geschickt, aber das zählte nicht. Ich bin sicher, dass Petre es ihr sofort abnahm, genau wie jeder Mann in ihrem Leben ihr Dinge weggenommen hatte.

Und was war jetzt, dachte ich, mit meiner Großmutter? Was war mit ihrem ganzen Vermögen, all ihrem Gold, all den Dingen, die sie hinterlassen hatte? Wenn ich raten sollte, dann würde ich auf meine beiden Onkel und Petre tippen. Sie hatten um all das gekämpft, seit sie gestorben war.

Ich war so unglücklich. Ich rief meine alte Freundin Mirela an und sagte: »Du wirst nicht glauben, auf was für eine Weise ich gerade empfangen worden bin.«

Sie sagte: »Anna, komm und übernachte über Weihnachten bei mir und meiner Familie.«

Ihre Mutter umarmte mich, als ich ankam. Ich wusste, sie hatte das Gefühl, meine Familie wäre ein einziges Chaos.

Diese Zeit fühlte sich wie der schwärzeste Teil meines Lebens an. Ich versank in eine tiefe Depression, nachdem ich festgestellt hatte, dass ich jetzt in Rumänien kein Zuhause mehr hatte. Ich hatte das Gefühl, ohne Absicht Verbindungen gekappt zu haben. Ich wäre an diesen Weihnachten vielleicht von einer Klippe gesprungen, wenn eine Klippe in der Nähe gewesen wäre. Stattdessen verbrachte ich eine gute Zeit mit Mirela, und, um ehrlich zu sein, tranken wir zu viel.

Das sah ihr gar nicht ähnlich, und mir auch nicht. Ich bin keine große Trinkerin. Ich bin nicht jemand, der Drogen nimmt. Ich bin kein Mensch, der jemals die Kontrolle verlieren oder die Kontrolle an jemand anderen abgeben will. Doch zu dieser Gelegenheit, in diesem Haus, wo sie jede Menge Alkohol hatten, trank ich jede Menge Alkohol. Bier, Wodka, Wein, was auch immer.

Mirelas Mutter rief meine Mutter an, und sie hatten einen Streit über all das, über den Zustand, in dem ich mich befand und wie unglücklich ich war, was sie mir angesehen hatte. Können Sie sich vorstellen, wie sich das anfühlte? Sie sagte meiner Mutter, es sei nicht zu entschuldigen, wie sie sich mir gegenüber benommen habe, und ich wusste, dass es wahr war. Ich musste zurück nach London gehen. Und ich muss sagen, dass ich Weihnachtsgeschenke für meine Mutter und Petre gekauft hatte, die ich stattdessen in Mirelas Haus ließ, für sie und ihre Familie.

Mirela fragte mich, ob ich sicher sei, dass ich zurück nach London wolle, und ich sagte, das sei ich. Ich glaube, sie wusste, dass dies ein Wendepunkt für mich war, und ich schätze, wir hatten beide das Gefühl, wir würden einander vielleicht nie wiedersehen.

Bis auf diesen Tag sagt Mirela, das sei das Schlimmste gewesen, was sie jemals getan habe, dass sie mich nicht dazu gebracht habe, bei ihr und ihrer Familie in Rumänien zu bleiben und niemals nach London zurückzukehren. Sie sagt mir immer noch, wie leid es ihr tue, dass sie der Mensch gewesen sei, der mich 2011 zurück nach London gehen ließ.

Ich zog zurück in das Haus der türkischen Dame und kontaktierte alle Leute, für die ich gearbeitet hatte. Ich war entschlossen, besonders fleißig zu sein, allein voranzukommen und Geld zu sparen.

Bald putzte ich zwanzig Häuser in der Woche, redete mit den Eigentümern, lernte ihre Haustiere und ihre Gewohnheiten kennen und bat sie, mich weiterzuempfehlen. Es wurde zu meinem einzigen Job, das Putzen. Und ich war gut darin, ich hatte das Temperament dafür. Kein Schmutz überlebte meine wütenden Anstrengungen, ihn loszuwerden. Und die Leute empfahlen mich ihren Freunden, und ich bekam noch mehr Anrufe. Ich war im Geschäft.

Bald hatte ich Hunde und Katzen, die wie meine eigenen Haustiere waren, und ich arbeitete in wunderbaren Häusern, als würden sie mir gehören. Ich hatte immer einen iPod in den Ohren und ich sang mit, während ich jeden Tag meinen Lebensunterhalt verdiente.

Drei Wochen nachdem ich zurück in das Haus in Wembley gezogen war, zog ich wieder um, nach Wood Green. Die türkische Dame, die so höflich war, brauchte den Platz für ihre Familie, und das war okay für mich. Ich verstand das sehr gut.

Ich zog in ein großes Haus, das, wie das erste Haus, voller Rumänen war, vielleicht so um die fünfzehn. Ich zahlte weniger Miete, und es lag näher an meiner Arbeit. Ich hatte ein eigenes Zimmer, und es war tröstlich, von Rumänen aus allen Teilen des Landes umgeben zu sein. Vielleicht war es ein bisschen, wie zu Hause zu sein, oder bei einer Familie zu wohnen, und das war vielleicht das, was ich zu der Zeit brauchte.

Der Vermieter war selbst Rumäne und wohnte in einem der Zimmer. Er erzählte mir ein bisschen über die Leute, die dort wohnten, wer kam und ging, wer was tat und wer von wo stammte. Er sagte, er mache sich, weil ihm das Haus gehöre, manchmal Sorgen darüber, was die Leute so trieben, aber die Polizei sei noch nie an seiner Tür erschienen. Er machte Witze, denke ich. Doch er sagte, ich solle meine Augen offenhalten, manche Leute würden Rumänien mit schlechten Absichten verlassen, oder sich mit üblen Leuten einlassen, und ich solle vorsichtig sein.

Ich bekam einen Anruf von einem Freund von Marco, und der war nicht erfreulich. Er hatte bei einem Mann gewohnt, einem Freund von Petre aus Sibiu. Der Mann war mit seinem Sohn hergezogen und hatte gerade Marco erzählt, sein Cousin komme nach London und er brauche den Platz.

Anscheinend brauchte Marco dringend Hilfe, hatte keinen Platz, an dem er bleiben konnte und stand kurz davor, mit einem neuen Job anzufangen.

»Marco wird auf der Straße landen«, sagte sein Freund, »weil ich ihm nicht helfen kann.«

Ich wusste, was er fragen wollte. Ich fragte, warum Marco mich nicht selbst angerufen habe und er sagte: »Du weißt warum – er schämt sich.«

Alles sei bei ihm in die Binsen gegangen, sagte der Mann. Er habe einige Fehler gemacht – mit Alkohol, Drogen und Geld – wolle jetzt aber alles ändern. Er fragte mich, ob Marco, nur für kurze Zeit, höchstens zwei Wochen, in dem Haus wohnen dürfe. Ich sei, sagte er, seine letzte Chance.

Ich dachte nicht allzu lange darüber nach, denn in gewisser Weise tat mein Ehemann mir leid. Er hatte Probleme für sich geschaffen und musste den Preis dafür zahlen, aber ich wusste, dass er ein netter Kerl war. Marco brauchte zu lange, um die Dinge in Angriff zu nehmen, brauchte zu lange, um Geld zurückzuzahlen, das er Leuten schuldete, verbrachte zu viel Zeit damit, im Bett zu liegen, nachdem er zu viel Wodka getrunken und zu viel Dope geraucht hatte. Und je öfter er diese Dinge tat, desto mehr geriet er in Schwierigkeiten.

»Ich werde ihn nicht auf der Straße schlafen lassen«, sagte ich. »Aber keine Partys, niemand anders darf vorbeikommen und mich blöd dastehen lassen.«

In der Woche, als er einzog, fing er an, nachts als Kipplasterfahrer in Stratford zu arbeiten. Bis er jeden Tag nach Hause kam, war ich normalerweise bereits weg. Manchmal kam er auch gar nicht nach Hause, und das war okay für mich. Aber wenn ich noch da war, wenn er ankam, dann störte oder nervte er mich nicht. Er schlief auf dem Sofa und war ruhig, respektvoll. Er tat mir leid.

Der Vermieter fragte mich nach ihm, und ich erklärte, ich tue einem alten Freund einen Gefallen. Er reagierte nett. Er sagte, Fremde würden ihm eher Sorgen bereiten als Freunde, wenn es darum ginge, Menschen in London zu begegnen.

Dann sagte er, er möge eins von den Paaren im Obergeschoss nicht, Carol und Crina, er traue ihnen nicht. Sie sei Stripperin, sagte er, und sie hätten Freunde, die Prostituierte für sich arbeiten ließen. Er sagte, sie hätten manchmal viel Geld, und manchmal gar keins.

»Okay«, sagte ich, aber mir war dieses Paar nicht wirklich aufgefallen.

»Keine guten Leute«, sagte er.

Vier Wochen später wurde ich vor diesem Haus entführt.

Manche Mädchen werden hereingelegt und dazu gebracht, nach England oder Irland, Spanien oder Deutschland zu kommen. Manchen wird gesagt, es warte ein Job auf sie, aber dann finden sie, wenn sie angekommen sind, heraus, was für ein Job es wirklich ist.

Manche haben Schulden bei Leuten angesammelt, die sie aus Ländern wie Rumänien mit dem Versprechen herbringen, Unterkunft und Sicherheit zu finden, und sie müssen die Schulden abarbeiten.

Manchen wird vorgegaukelt, sie würden geliebt werden, ein Mann werde ihnen ein wundervolles Leben bieten, wenn sie ihm nur auf die eine oder andere Art helfen würden.

Vielen werden wochen-, monatelang oder länger Lügen und Verfälschungen, Übertreibungen und Unsinn erzählt, bevor sie feststellen, dass sie zu sehr überfordert sind und sich schließlich sagen, sie müssten sich fügen, es sei alles ihre eigene Schuld. Es kann eine vielschichtige und komplizierte Sache sein.

Doch in einigen Fällen, in mehr Fällen, als man sich vielleicht vorstellen kann, werden die Frauen einfach entführt. Sie werden sorgfältig ausgewählt und dann von der Straße, aus Häusern, aus Autos geklaut und zur Arbeit gezwungen. Und es dauert nicht allzu lange, bis der Verstand, Glaubenssätze und Wissen aufgedröselt werden wie ein Wollknäuel, bevor ihr Körper geschlagen und beschädigt wird, wie ein Teddybär in einem Wirbelsturm aus Glas und Stein. Wenn man sich selbst aus den Augen verliert, sein körperliches und mentales Selbst, dann verliert man alles aus den Augen.

Und das ist meine Geschichte. Ich war noch vier Wochen davon entfernt, geschlagen und vergewaltigt, geschlagen und vergewaltigt und vergewaltigt und wieder vergewaltigt zu werden. Ich war noch vier Wochen davon entfernt, das Eigentum von jemandem zu werden, jemandem, der schätzte, dass ich dreißigtausend Euro wert war und mich zum Verkauf anbot. Das alles würde bald in Irland beginnen, einem Land, von dem ich nicht einmal sicher bin, ob ich es damals jemandem auf einer Karte hätte zeigen können.

Kapitel Sieben

Wir fuhren zum Flughafen in Luton. Ich war schon einmal dort gewesen, um nach Bukarest zu fliegen. Ich hatte mich nie wirklich damit wohlgefühlt, was vor mir lag, als wir am Flughafen in Luton ankamen. Während wir auf das Gelände fuhren, begann ich in Betracht zu ziehen, dass man mich zurück nach Rumänien bringen könnte, aber warum sollten sie das tun?

Wir hielten auf einem Parkplatz.

Crina, die Stripperin, sagte: »Tu, was dir gesagt wird. Wag es ja nicht, etwas anderes zu tun.«

Sie stieg aus und öffnete meine Tür. Sie sagte mir, ich solle aussteigen. Carol kam an meine Seite und winkte mir, ihm zu folgen. Sobald ich begann zu gehen, ging er neben mir, dann fiel er ein bisschen zurück, hinter mich. Hinter ihm befanden sich Crina und der Fahrer, der irgendwann verschwand. Es war, als würde ich sie irgendwo hinführen.

Wir betraten den Flughafen, und Carol bewegte sich nah an mich heran und redete leise, sagte: »Dorthin« und »Geh weiter« und »Dort drüben.« Er dirigierte mich zum Check-in-Bereich. Bald wurde mir bewusst, dass nur noch wir beide übrig waren, Carol und ich. Er war vielleicht fünfunddreißig, groß, breit, unrasiert, trug eine schwarze Kapuzenjacke, Trainingshosen und Sportschuhe.

»Geh weiter«, sagte er, »Psst – geh weiter, lauf, lauf.«

Er roch sauber, nicht nach Alkohol oder Zigaretten, nicht nach den Dingen, die man, bei einem verrückten Entführer erwarten würde zu riechen. Er roch, als hätte er auf sich geachtet. Ich kannte ihn überhaupt nicht, aber ich wusste, dass er ein Roma war, aus einer ethnischen Minderheit in meinem Land.

»Geh weiter«, sagte er. »Lauf, lauf, lauf, beweg dich.«

Da war keine Schlange, als wir am Tresen ankamen. Es war überhaupt niemand dort, bis auf die Dame, die dort saß und uns anlächelte. Carol legte die Dokumente, meine und seine, auf den Tresen. Wir hatten kein Gepäck. Die Dame nahm sie und sah sie sich für drei Sekunden an, dann gab sie die Dokumente zurück. Sie gab uns zwei Bordkarten.

»Danke«, sagte sie, doch keiner von uns sagte etwas.

»Lauf, geh weiter, lauf, beweg dich«, sagte er hinter mir und trieb mich vorwärts.

Ich sah mich um, und keiner beobachtete uns. Es gab überall Kameras, aber warum hätte irgendjemand uns beobachten sollen? Ich blickte die Leute an, jeden, der mir entgegenkam, aber warum hätte irgendjemand meinen Blick erwidern sollen? Wie hätte irgendjemand wissen sollen, was gerade passierte?

Mein Verstand war jetzt ruhiger, ein bisschen kontrollierter als verwirrt, obwohl ich immer noch sehr verwirrt war. Er sagte mir jetzt, dass ich allein mit dem Problem fertig werden müsse. Doch zu diesem Zeitpunkt wusste ich nicht, wie groß oder klein dieses Problem war. Ich befand mich, in Bezug auf das, was ich wusste, in einer Art Niemandsland.

»Beweg dich«, sagte er. Psst«, sagte er. »Geh weiter, beweg dich.«

Ich hatte keine anderen Worte, keine anderen Ideen. Ich konnte sehen, dass er sich nach hinten umblickte, als würde er zu jemandem hinsehen, vielleicht den anderen, die bei uns gewesen waren, und dann wieder nach vorne.

Wir gingen in Richtung der Sicherheitskontrolle. Ein Mann sah mich an, und er streckte die Hand aus. Ich blickte in sein Gesicht und er in meins. Er lächelte nicht. Carol streckte die Hand aus und reichte ihm die Bordpässe, und der Mann sah sie sich an und reichte sie ihm zurück.

»Bitte gehen Sie weiter«, sagte er.

»Beweg dich«, sagte Carol.

Ich konnte ihn direkt hinter mir spüren, wie er mich berührte, vielleicht wollte er es so aussehen lassen, als wären wir ein reisendes Paar.

»Deine Jacke«, flüsterte er, und ich wusste, was er meinte.

Ich zog sie aus, legte sie in eine Schale auf dem Fließband und trat vor, bereit, mich durchsuchen zu lassen.

Eine Dame winkte mich mit einem Lächeln voran.

Ich ging durch einen Torbogen und auf der anderen Seite wieder hinaus. Mein Telefon war in der Jacke. Sie kam ohne Probleme am anderen Ende des Fließbandes an. Ich nahm meine Jacke, und Carol nahm seine.

»Geh weiter«, sagte er. »Beweg dich.«

Ich konnte die Schilder nicht lesen, die Tafeln, die Informationen. Doch ich wusste, dass wir auf den Schalter für das Flugzeug von Luton nach Galway zugingen, das für Aer Arann flog.

Carols Hand packte die Rückseite meines Ellbogens, und ich bewegte mich vorwärts.

»Beweg dich«, sagte er. »Geh weiter, beweg dich.«

Wenn ich jetzt an diese Momente denke, mache ich mir keine Vorwürfe, weil ich vorwärtsging, weil ich dahin ging, wo er mich haben wollte. Es war eine seltsame, unwirkliche Situation, und ich wusste nicht genug, um mir eine andere Art von Verhalten überlegen zu können.

Ich denke, selbst wenn jemand auf mich zugekommen wäre und gesagt hätte: »Ist alles in Ordnung?«, dass ich dann vielleicht gesagt hätte: »Ja, alles ist gut, danke.« Auf diese Art ging ich damals mit der Sache um. Ich war beherrscht, als ich vielleicht unbeherrscht hätte sein sollen. Ich war vorsichtig, als ich vielleicht unvorsichtig hätte sein sollen. Doch zu der Zeit hatte ich keine Ahnung, was vor mir lag, und jedes Mal, wenn ich versuchte, einen Sinn darin zu finden, Antworten zu finden, wurde ich nur noch verwirrter. Und in der ganzen Zeit, als ich in Gedanken Theorien aufstellte, bewegte ich mich vorwärts, weiter und weiter hinein in die Situation, die sie für mich entworfen hatten. Und doch war ich immer noch auf einem Flughafen, immer noch auf trockenem Land, immer noch an einem, wie ich dachte, sicheren Ort. Es war mir nie klar, wann oder wie ich Hilfe suchen sollte, aber ich wusste, es gab noch Hoffnung.

Wissen Sie, was klarer in meinem Kopf war? Verrückte Dinge, die nichts mit dem unmittelbaren Problem zu tun hatten. War das eine Art, damit fertig zu werden? Ich blickte auf die Schilder von Cafés und auf Leute, die aßen, und dachte, wie hungrig ich war, wie ungeheuer hungrig ich inzwischen geworden war. Dann dachte ich daran, dass ich daran dachte, hungrig zu sein, dass mein Magen, obwohl er nervös und voller Schmetterlinge war, mir sagte, dass er leer war. Ich dachte an meine Mutter, was sie über sie gesagt hatten, an die deutlichen Drohungen, die sie ausgestoßen hatten, ob es ihr gut ging. Und ich dachte an meinen Job, das

Haus, das ich an jenem Nachmittag putzen sollte, die Enttäuschung, weil ich nicht auftauchen würde.

Wir saßen etwa zwanzig Minuten in der Abflughalle, ein paar Leute kamen herein und setzten sich, lasen ihre Zeitungen und beschäftigten sich mit ihren Telefonen. Da war ein altes Paar, das sich sehr langsam bewegte. Sie lächelten alle an und flüsterten die ganze Zeit miteinander über die anderen Leute dort. Ich fragte mich, ob sie auch etwas über mich und diesen Mann zu sagen hatten.

Doch es waren nicht viele Leute dort, vielleicht zehn, vielleicht zwölf, so etwas in der Art. Und als wir aufgerufen wurden, sah ich durch das Fenster, dass es ein winziges Flugzeug mit Propellern war, nicht eins mit großen Turbinen wie ein Jet.

Als ich an Bord und durch die Tür des Flugzeugs ging, hatte ich immer noch das Gefühl, es gäbe Hoffnung. Es klingt vielleicht verrückt, aber ich hatte keinen großen Grund zu denken, dass mein Leben, wie ich es kannte, nun enden würde. Ich hatte mich aus einem Flughafen in ein Flugzeug bewegt, aber es waren immer noch Leute um mich herum, die mir helfen konnten.

Ich setzte mich auf meinen Fensterplatz im hinteren Teil, und der Mann setzte sich einen Sitz weiter neben mich. Es war niemand in unserer Nähe. Sie schlossen die Türen, und die Dame zeigte uns, was zu tun war, wenn wir im Wasser landeten, und ich sagte mir, ein Absturz wäre vielleicht keine schlechte Sache für mich. Ich sah hinaus, als die Propeller sich drehten und das Flugzeug vorwärtsraste und sich in die Luft erhob.

Ich fragte mich, ob sie vielleicht die falsche Person entführt hatten. Und dann dachte ich daran, dass sie bereits ein

Ticket auf meinen Namen gekauft hatten, dass sie sicher gewesen waren, dass ich diesen Flug bekommen würde. Wie konnten sie sicherer sein, wohin ich an diesem Tag gehen würde, als ich es war?

Es war wie in einem schlechten Traum, zu sehen, wie die Welt unter uns kleiner wurde. Vielleicht war es nicht schlimmer, mit diesem Mann in der Luft zu sein, als es war, mit ihm am Boden zu sein. Ich dachte, dass es, wenn wir dorthin gelangten, wohin wir flogen, vielleicht nicht schlimmer sein würde, mit ihm dort zu sein, als es war, mit ihm in London oder im Flugzeug zu sein.

Ich hatte das Gefühl, weit weg von dem Ort zu sein, an dem ich sein wollte, aber komischerweise nicht, dass es gefährlicher werden würde. Dies war nicht sein Flugzeug. Ich sagte mir, immer und immer wieder, auf alle möglichen Weisen, er habe nicht die Kontrolle über alles um uns herum. Es würde nicht sein Flughafen sein, wenn wir landeten, oder seine Straßen. Ein kleiner, dummer Teil von mir sagte, ich könnte jederzeit weglaufen, flüchten. Ich erinnerte mich selbst daran, dass ich nicht mehr so verängstigt war wie am Anfang. Und das ist es, was mich erstaunt, wenn ich daran zurückdenke. Ich hatte angefangen, mich so gut an das anzupassen, was passierte, dass ich in der Lage war, das Inakzeptable zu akzeptieren.

Der Kapitän sprach davon, dass wir nach Galway flogen, und ich wusste nicht, wo das war. Ich hörte nicht alles, was er sagte, weil der Propellerlärm meine Ohren erfüllte und sie wegen der Höhe knackten. Doch es war das erste Mal gewesen, dass ich das Wort Galway gehört hatte, und ich wusste nicht, wo es lag.

Carol sagte: »Wein nicht. Nein, nein. Kein verdammtes Weinen. Nein.«

Und ich weinte, die Tränen liefen mir die Wangen hinunter, Tränen aufgrund von verworrenen, verängstigten und dummen Gedanken. Die Tränen eines Mädchens, das zu sehr versuchte, clever zu sein, stark zu sein, und sich gleichzeitig ihr Leben stehlen ließ.

Wir sprachen nicht mehr auf dieser Reise. Nach einer Stunde landeten wir. Wir warteten darauf, dass die anderen Passagiere ausstiegen.

Und dann: »Steh auf, beweg dich. Auf, beweg dich, da lang, sofort, sofort.«

Meine Augen waren feucht, als mich eine Stewardess lächelnd verabschiedete. Wir gingen die Stufen hinunter und in einen kleinen Flughafen, der aussah wie eine Bushaltestelle. Es war niemand da, der unsere Papiere überprüfte. Ich sage das noch einmal, es war niemand da, der uns sah, als wir aus dem Flugzeug stiegen. Keiner überprüfte unsere Tickets, die Pässe, das Gepäck. So kamen wir nach Irland.

Zwei Männer, einer groß und fett, und einer, der normaler aussah, gingen auf uns zu, musterten mich von oben bis unten – mehrfach. Da wusste ich, dass der Moment gekommen war. Gerade war nur einer bei mir, aber in Sekunden würden drei um mich sein. Ich musste jetzt schreien, rennen oder kämpfen, genau jetzt. Jetzt war der Augenblick gekommen. Das war meine letzte Chance.

Der fette Mann streckte die Hand aus und nahm meine. Sie lächelten beide. Keiner sah mir in die Augen, nicht für mehr als einen Sekundenbruchteil. Sie fingen an zu reden, aber nicht mit mir. Sie redeten über mich.

»Das ist schön«, sagte der fette Mann. »Sie sieht gut aus.«

Und was vorher ganz hinten in den Tiefen meines Verstandes gewesen war, kam jetzt ganz nach vorne, ans klare Tageslicht. Das waren Zuhälter, und ich war das Mädchen. Ich wusste jetzt, ohne jeden Zweifel, dass ich irgendwann von jemandem vergewaltigt werden würde. Meine Instinkte brüllten es mir zu. Die Zukunft war bereits festgelegt.

Doch immer noch war ich wie erstarrt, hatte Angst, etwas zu sagen. Hier war ich, in einem Albtraum, der erst zwei Stunden alt war, und ich sagte nichts, unterbrach sie nicht einmal.

Darf ich vorstellen?

Der fette Mann ist Vali. Er ist hässlich, schmierig und er würde mich vergewaltigen.

Der andere Mann, den wir trafen, heißt Ilie, oder John, wie er genannt wurde. Er stinkt nach Eau de Cologne und trägt Adidas Trainingshosen, teure Uhren und Goldringe.

Und der Mann, der mich dorthin gebracht hatte, Carol, ist der kleinste Fisch unter ihnen. Er würde mich ebenfalls vergewaltigen.

Wissen Sie, was witzig ist? Ihr Auto hatte eine Panne, als sie mich in die Stadt Galway fuhren. Ich saß hinten mit zwei Männern, die mich wer-weiß-wohin brachten, damit ich vergewaltigt werden konnte, und ihr Auto fing an, zu tuckern. Vali hielt an einer Tankstelle und fluchte immer wieder wütend. Die beiden anderen beleidigten ihn, lachten ihn aus, als er ausstieg, um sich den Motor anzusehen.

Ich denke, ich hoffte vielleicht, dass die Welt mir damit sagen wollte, dass ich nicht dorthin kommen sollte, wohin ich fuhr. Doch ich befand mich zwischen zwei Männern auf dem Rücksitz eines Autos an einem Ort, den ich nicht kannte, also war es nicht gerade so, als würde die Welt keine Mühen scheuen, mir zu helfen.

»Er repariert sein eigenes Auto ständig und will es nicht ordentlich machen lassen«, sagte Ilie.

Und er sagte das zu mir, als wären wir Freunde, als hätte ich ein Interesse an dem Mann, der mich eine Straße hinabfuhr, auf der ich nicht sein wollte.

Ich sagte nichts.

Und dann sagte ich: »Wohin werde ich gebracht?«

Und keiner sagte ein Wort. Meine Stimme war nichts für sie, nicht einmal ein Geräusch.

Vali schloss die Motorhaube und stieg wieder ein. Er versuchte ein paar Mal, den Motor anzulassen und er sprang an. Er ließ ihn laut aufheulen, während die Männer ihn über den Lärm hinweg beleidigten, und dann fuhren wir wieder.

»War überhitzt«, sagte er, als es wieder ruhig geworden war. Niemand sagte etwas.

Es wurde dunkler, aber ich konnte jetzt das Meer sehen, gerade als wir nach Galway hineinkamen. Zuerst dachte ich, es wäre ein See, aber dann wurde mir klar, dass wir uns direkt an der Küste befanden. Ich wusste bereits, dass wir über Wasser geflogen waren, und da wusste ich, dass dies der Atlantische Ozean sein musste.

Der Wagen hielt in einem Teil der Stadt, der sich Salthill nennt, am Straßenrand an. Sie ließen mich aussteigen und gingen mit mir einen Bürgersteig entlang, in Richtung eines Wettladens. Hier wurden sie langsamer. Sie gingen daran vorbei, bis zu einem Türeingang, der zu der Wohnung darüber führte. Einer der Männer öffnete die Tür und schob mich hinein, in ein dunkles Treppenhaus. Es stank nach schmutziger Luft, schmutzigen Wänden, Böden, Türen und Menschen. Ich ging zuerst hinauf, alle drei waren hinter mir, und ich wusste, dass dies der Ort war, wo ich alles herausfinden würde. Dies war der Ort, da war ich sicher, an dem ich vergewaltigt werden würde.

Die Tür am Ende der Treppe öffnete sich, und eine Frau in einem roten Morgenmantel und Flip-Flops kam auf mich zu.

»Da rein«, sagte sie.

Die Männer waren direkt hinter mir. Ich hatte das Gefühl, sie würden mich gleich vorwärts schubsen. Ich bog nach links in das Wohnzimmer ab. Sie alle folgten und schlossen die Tür. Ich blieb stehen, blickte mich um, drehte mich um, um sie alle sehen zu können.

Sie schlug mich. Es dauerte zwei Sekunden, bis ich mir das Gesicht hielt und über das nachdachte, was gerade passiert war. Ich hielt meine Hand an mein Gesicht. Sie schlug meine Hand weg und ohrfeigte mich wieder. Dann meinen Kopf, mein Ohr, dann wieder mein Gesicht.

»Versteck dich nicht vor mir«, sagte sie und schlug mir wieder ins Gesicht. Dann auf meinen Kopf, mein Ohr, dann wieder in mein Gesicht. Ich wich zurück, die Hände auf meinem Gesicht und schrie: »Aufhören!«

Es hörte auf, und ich wagte nicht hinzusehen. Mein Körper zitterte, jeder Muskel, jedes Körperglied erschauerte vor Wut und Furcht. Ich riskierte einen Blick, vielleicht zwischen meinen Fingern hindurch – daran kann ich mich nicht mehr erinnern – und die Männer sahen bloß zu.

Ihr Name ist Ancuta Schwarz. Sie ist klein und hässlich und überall, wo sie hingeht, hört man das Geräusch ihrer Flip-Flops. Sie hat langes dunkles Haar, das sie gerne zurückwirft, als wäre sie eine Prinzessin. Sie ist böse und grausam. Sie ist selbstbesessen, hasst jeden und ist auf jeden eifersüchtig. Sie ist, in der Welt, die ich kennengelernt habe, die verkorksteste Person auf dem Planeten.

»Setz dich«, sagte sie. Hinter mir stand ein Holzstuhl. Ich setzte mich, während ich wie Espenlaub zitterte. Einer der Männer ging zu einem Computer, die anderen beiden plauderten über irgendetwas miteinander.

Ancuta sah sie an.

Um mich herum sah ich einen Raum voller Telefone und Laptops. Das Licht war an, und die Jalousien vor beiden Fenstern waren heruntergezogen. Es gab ein Sofa und einen Tisch. Da war ein Küchenbereich mit einigen Küchenstühlen und einem Kühlschrank. Es stand schmutziges Geschirr und Müll herum. Das Zimmer hatte einen Holzboden. Keinen Fernseher. Die Luft war erfüllt von Rauch, Alkohol, Schweiß. Es war schmutzige Luft.

Der Mann am Computer erzählte einem anderen Mann etwas von Kokain. Ein weiteres Mädchen kam herein, schloss die Tür, sah mich an, als hätte ich etwas zu ihr gesagt. Ich blickte weg. Sie war siebzehn oder achtzehn, spindeldürr und trug einen BH und eine Jogginghose.

Ancuta holte eine Zigarette aus einer Packung auf dem Tisch, zündete sie an, strich ihr Haar zurück, blähte ihre Nasenflügel und blies den Rauch aus. Das Mädchen griff ebenfalls nach einer Zigarette. Ancuta sah aus, als würde sie sich auf etwas vorbereiten.

»Was wollen Sie von mir?«, sagte ich. Ich erinnere mich nicht einmal mehr, ob ich geplant hatte, das zu sagen, aber es kam heraus.

Alle sahen mich an. Es war, als hätten sie gerade erfahren, dass ich eine Stimme hatte.

»Zieh deine Sachen aus«, sagte Ancuta.

Ich blickte sie mit ausdruckslosem Gesicht an.

»Zieh deine Sachen aus«, sagte sie fester.

Und sie trat vor. Sie ohrfeigte mich. Dann ein Schlag auf meine Brust. Dann zog sie an meinem Haar, während ich mit meinen Händen mein Gesicht schützte.

Ilie trat vor, griff nach meinem Arm, zog mich näher.

»Hör auf sie«, sagte er. »Du sollst auf sie hören!«

Vielleicht war ich zu panisch, um zu kämpfen, oder vielleicht war ich nur einfach nicht schnell genug. Innerhalb eines Sekundenbruchteils zerrten sie an meiner Jacke, meiner Hose, meinem T-Shirt. Innerhalb eines Augenblicks lag ich auf dem Boden und sie zogen an meiner Unterwäsche. Im Nu, vielleicht innerhalb von vier Sekunden, war ich nackt. Sie zogen mich auf die Füße, und ich fühlte mich so dumm, verängstigt und verletzlich, wie ich mich niemals zuvor gefühlt hatte. Nur meine Arme konnten noch meine Blöße bedecken. Jetzt kommt es mir verrückt vor, wenn ich daran denke, dass ich versuchte, sie nicht meinen ganzen Körper sehen zu lassen.

Während sie mich anstarrten, fühlte ich, wie ich nach unten auf den Boden sank, wie die Kraft aus meinen Beinen wich, und ich mich zusammenkrümmte. Und dann kamen die Schläge. Schläge auf den Kopf, das Gesicht, die Nase, die Ohren, meinen Rücken.

Ich konnte sie nicht ansehen. Ich versuchte, so zu tun, als wären sie nicht da, und sie waren nicht da. Doch ich konnte sie sprechen hören, plaudern, als wäre das alles überhaupt nicht seltsam. Ich hörte keine Worte von dem anderen Mädchen, nur Ancuta, die über diese »blonde Schlampe« und »blinde Schlampe« auf ihrem Boden redete.

Ich wollte sterben. Ich verbrachte einen Moment damit, herausfinden zu wollen, ob das real war, und als ich wusste, dass es das war, als ich in Gedanken die Reihenfolge der Erinnerungen der letzten zwei, drei oder vier Stunden durchging, wollte ich, dass mein Herz aufhörte zu schlagen. Was auch immer nötig war, es musste aufhören.

Jemand drückte meinen Kopf herunter, knallte ihn auf den Holzboden. Sie zogen ihn an den Haaren wieder hoch und knallten ihn wieder nach unten. Ich weiß nicht, ob ich schrie oder wie viel ich weinte. Ich kann es nicht sagen. Ich weiß nicht, wie oder ob ich es überhaupt verkraftete.

Ein Telefon klingelte, ein leises Summen, und ich hörte das Mädchen, das ich nur als Bella kannte. Sie redete nett und freundlich mit wem-auch-immer in Englisch.

»Ja, Baby«, sagte sie, und sie hatte die Stimme eines Kindes, passend zu ihrem Körper. Der Anruf endete und sie sprach mit Ancuta in Englisch.

Ancuta sagte: »Hey, Blinde.«

Und ich konnte nicht aufblicken.

Ein weiterer Schlag.

»Blinde!«

Ich öffnete meine Augen, blickte auf und sah, wie sie Rauch ausstieß. Ihr Gesicht war verschwommen, ein helles Licht strahlte über ihr.

»Du wirst jetzt deinen neuen Freund kennenlernen«, sagte sie auf Englisch.

Das waren furchtbare Worte. Ich hatte das Gefühl, dass mir vielleicht ein paar wütende Worte zur Antwort herausrutschen könnten, aber ich sagte nichts. Meine Lippen brannten. Ich wusste, dass sie geschwollen waren.

Ein Telefon klingelte, ein anderer Klingelton, und das Mädchen meldete sich auf Englisch.

Ancuta sagte mir, ich solle aufstehen und mich dann auf den Stuhl setzen. Und das tat ich, mit gesenktem Kopf, meine Arme über meinen Brüsten.

Ich blickte auf den Boden, auf meine nackten Füße auf dem schmutzigen Holz. Ich schloss die Augen und versuchte, mir etwas auszudenken, das mir helfen könnte. Ich dachte daran, was ich tun müsste, wie ich dort wegkommen könnte, wie ich es beenden könnte, aber mir fiel nichts ein. Doch ich glaubte, dass das nicht lange so bleiben würde, dass es eine Art zeitliche Beschränkung für diese Sache geben musste.

Ich erinnerte mich an das Gesicht meiner Mutter, ich erinnerte mich daran, wie furchtbar hungrig ich war, hungriger, als ich jemals zuvor gewesen war. Ich dachte daran, dass ich durstig war, dass es mich, wenn ich jetzt essen und trinken könnte, wieder stark machen würde. Das waren vielleicht irrationale Gedanken, doch sie zu denken, war meine Art, alles andere in meinem Kopf auszublenden.

Es vergingen vielleicht fünfzehn Minuten, Leute redeten, schnaubten, rauchten und beantworteten Telefonanrufe. Und Ancuta griff nach meinem Haar, machte mir Angst, riss mich aus meinen verrückten Gedanken, als hätte ich geschlafen. Sie zog mich nach oben und ich sah, dass immer noch alle in dem Raum waren. Das andere Mädchen rauchte wieder, betrachtete meinen Körper von oben bis unten. Ancuta schob mich durch die Tür in den dunklen Flur, vorbei an einer Ausgangstür auf der rechten Seite, in Richtung eines Raumes auf der linken.

Darin befand sich ein Mann, direkt hinter der Tür, der auf mich wartete. Er war riesig, vielleicht fünfundfünfzig Jahre alt. Er streckte die Hand aus und half ihr, mich in den Raum zu bugsieren.

Und ja, es war ein Schlafzimmer. Geschlossene Jalousien, eine Lampe in einer Ecke. Ich stand neben dem Bett und er begann, seine Kleider auszuziehen, sein Gesichtsausdruck gleichgültig, vielleicht auch entspannt.

Ancuta trat langsam von der Tür zurück in den Flur, während sie mich anstarrte.

Und ich sagte es.

»Nein.«

Sie blieb stehen.

Sie marschierte vorwärts, stampfte auf den Boden, und ich versteckte mein Gesicht. Sie schlug mich auf eine Seite meines Gesichts, dann auf den Hinterkopf. Ich fühlte Kopfschmerzen, mein Körper schmerzte, während ich dort stand. Sie schlug mich wieder.

»Neeeein!« Ich schrie es.

Der Mann ergriff mich. Sie beide schubsten mich auf das Bett und ich schlug nach seinem Gesicht. Ich kratzte ihn. Ich war so stark in diesen Momenten. Ich fühlte mich, als könnte ich sie töten und gleichzeitig ihm sein Gesicht abreißen.

Doch sie drückten mich nach unten, seine Hand um meinen Hals, ihre Hand schlug wieder und wieder auf meinen Kopf. Ich versuchte, mich zu entziehen, auf die Seite zu kommen, um vom Bett rutschen zu können. Und ich fühlte, wie sie meinen Kopf ganz fest in die Laken drückte. Dann fühlte ich, wie diese Frau sich auf mich bewegte, auf mich kletterte, damit sie auf meinem Kopf sitzen konnte.

Der Mann presste sich auf meinen Rücken, seine Hand auf meinem unteren Rücken, drückte so fest, dass ich den Druck überall spürte und mich fühlte, als würde meine Wirbelsäule brechen. Er legte ein Bein oder einen Arm über meine Beine, ich konnte es nicht sehen, aber dadurch war ich kaum noch in der Lage, mich zu bewegen. Ich war mit dem Gesicht nach unten festgeklemmt und tief in die Matratze gedrückt.

Von da an bewegte ich mich nicht mehr. Irgendwann stieg Ancuta von meinem Kopf und verließ das Zimmer, aber ich erinnere mich nicht mehr wann.

Und ab jetzt ist alles unklar, die Einzelheiten dessen, was passierte und was ich fühlte. Aber ja, das war der Zeitpunkt, als ich das erste Mal in meinem Leben vergewaltigt wurde. Ich wurde von hinten vergewaltigt, an einem Ort, an dem ich niemals von einem Mann hatte benutzt werden wollen.

Es dauerte vielleicht eine Minute, der Lärm seines heftigen Atems und Keuchens, das Geräusch des leisen Auf- und Abs des Bettes. Ich fragte mich in einem dieser Moment, ob er ein Kondom benutzt hatte, und das war vermutlich eines der naivsten Dinge, die ich jemals gedacht hatte. Natürlich benutzte er kein Kondom. Als er fertig war, zog er sich an und ging. Er sagte nichts.

Ich weiß jetzt, dass er Albaner ist, ein Zuhälter und ein Perverser, der sich einen Namen damit gemacht hat, dass er Mädchen »zureitet«, dass er eins der ersten unmöglichen Probleme ist, die neuen Mädchen in den Weg gelegt werden. Er ist ein Sexualstraftäter der übelsten Sorte, denn ein Sexualstraftäter zu sein, ist sein Job.

Nachdem er gegangen war, war ich zum ersten Mal, seit ich am selben Tag die Straße in London entlang gegangen war, allein. Ich wusste nicht, wie spät es war, oder wie das Wetter war. Wusste nicht, ob irgendjemand in meinem Haus oder bei der Arbeit sich gefragt hatte, wo ich war. Ich wusste nichts, nur, dass ich mich in der Hölle befand.

Es waren vielleicht nur Sekunden, bis Ancuta wieder im Raum war. Sie sagte mir, ich blute, ich solle vom Bett aufstehen. Sie packte meinen Arm und zog mich auf den Boden. Ich machte es ihr leicht.

»Steh auf«, sagte sie und schlug auf meinen Kopf.

Ich tat es, so gut ich konnte. Ich konnte das klebrige Blut fühlen. Sie nahm meinen Arm und zog mich aus dem Zimmer, während meine Beine wie Wackelpudding waren. Gegenüber war die Tür zum Badezimmer. Das Licht war an. Sie schob mich in die Duschkabine.

»Mach dich sauber«, sagte sie.

Kapitel Acht

Ich wusste nichts über Irland. Ich wusste, dass es ein kleines Land nahe bei England war, aber es war kein Ort, der in meinem Leben eine Rolle gespielt hatte. Ich hatte irgendeinen dummen Horrorfilm über ein kleines Ding namens Leprechaun in einem Anzug und mit Bart gesehen, hatte etwas von der Gewalt dort gehört und ich wusste von einer Stadt, die Dublin hieß. Ich hatte nie in meinem Leben vorgehabt, Irland zu besuchen. Doch jetzt lagen meine Pläne nicht mehr in meinen eigenen Händen.

Mein erster Tag begann in diesem Badezimmer. Ich wusch mich in dieser Dusche, trocknete mich ab und setzte mich, wund wie ich war, mit dem Handtuch auf den Boden. Ich konnte diesen Raum nicht verlassen. Ich hatte nicht den Mut, die Tür zu öffnen. Ich wusste nicht, was ich sagen, wen ich sehen, was passieren würde. Ich wusste nicht, ob dieser Mann noch da war.

Der Tag begann mit Schmerzen, so wie die Nacht davor aufgehört hatte. Doch es gab keine Morgendämmerung, kein Tageslicht, kein neuer Anfang war zu sehen. Ich setzte mich nur auf, vielleicht wachte ich auch auf, frierend, in diesem Badezimmer, nachdem ich vielleicht keinen Schlaf bekommen hatte, vielleicht zwanzig Minuten, vielleicht zwei Stunden. Ich hatte keine Ahnung.

Ich war erst vor einigen Stunden entführt worden, aber ich hatte bereits keine Ahnung mehr, wie spät es war. Vielleicht stand ich unter Schock. Ich weiß es nicht. Vielleicht war mein Verstand so verwirrt, dass er mir Dinge sagte, die nicht wahr waren. Ich weiß es nicht. Alles, was ich weiß, ist, dass ich schon eine Weile in diesem Raum war, und ein Mann hereinkam, um die Toilette zu benutzen. Ich hatte vielleicht dort geschlafen, während andere kamen und gingen. Ich weiß es nicht. Doch ich sah, wie ein Mann hereinkam, ein Rumäne, ein Mann, den ich vorher noch nicht gesehen hatte, und er begann, in die Toilette zu pinkeln. Er sagte leise ein paar Worte zu sich selbst, und sah mich kaum an. Er ging wieder raus. Er betätigte weder die Spülung, noch wusch er sich die Hände. Können Sie sich vorstellen, dass ich das dachte, als er ging? Ich hätte am liebsten gesagt: »Betätige die Spülung, du Schwein«, aber ich tat es nicht. Das war das geringste meiner Probleme. Meine Freiheit war mir genommen worden. Meine Gefühle veränderten sich und lösten sich auf. Meine Prinzipien waren nicht mehr wichtig.

Ich habe bereits erzählt, dass ich die Geschichten gehört hatte, die schrecklichen Geschichten, was manchen Mädchen aus Rumänien zustößt. Aber ich dachte immer, dass Mädchen an solchen Orten Mädchen waren, die sich in die Falle hatten locken lassen, Mädchen, die nicht so vorsichtig gewesen waren, wie ich es gerne von mir gedacht hätte. Ich war dieser Welt vorher noch nie nahegekommen, oder wenigsten hatte ich nie gewusst, dass ich dieser Welt nahegekommen war. Es würde sich herausstellen, dass ich ihr zu nahegekommen war.

Ich blickte eine Weile auf die Wasserhähne am Waschbecken und dachte, wie durstig ich war, aber ich hatte nicht den Mut, sie anzufassen. Gab es an diesem Ort überhaupt sauberes Wasser? Ich wusste es nicht. Ich wusste gar nichts. Ich war halb blind in Bezug auf das, was ich sehen konnte, und total blind, in Bezug auf das, was ich wusste.

Ich wickelte das Handtuch um mich und stand auf. Ich wusste, dass ich weinte, als ich aufstand und in den Spiegel sah. Ich weinte, aber mein Gesicht und meine Lippen waren so zerschrammt und wund, dass ich es nicht einmal merkte. Ich schob mein Haar zurück und zog das Handtuch fester um mich, wie ein Kleid.

Dann atmete ich durch und öffnete langsam die Badezimmertür. Zur Linken war die offene Tür des Wohnzimmers, und ich konnte einen Hinterkopf sehen und jemanden reden und Telefone klingeln hören. Zur Rechten war ein Schlafzimmer und vor mir lag ein weiteres Schlafzimmer.

Der Weg nach draußen war zu meiner Linken, direkt vor dem Wohnzimmer. Die Tür war geschlossen. Falls ich sie öffnete, waren da eine Treppe hinunter zur Straße und eine weitere Außentür darunter. Es schien, als wäre sie Tausend Kilometer entfernt, aber sie war direkt dort, nur ein paar Meter von mir entfernt. Würde ich es schaffen, zu der Tür zu kommen? Würde sie Geräusche machen, wenn ich sie öffnete? Würden sie mich mit Leichtigkeit fangen? Was würden sie tun? Würden sie mich töten?

Ich ging darauf zu, schlurfte ein bisschen, da mein Körper sich nicht allzu gut bewegte, und Vali drehte im Wohnzimmer seinen Kopf.

»Die Blinde«, sagte er, und ich erstarrte.

Ancuta, die einen blauen Morgenmantel trug, steckte ihren Kopf durch die Tür, blies Rauch aus und trat in den

Rahmen. Die Männer plauderten weiter, und sie stand still da und blickte in den dunklen Flur, starrte mich zornig an, zuerst das Handtuch, dann mein Gesicht.

Die Tür zu dem anderen Schlafzimmer öffnete sich und ich drehte mich um, als ein Mädchen, das ich noch nicht gesehen hatte, hinausblickte. Sie wedelte mit der Hand, als wollte sie mich Richtung Wohnzimmer weisen.

Ancuta winkte mich zu sich. Ich ging langsam. Sie trat heraus und packte mein Haar.

Ich schrie.

Sie zog mich ins Wohnzimmer und schloss die Tür. Sie schlug mich auf die eine Seite meines Kopfes, und dann auf die andere. Die Männer unterbrachen ihre Unterhaltung nicht. Sie schlug mich wieder, meine Ohren klingelten, und schob mich zurück in Richtung einer der Wände.

»Du brüllst hier drin nicht herum, blinde Schlampe«, sagte sie. »Kein Brüllen oder Schreien, blinde Schlampe. Setz dich hier hin«, sagte sie und zeigte auf das Sofa.

Als ich dorthin ging, griff sie nach dem Handtuch und zog es weg.

»Setz dich.«

Ich zählte drei Mädchen in diesem Zimmer, abgesehen von Ancuta, aber ich war mir nicht sicher. Der Raum war voller Rauch, und meine Augen schmerzten, mein Gesicht schmerzte, und ich wollte mich nicht umsehen. Ich wusste nicht, ob Blickkontakt mit jemandem herzustellen, dazu führen würde, dass ich wieder geschlagen wurde. Ich wusste nicht, ob den Kopf unten zu behalten und den Blick auf den Boden zu richten, dazu führen würde, dass ich wieder geschlagen wurde.

Ich wusste nicht, ob sich eine mögliche Freundin in diesem Zimmer befand oder ob es alles nur Leute waren, die mich hassten.

Da war ein roter Teppich auf dem Boden, unter dem Sofa, und ich blickte auf meine Füße, die sich in ihn drückten. Ich dachte daran, dass ich noch am vorigen Tag diesen billigen, schmutzigen Teppich nicht gemocht hätte, aber dass ich ihn heute als eine Art Trost empfand.

Ein Mann kam auf mich zu und stand über mir, während er eine Zigarette rauchte. Ich blickte auf. Er war betrunken. Es war Ilie Ionut, der, den sie John nannten. Er hob seine Hand und ich kauerte mich hin, duckte mich und legte meine Arme um mich selbst, während ich wartete. Als nichts kam, blickte ich auf. Und da schlug er mich. Seine Hand war die ganze Zeit erhoben gewesen, hatte darauf gewartet, dass ich ihn ansah. Er lachte ein bisschen, vielleicht genoss er seinen kleinen Trick. Er nahm einen weiteren Zug an seiner Zigarette und ging zurück zu seinem Tisch, seinem Computer, seinen Telefonen.

Eins klingelte. Ein zweites klingelte. Eins vibrierte. Alle schienen die ganze Zeit aktiv zu sein oder nahe daran.

Ein müdes Mädchen, vielleicht zwanzig, wurde in einer Ecke fotografiert. Sie kaute Kaugummi, posierte in Dessous auf einem Stuhl, roter Satin war an die Wand hinter ihr geheftet. Carol nahm die Bilder mit einem Mobiltelefon auf. Er sagte ihr, sie solle so tun, als hätte sie gerade einen wirklich guten Witz gehört. Das Mädchen lächelte.

Ancuta war bei Bella, half ihr, Make-up aufzulegen und redete mit ihr.

Ich wusste nicht, ob diese Mädchen Schulden abzahlten,

ob sie Opfer von Menschenhandel* geworden waren, ob sie es freiwillig taten oder ob sie ebenfalls entführt worden waren.

Ancuta sagte: »Also, Blinde, würdest du gerne fotografiert werden?«

Und das brachte sie zum Lachen. Und als Bella sie lachen sah, lachte sie auch. Ich wusste nicht, ob sie es ernst meinte. Ein Foto von meinem verletzten und geschwollenen Gesicht? Um es auf eine Webseite zu stellen und Werbung für Sex mit mir zu machen?

»Nein«, sagte ich, meine Stimme war rau, es war mein erstes Wort an diesem Morgen, an diesem Tag.

Und sie lachte wieder. Die Männer lachten. Die Mädchen lachten. Ich senkte den Kopf.

Ich konnte nirgends etwas zu essen sehen. Es gab keinen Hinweis darauf, dass auch nur einer von ihnen irgendetwas aß. Ich wollte Essen und ich wollte Wasser, aber ich war nicht mutig genug, oder dumm genug, um sie darum zu bitten. Also blieb ich still und ruhig, versuchte, auf eine hoffnungslose Art, mehr über diese Situation herauszufinden und in einem Raum voller Menschen mit dem Hintergrund zu verschmelzen.

Die Telefone klingelten, wackelten, summten ständig, und die Tür öffnete und schloss sich ständig. Mädchen – ich denke, es waren insgesamt drei – kamen herein und gingen hinaus, und sahen mich dabei meistens nicht einmal an.

---

* Laut der Wohltätigkeitsorganisation Stopthetraffik.org gibt es geschätzte 21 Millionen Opfer moderner Sklaverei. Von diesen werden um die 4.5 Millionen sexuell ausgebeutet.

Manchmal waren sie nackt, manchmal beinahe nackt, manchmal in High Heels, manchmal nicht. Manche von ihnen nahmen Anrufe entgegen, manche nicht. Sie saßen herum, während Ancuta den Riegel der Ausgangstür umlegte und Leute hinein- und hinausließ, aber von dort, wo ich saß, konnte ich niemanden sehen.

Die Männer arbeiteten an den Laptops, unterhielten sich, tranken, rauchten und spielten online Poker oder Bingo. Und Ancuta kam und ging, kommandierte in ihrem Morgenmantel Leute im Raum herum, redete von einem Urlaub in Italien, über Madonna, über Zigaretten, Geld und dumme Mädchen.

Wenn sie zurück in den Raum kam, hatte sie Geld dabei, Euros, das Bargeld, das in der Republik Irland benutzt wird, die Art von Geld, die ich vorher selten gesehen hatte. Sie legte es in Ilies Nähe. Nach wenigen Augenblicken nahm er es, steckte es weg. Es war ein geschäftiges, gut organisiertes System.

Ich schloss meine Augen und dachte, ich könnte versuchen, wieder zu schlafen, aber sie griff nach meinem Haar.

»Willst du wissen, ob es deiner Mutter gut geht?«, sagte sie.

»Ja«, sagte ich. Ich hatte seit etwa einer halben Stunde nicht mehr an ihre Sicherheit gedacht. Ich musste dabei sein, den Verstand zu verlieren.

Ancuta lachte. Sie lachten alle.

»Es geht ihr gut«, sagte sie. »Noch geht es ihr gut.«

Es vergingen nie mehr als zwei oder drei Minuten, in denen sie nicht zu mir sah. Sie beobachteten mich alle, aber sie beobachtete mich immer und ständig. Ich konnte es spüren, es verursachte mir eine Gänsehaut auf meiner wunden, kalten Haut.

Sie ging immer wieder zu Ilie, berührte ihn, lächelte ihn an, als würde sie mit ihm flirten. Ich würde später herausfinden, dass er ihr Partner war, dass sie in Rumänien einen gemeinsamen Sohn hatten.

Ich saß dort, hungrig, frierend, durstig, erschöpft, vielleicht für Stunden. Ich schätze, es war wahrscheinlich so um sechs oder sieben Uhr morgens, als die Mädchen gegangen waren und nur noch wir drei in dem Raum waren. Die Mädchen waren gegangen, um in einem der Schlafzimmer zu schlafen, und Carol war gegangen, um in welchen anderen Wohnungen oder Bordellen auch immer er sich noch aufhielt, zu übernachten.

Ancuta, betrunken und launisch, war ebenfalls gegangen, und hatte mich wütend angestarrt, als sie ging, um eine Weile bei den Mädchen zu schlafen, mit zwei oder drei Telefonen in den Händen.

Ilie und Vali saßen am Tisch, sagten wenig, spielten Spiele und surften im Web. Ilie stand auf und stellte den Wasserkocher an. Er nahm einen Topf heraus und öffnete eine Dose Bohnen, schüttete sie hinein. Er stellte ihn auf die Kochplatte. Er nahm Brot von einem Regal und begann es zu toasten. Der Geruch war so intensiv, intensiver als alles, was ich kannte.

Er blickte zu mir, vielleicht nur einmal, während er das tat, und ich blickte weg.

Tonlos, sodass ich es kaum hören konnte, sagte er: »Sieh mich verdammt noch mal nicht an, du Schlampe.«

Ich schlief, für eine Weile, dort auf dem Sofa. Ich legte mich nicht hin, sondern verzog mich in eine Ecke, legte die Arme fest um mich und schaltete einfach ab.

Für wie lange, weiß ich nicht. Wie spät war es, als ich aufwachte? Ich weiß es nicht. Von jetzt an, für eine lange Zeit, wollten sie, das muss man verstehen, dass ich jedes Zeitgefühl verlor, mir so viele Dinge zusammenreimen musste, dass ich nur wenige Dinge als Anhaltspunkte benutzen konnte, um den Tag zu verstehen, während sie versuchten, meinen Geist zu verwirren.

Die Telefone im Wohnzimmer, vielleicht zwölf, vielleicht zwanzig, begannen, öfter zu klingeln, und Ilie ging, um Bella zu holen. Sie kam, müde, erschöpft und setzte sich in Unterwäsche hin, sprach am Telefon mit leiser, hauchiger Stimme. Sie stand auf, machte sich eine Tasse Kaffee und rauchte eine Zigarette. Sie blickte überhaupt nicht zu mir.

Als sie ihre Zigarette beendet hatte, füllte sie ein Glas mit Leitungswasser und brachte es mir. Ich sah hin und dachte verrückterweise wieder, ob es okay war, das Leitungswasser in Irland zu trinken. Aber ich hätte alles getrunken. Bella sagte nichts, als ich es nahm und trank. Meine Lippen waren noch wund. Sie hatte, wie ich sah, blaue Flecken an den Oberschenkeln.

»Du kannst dir eine Zahnbürste im Badezimmerschrank nehmen«, sagte sie, auf Rumänisch, mit Bukarester Aussprache, und dann nahm sie mir das Glas wieder ab.

Ich wusste nicht, ob sie wollte, dass ich meine Zähne putzen ging oder nicht. Ich blieb, wo ich war.

Zwei andere Mädchen kamen in den Raum, und ich war mir nicht sicher, ob ich sie vorher schon einmal gesehen hatte. Sie setzten sich neben mich, sahen mich aber nicht an.

Ein weiterer Zuhälter kam an, und alle Männer standen auf, um ihn zu begrüßen, ihm die Hand zu schütteln, ihn auf die Schulter zu klopfen, als hätten sie ihn eine Weile nicht gesehen. Er hatte zwei voll bekleidete Mädchen dabei, die beide sehr müde aussahen. Sie standen neben ihm, bis er ihnen zurief, sie sollten sich in die Mitte des Raumes stellen, damit Ilie sie sich ansehen konnte. Er betrachtete sie prüfend, dann bat er sie, sich auszuziehen. Sie diskutierten darüber, wie man sie am besten fotografieren sollte.

Ancuta kehrte in ihrem Bademantel zurück, das Haar in einen Pferdeschwanz gebunden, und der Geruch von Parfum folgte ihr, als sie vorbeiging und mich ignorierte. Die Tür begann, sich immer häufiger zu öffnen und zu schließen, die Telefone begannen, mehr zu klingeln und es wurden noch mehr Fotos von schmollmündigen Mädchen in Unterwäsche vor dem roten Satin an der Wand gemacht.

Ich saß nur da.

Kapitel Neun

Ancuta sagte mir, ich solle mich bereitmachen. Sie stand über mir, blickte mich an, als würde ich sie anekeln.

»Mach dich bereit, blindes Mädchen«, sagte sie.

Vielleicht lag es daran, dass ich ein wenig Schlaf bekommen hatte, dass ich mich stark genug fühlte, etwas zu ihr zu sagen.

»Ich will meine Kleider«, sagte ich, und ich wusste, dass sie übel darauf reagieren würde.

»Du willst deine Kleider?«

»Ja«, sagte ich und fühlte, wie sich Trotz in mir regte. »Und meine Brille.«

»Du willst deine Kleider und deine Brille?«

»Ja.«

Es gab einen kurzen Moment, in dem ich wirklich dachte, sie würde mir etwas erklären oder mir sagen, wo die Sachen waren oder wie ich sie bekommen konnte. Obwohl mein erster Instinkt mir sagte, dass sie wütend werden würde, war diese Pause lang genug für mich, mir vorzustellen, dass es noch ein wenig Hoffnung in all dem geben könnte. Und als diese Pause endete, endete auch die Hoffnung.

Sie schob mein Gesicht mit einer Hand zurück und schlug mich auf die Seite des Kopfes. Sie boxte, ohrfeigte und schlug auf die Seite und die Rückseite meines Kopfes, immer und immer wieder. Ich schrie. Meine Arme schlugen wild um sich, um sie zu erreichen, meine Augen waren von ihrer Hand bedeckt, die meinen Kopf zurück auf das Sofa drückte.

»Verfluchte Schlampe«, sagte sie. »«Blinde Schlampe.«

Sie zog am meinen Haaren, griff sich Büschel und zog sie hoch, immer wieder.

Die Männer lachten, juchzten über die Art, wie sie mich mit so viel Hass attackierte, mit so viel Raserei.

Ich wollte sie beißen, ihre Hand oder ihr Gesicht in meinen Mund bekommen und Stücke davon herausreißen, aber ich sagte mir: »Nein, nein, nein«. Ein Teil von mir sagte mir: »Sie wird dich töten, wenn du das tust.«

Als sie aufhörte, war ich taub, meine Ohren klingelten, mein Gesicht brannte, mein Kopf brannte, ich weinte und mein ganzer Körper zitterte.

Sie stand einen Moment lang da, dann griff sie wieder nach meinem Haar und zog mich daran hoch auf die Beine. Und ich muss sagen, ich war größer als sie, vermutlich stärker als sie, aber sie hatte alle Karten in der Hand, all das Selbstvertrauen, all den Wahnsinn, die ein Mensch braucht, um so herrschsüchtig und grausam zu einem anderen Menschen zu sein.

Ich wurde in das Badezimmer geschubst und gezerrt. Sie nahm eine Zahnbürste aus dem Schrank, eine Benutzte, und sagte mir, ich solle mir die Zähne putzen.

Sie nahm eine quadratische Flasche heraus, irgendein Parfum, und sprühte es mir über mein Gesicht, während meine zitternde Hand anfing, Zahnpasta auf die Zahnbürste zu schmieren.

Ich hielt meine Augen geschlossen und hörte, wie sie das Zimmer verließ. Ich bürstete in meinem hungrigen Mund herum und spuckte in das Becken, in der Erwartung Blut und Innereien zu sehen, aber da war nichts. Doch ich hatte immer noch das Gesicht eines verprügelten Geistes.

Dreißig Sekunden später war sie zurück, hielt Dessous in der Hand und reichte sie mir.

»Kleider«, sagte sie. »Mach schnell.«

Ich zog den schwarzen Tanga und den BH an, beide waren zu klein, beide waren schon von jemand anderem benutzt worden. Vielleicht automatisch, zog ich meine Haare zurück, wie um mich zurechtzumachen.

Ancuta zog ihre Hand zurück, sobald ich sie ansah. Ich wusste, wenn ich ein Messer hätte, würde ich es ihr ins Herz stechen. Ich wich nicht zurück. Aus irgendeinem Grund bewegte ich mich nicht, als dieser Gedanke mir durch den Kopf ging.

Sie lächelte, ließ ihre Hand fallen.

»Da ist jemand, der dich besuchen will«, sagte sie und griff in den Schrank.

Sie nahm einen Lippenstift heraus.

Die Männer blickten aus dem Wohnzimmer herüber, als ich langsam heraustrat, mit einem aufgemalten Lächeln. Ancuta schob die Tür gegenüber auf und machte Platz, damit ich hineingehen konnte.

Ein alter irischer Mann lehnte sich auf dem Bett zurück, ließ seine Füße vom Rand baumeln. Er war vielleicht sechzig, fünfundsechzig.

»Hallo, Natalia«, sagte er und betrachtete meinen Körper, starrte offen und unverblümt auf meine Brüste und meinen Schritt. Er stand auf und zwinkerte Ancuta hinter mir zu. Ich wusste, dass er sie von früher kennen musste. Ich dachte nicht daran, wer er war, sondern wer Natalia war. Nannten sie etwa mich so?

»Du siehst hübsch aus«, sagte er und blickte direkt in mein schmerzendes, rotes, geschlagenes Gesicht. »Komm, setz dich aufs Bett, Schätzchen.«

Er streckte den Arm aus, als wollte er mir den Weg zeigen, und ich drehte mich um, um zu sehen, ob sie noch dort war. Sie schloss gerade die Tür, nickte mir zu, beriet mich auf ihre eigene kranke Art. Ich machte einen Schritt auf das Bett zu und setzte mich.

Er starrte mich an, starrte weiter, während ich dort saß. Ich wusste nicht, ob ich sprechen konnte oder sollte. Er trug Schuhe, ein gut gebügeltes Hemd und Alte-Männer-Hosen. Er hatte ein blaues Jackett auf den Boden neben dem Bett gelegt. Er beugte sich vor und grunzte, als er anfing, seine Schnürsenkel aufzubinden.

»Leg dich hin«, sagte er, während er sie auszog.

Er fing an, sich mit seinen Knöpfen zu beschäftigen.

»Leg dich hin«, sagte er und machte eine Bewegung mit seinem Kopf.

Ich wusste, dass ich das nicht tun würde, aber ich würde ihm nichts davon sagen.

»Nein?«, fragte er mich.

Ich blieb stumm. Er trat näher, streckte seinen Arm aus, als wollte er mich an den Schultern fassen, vielleicht um mich zurückzuschubsen.

Und ich rastete aus.

Ich schlug nach seinen Händen, nach seinem halb offenen Hemd. Er trat zurück und ich stand auf, fing an, ihn in den Magen, ins Gesicht und auf den Hals zu boxen.

Er versuchte, mich zurückzutreiben, meine Arme zu greifen, aber ich bewegte mich zu schnell, zu verrückt für ihn, um mich zu erwischen. Ich schlug ihn wieder, kräftig auf die Nase, und er rief: »Anca! Anca!«

Sie war sofort da, und ihr Freund Ilie direkt hinter ihr. Sie zogen mich von dem Mann und schlugen mich auf den Kopf. Ich wurde auf den Boden geschubst und wieder und wieder auf den Kopf geschlagen, und ich schrie. Ich schrie wie verrückt, immer wieder.

Der Mann blieb nicht. Er ging mit seinen Schuhen in den Händen.

Sie zerrten mich ins Wohnzimmer und schubsten mich in eine Ecke, auf den Boden. Ancuta, oder Anca, ging in den Küchenbereich und kam mit einem Messer wieder. Schwarzer Griff, einige Zentimeter lang.

»Ich werde deine verdammte Mutter in Sibiu töten«, sagte sie.

»Ich kann sie über das Telefon töten, nur ein Anruf, und ein paar Leute werden hinfahren und ihr ein Messer in den Hals stechen. Sie sind immer bereit, das Messer ist immer bereit. Willst du das?«

Ich sagte nichts.

»Willst du das, blinde Schlampe?«

Und wieder ohrfeigte sie mich. Ich war sicher, dass das Messer in meinem Gesicht landen würde. Es war so nah, und zuckte willkürlich in ihrer wütenden Hand.

»Nein«, sagte ich. Es war eine dumme Frage.

»Willst du, dass ich jetzt gleich deine Zunge rausschneide und dein Gesicht aufschlitze?«

»Nein.«

»Willst du, dass ich dich in Stücke schneide und an die Schweine verfüttere?«

»Nein.«

Sie schlug mich auf den Hinterkopf.

»Du verfluchte, nutzlose, dumme, blonde Schlampe«, sagte sie. »Du verdammte blinde, stinkende Schlampe.«

Mehr Schläge, einen für jedes Wort.

»Du wirst hier ohne mich keine Minute überleben, also tu, was ich sage«, sagte sie. »Ich halte dich am Leben, du blindes Miststück. Wenn du dich mir noch mal widersetzt, dann wirst du in Stücke geschnitten, du verdammte Schlampe.«

Sie zerrte mich wieder in das Badezimmer, riss mir die Sachen herunter und schob mein Gesicht gegen die Wand. Sie drückte Lippenstift auf mein Gesicht, rieb ihn überall auf meine Lippen. Er war überall, ließ mich wie einen Clown aussehen, mit meinen geschwollenen Lippen, meinem vielfarbigen, monströsen Gesicht.

Und sie schubste mich wieder in den Flur, wo ein nacktes Mädchen mit High Heels stand, und zurück ins Wohnzimmer.

Sie schob mich in dieselbe Ecke und sagte: »Sei bereit, blinde Hure. Immer bereit, du Sibiu-Schlampe. Du hast viel zu tun.«

Ich kannte sie erst ein paar Stunden, aber ich hatte bereits alle ihre zehn Arten von Wut gesehen. Diese Art war die Schlimmste. Da war purer Hass in ihr, die Art von Hass, zu dem ich berechtigt gewesen wäre, ihn ihr gegenüber zu hegen, aber sie nicht mir gegenüber. Es war verrückt. Sie war verrückt.

Sie rauchte eine Zigarette und zeigte auf mich, sagte den Männern und den Mädchen, was für ein Miststück ich sei, dass ich meine Schulden nicht bezahle, und dass Leute, die ihre Schulden nicht bezahlen, getötet werden oder Schlimmeres.

Ich wollte sie durch ein Megafon anbrüllen: »Was für verdammte Schulden denn, du böses Arschloch?«, aber ich konnte nicht.

Hatten sie mich mit jemandem verwechselt? Wem schuldete ich Geld? Für was? Von wann? Wieso?

Ich war bis zum Platzen gefüllt mit Worten und Tränen, aber ich hielt alles zurück, so gut ich konnte.

Ich kann mich nicht erinnern, ob ich weinte, oder nicht, aber das war nicht wirklich von Bedeutung. Es hätte keinen Unterschied für mich oder sonst jemanden gemacht. Ich war so hungrig, durstig und schwach und wollte so sehr sterben, dass überhaupt nichts mehr von Bedeutung war. Und die Telefone klingelten und summten die ganze Zeit.

Zwischen ihren Flirt-, Schlag- und Brüllanfällen ging sie an einige, senkte die Stimme, redete leise und ruhig, und machte Termine, redete über Sex, Bargeld und Spaß, und wie nett es sei, dass irgendein Kerl anriefe. Dieses Haus war eine Anstalt, die von den Irren geführt wurde.

Es waren hundert Euro hier, achtzig Euro da, hundertsechzig Euro hier, zweihundert da. »Baby« hier, »Ja, Baby«, da, »Nein, Baby« hier. Eingehende Anrufe, ausgehende Anrufe, ein Mädchen, zwei Mädchen.

Und dabei beobachtete sie mich immer weiter, sah nach jedem Satz zu mir, sah mich bei jedem Anruf an, den sie annahm oder beendete.

Ilie saß an einem Laptop, eine neue Flasche Whisky stand auf dem Tisch neben ihm. Er und ein anderer Zuhälter, auch ein Rumäne, tranken aus zwei niedrigen Gläsern.

Er wandte sich mir zu, lächelte, sagte: »Ich denke, du willst vielleicht ein bisschen Whisky, Blinde, oder? Du bist voller Übermut und Energie, vielleicht brauchst du einen Drink?«

Ich schüttelte den Kopf. Den brauchte ich nicht.

Er hob sein Glas, hielt es in meine Richtung.

»Trink ein wenig«, sagte er. »Das hilft.«

»Nein«, sagte ich, »Danke.«

Und Ancuta kam heran, beobachtete das, und sah mich mit dieser Wut und dem Hass in ihren Augen an.

»Sie verdient keinen Whisky«, sagte sie. »Keinen einzigen Tropfen.«

Ilie zuckte die Achseln und nahm das Glas weg. Er sah mich weiter an und trank es leer.

»Er ist gut«, sagte er. »Irischer Whisky. Das einzig Gute an diesem Land.«

Der andere Mann lachte.

Ancuta starrte.

Ilie sagte: »Wir werden später Essen bekommen, und falls du etwas haben willst, musst du sicherstellen, dass ich dir etwas geben will, verstehst du? Wie die anderen Mädchen, okay? Sie brüllen und kämpfen nicht, und sie essen und schlafen. Verstehst du das, Blinde?«

Ich bewegte mich nicht, sagte nichts.

»Ich weiß, dass du es verstehst«, sagte er. »Du bist eine kluge Frau, und du verstehst es.«

Ancuta beantwortete Anrufe, und starrte mich immer noch wütend an.

Ich wusste nicht, ob ich meinen Kopf schütteln oder nicken sollte. Ich tat nichts davon.

Ein wenig später sagte Ancuta ruhig: »Ich habe Leute, die dich treffen wollen. Sie werden bald hier sein. Mach dich bereit.«

Es würden zwei sein. Es waren zwei junge Männer, die während des Nachmittags unterwegs gewesen waren um zu trinken, und die beschlossen hatten, dass sie sich ein Mädchen teilen wollten, ein Mädchen, dass alles machen würde.

Beide hatten vorher schon mit Ancuta gesprochen. Sie erzählte mir, als sie mir wieder die schwarze Unterwäsche reichte, den Lippenstift begradigte und einen Eyeliner bei mir auftrug, dass sie ihr gegenüber offen in Bezug auf ihre Bedürfnisse gewesen waren.

»Sie wollen eine Blondine«, sagte sie. »Und wenn du sie schlägst, schlagen sie dich zurück.«

Sie trafen Ancuta, bevor sie die Tür öffnete und mich zu ihnen brachte. Ich saß auf dem Bett, mein Herz hämmerte.

Sie sahen mich an, nicht, als würden sie mir gleich sagen, ich sei schön, sondern als würden sie mich überhaupt nicht mögen.

Ancuta nickte in meine Richtung, begegnete meinem Blick, als sie die Tür schloss. Ich hatte das Gefühl, dass sie geblieben wäre, um zuzusehen, wenn sie das gekonnt hätte.

Die Männer standen da. Einer zog seine Jacke aus, rieb sich das Gesicht.

»Wie lange bist du schon eine Nutte?«, sagte der andere, seine Worte waren undeutlich vom Alkohol.

»Ich bin keine Nutte«, sagte ich, und meine Stimme klang so klein und kläglich, wie ich aussah.

»Ernsthaft?«, sagte er. »Ich habe gerade für dich bezahlt!«

Der andere Mann sagte: »Vielleicht macht sie es zum Spaß.«

»Das ist es.« Der andere Mann lachte. »Ein Flittchen.«

Ich fühlte mich so unwohl, dass ich es gar nicht beschreiben kann.

Der andere zog seine Jacke aus. Er kam um die Hinterseite des Bettes herum und der andere kam auf mich zu. Ich fühlte, wie sich von hinten Hände auf meine Schultern legten. Der andere griff nach meinen Oberschenkeln, als wollte er sie spreizen.

Ich versuchte es. Ich versuchte es wirklich. Ich dachte wirklich, dass ich das tun und es hinter mich bringen könnte, und dann dazu zurückkehren würde, herauszufinden, was auch immer es war, was ich versuchte herauszufinden.

Ich versuchte es, aber ich konnte es nicht ertragen.

Meine Hand flog nach oben und peitschte in das Gesicht vor mir. Der Kerl stieß eine Art Schrei aus und entzog sich mir total schockiert. Der hinter mir versuchte, mich nach unten zu drücken, als wollte er mich hinlegen, und meine Hände begannen, in alle Richtungen zu schlagen. Ich brüllte und schlug mit Höchstgeschwindigkeit, und er wich zurück. Beide wichen sehr schnell zurück. Sie sahen einander an, nahmen ihre Jacken und verließen den Raum. Doch ich hatte nichts gewonnen. Ich hatte die Dinge nur noch schlimmer gemacht.

Kapitel Zehn

Wenn die Türen geschlossen waren, waren Kunden da. Wenn die Türen offen waren, waren keine da.

Oft waren beide Schlafzimmertüren geschlossen. Männer kamen oben an der Treppe an, trafen auf Ancuta, und sie brachte sie dann zu dem Zimmer, in dem das Mädchen wartete.

Die Wohnzimmertür blieb, die meiste Zeit, geschlossen. Die Unterhaltungen drinnen waren leise. Männer wollen nicht die Stimmen von anderen Männern hören und andere Männer sehen, wenn sie ankommen, um Sex mit einer Frau in einem illegalen Etablissement zu haben.

Ancuta, die Puffmutter, wollte nicht, dass die Kunden einander sahen. Das Mädchen verließ das Zimmer zuerst und überprüfte, ob es in Ordnung war, den Mann rauszulassen. Er huschte dann hinaus, wie sie es alle tun, und gab ihr vielleicht einen lächerlichen Abschiedskuss. Sie öffnete die Ausgangstür, und er hetzte allein die Treppe hinunter und auf die Straße.

Es lief beinahe durchgehend. Der Morgen, wenn die Männer zur Arbeit gingen oder eine Vormittagspause machten, war beliebt. Dann die Mittagszeit, auch sehr geschäftig, einige kamen mit einer Plastiktüte, in der sich ihre Sandwiches und Chips befanden, damit sie essen konnten, nachdem sie gevögelt hatten. Während des Nachmittags war es ruhiger, dann wieder sehr geschäftig zur Abendessenszeit. Und von etwa acht Uhr abends an war es die ganze Nacht lang hektisch. An den Wochenenden konnten die Männer, in einer Stadt wie Galway, um ein, zwei oder vier Uhr morgens ankommen. Zuhälter verweigern nicht gerne das Geschäft. Zu dieser Zeit waren die Männer immer betrunken. Der Summer an der Vordertür ertönte, und bis der Mann es bis zum oberen Ende der Treppe geschafft hatte, wusste Ancuta, wie betrunken er war.

Es galt die Regel, dass die meisten Dinge auf der Speisekarte standen, solange die Mädchen nicht von den Männern geschädigt wurden, oder etwas mit ihnen gemacht wurde, das dazu führte, dass sie nicht mehr arbeiten konnten. Die Einzigen, die blaue Flecken bei uns hinterlassen durften, waren unsere Zuhälter, und hauptsächlich Ancuta.

Sie war nett zu den Kunden, aber auch die hasste sie alle. Sie seien Hurensöhne, sagte sie.

Sie nannte sie hinter ihrem Rücken dumm, hässlich, schmutzig und Stinker. Doch wenn sie vor ihrer Tür auftauchten, zwinkerte und lächelte sie und führte sie dorthin, wo sie tun konnten, was sie gerne mit einer jungen Fremden tun wollten.

Und manchmal übernahm sie sie auch selbst. Ihr Körper war, wie all die anderen weiblichen Körper, ebenfalls im Angebot von Ilie und seinen Freunden, wurde online beworben, und manchmal fragten die Männer nach ihr.

Wenn sie das nicht wollte, war sie in der Position, sie an jemand anderen weiterzureichen. Wenn sie damit einverstanden war, machte sie es mit ihnen. Sie war eine Karriereprostituierte, die von Ilie als Straßenmädchen in Bukarest rekrutiert worden war, als eines seiner Mädchen in Irland landete und schließlich seine eigene Puffmutter in Galway wurde. Sie war einer Gehirnwäsche unterzogen wurden, indem man ihr die Kontrolle entzog, dann wurde ihr ein wenig Kontrolle gegeben, ein wenig Macht, ein wenig Status, und sie liebte sich selbst dafür so sehr, dass es schon obszön war.

Nach dem einen Mal, als ich zwei betrunkene Iren in die Flucht geschlagen hatte, sagte sie, ich hätte dadurch meiner Mutter Zuhause das Leben sehr schwer gemacht. Auf gewisse Weise war es mir egal, weil ich nicht sicher war, ob sie ihr überhaupt etwas tun würden. Wie sollte ich überhaupt wissen, ob sie es konnten, ob sie es tun würden? Ich hatte keinen Kontakt zur Außenwelt, daher könnten sie mir ganz leicht einfach nur Lügen auftischen, und ich hatte keine Möglichkeit, das zu überprüfen.

Und ein Teil von mir dachte außerdem, dass das, was auch immer meiner Mutter zustoßen könnte, nicht schlimmer sein konnte, als das, was mir passierte. Der Tod ist nicht schlimmer als das.

Ancuta schickte mich ins Wohnzimmer, und ich setzte mich auf einen Stuhl, nackt, hungrig, und starrte mit müden Augen auf die Jalousien, die die Fenster bedeckten, die auf die Straße hinausgingen. Auch die Fenster selbst waren abgedeckt, irgendein Material war darauf geklebt worden, um Tag und Nacht auszublenden, aber ich war nicht sicher, was es war.

Ich fand eine Ecke, ganz oben rechts, wo es eine Stelle nacktes Glas gab, ein Stück Glas, das mir erlauben würde zu sagen, ob es Tag oder Nacht war, ein Ausguck in die Welt. Ich stellte fest, dass ich auf dieses kleine Viereck aus Glas starrte und dachte, dass alles, was ich auf der Welt brauchte, dahinter lag. Und ich konzentrierte mich fest darauf und dachte an meine Mutter und meine Großmutter. Vielleicht zum ersten Mal, seit ich in meine Erinnerungen eingetaucht war, wurde mir klar, dass ich nicht weinte, nicht weinen würde.

Ilie beobachtete mich. Er war gerade vom Pokerspielen in der Nähe zurückgekommen, was er gerne tat. Er verschwand oft und erschien eine Stunde oder auch fünf Stunden später wieder. Er hatte seine eigene Wohnung und ließ auch andere Mädchen in der Stadt für ihn anschaffen, gewöhnlich Mädchen, die bei anderen Zuhältern wohnten, und weil er der große Boss war, überprüfte er immer, wie sein Geschäft lief.

Ich fragte mich, ob Zuhälter immer draußen auf der Straße waren, die Tür beobachteten, die Kunden beobachteten, die kamen und gingen, sicherstellten, ob nicht die Polizei kam. Vielleicht standen sie immer in Verbindung mit den Leuten draußen, die ihnen alles erzählten, was vor sich ging.

Später brachte mich Ancuta in das Schlafzimmer, in dem einige der Mädchen schliefen. Sie sagte mir, ich solle mich auf den Boden legen. Das tat ich, und sofort krümmte sich mein Körper in Embrionalhaltung zusammen. Ich war am Verhungern, fror die ganze Zeit und hatte das Gefühl, jeden Moment ohnmächtig zu werden.

Nach einer Weile kehrte sie zurück, öffnete die Tür zu dem Zimmer, so betrunken, dass sie schwankte, stand über mir, in Jeans und einem T-Shirt.

»Schläfst du, Blinde?«, sagte sie.

Ihr Tonfall war beinahe zärtlich. Ich wusste nicht, was ich tun sollte.

»Bist du wach, Blinde?«
Ich war hellwach, lag still da.
Sie streckte ihre Hand aus, nahm sanft eine dicke Strähne meines Haares und zog dann fest. Ich schrie, und sie zog immer noch. Ich versuchte, ihre Hände abzuschütteln, aber sie gewann, zog meinen Kopf, mit dem Gesicht nach unten, dorthin, wo sie ihn haben wollte. Ich sah ihre Füße, während sie sich bewegte. Und die Tür knallte auf meinen Kopf.

Es war ein allumfassender Schmerz, als würden Kopf, Kiefer und die Zähne gleichzeitig mit einem Hammer bearbeitet werden. Sie tat es noch einmal, als ich mich zurückzog, und ich kam nicht mehr rechtzeitig weg.

Ich zog mich wieder zurück und krümmte mich zusammen, während ich das Gefühl hatte, mein ganzes Gesicht, die Ohren und der Kopf würden aufgespalten. Sie schlug auf meine Brüste, meinen Magen, meine Arme ein und fing an, mich Nonstop zu beschimpfen und zu beleidigen. Andere Mädchen lagen wach und still da, als das passierte, während eine junge Frau aus Rumänien das einer anderen jungen Frau aus Rumänien antat. Doch ich nehme es ihnen nicht übel, dass sie nichts sagten oder taten. Was hätten sie auch tun können?

Ich wusste natürlich, dass Ancuta nicht aufhören würde. Diese Frau würde sich keinesfalls von ihren Pflichten abbringen lassen. Sie war grausam und böse bis in die Fingerspitzen, von den Fingerspitzen bis auf die Knochen. Das Blut, das ich in meinem Mund schmecken konnte, von meinem Zahnfleisch, meinen Zähnen, war ein deutlicher Hinweis darauf, dass sie mich zerstören würde.

Später wurde ich in das andere Schlafzimmer gebracht

und mir wurden keine Dessous gegeben. Sie sprühte Parfum über mich, während ich dort saß, wie eine leere Hülle, und mein Kopf sich anfühlte, als würde er zerquetscht werden. Sie sagte mir, ich solle lächeln, ohrfeigte mich und sagte wieder, ich solle lächeln, und ich lächelte, als der nächste Mann in dem Raum kam. Er kannte sie ebenfalls. Er nannte sie draußen Anca, nachdem er mit ihr gesprochen hatte, bezahlte sie und kam herein, um sich das schwierige neue Mädchen anzusehen. Viele von den Männern lieben die neuen Mädchen, ob nun schwierig oder nicht.

Dieser witzelte, da ich ja bereits nackt sei, sei ich wohl bereit für ihn. Er sagte mir, ich sei hübsch und meine Brüste seien nett, und sie würden auch sehr gut in seine Hände passen, als solle es so sein.

Ich widerstand ihm, nicht mit meinen Fäusten, sondern mit meinem Körper. Ich war durchgefroren, meine Muskeln versuchten, ihn daran zu hindern, in mich einzudringen, als er auf mir lag, seine Bartstoppeln und seine haarige Brust auf mir herumrieb. Doch das störte ihn überhaupt nicht. Es gefiel ihm.

Er fragte mich, ob ich Kondome hätte, und ich reagierte nicht. Sie befanden sich in einer Schublade neben dem Bett, aber er sagte das vielleicht nur der Form halber. In diesem Stadium wäre ich, wenn ich eine tödliche Krankheit bekommen hätte, froh darüber gewesen.

Der Mann betatschte und vergewaltigte mich auf die Art, wie er es wollte, und war nach fünf Minuten wieder weg. Er küsste mich auf die Stirn, sein schweißiges Gesicht drückte sich auf meine Haut, als er damit fertig war, seinen Gürtel zu schließen.

»Danke«, sagte er und verließ das Zimmer.

Ich lag da, meine Nieren schmerzten, mein Magen war innen wund, und ich tastete in meinem verschmutzten Mund mit der Zunge herum. Ein Zahn im hinteren Teil war lose, vielleicht gebrochen, und ich wusste nicht, ob es weh tat oder nicht. Da war wieder der Geschmack von Blut. Blut und Samen. Ich wollte mich übergeben.

Ancuta kam herein, sah mich an. Sie sagte mir, ich solle die Schweinerei wegmachen und schnell herauskommen. Sie sagte mir, ich solle unter die Dusche gehen, mich waschen. Es müsse alles schnell gehen, sagte sie. Im Badezimmer stellte ich fest, dass sie ein wenig Bleiche in die Seifenschale getan hatte, statt Seife. Sie erzählte mir später, das sei die beste Art, um Bakterien abzutöten, das sei nur für mich, weil ich so etwas Besonderes sei.

»Beeil dich«, sagte sie, nachdem ich mich gewaschen hatte. »Wir haben viel zu tun.«

Im Wohnzimmer bestellten sie Essen, und ich erinnere mich nicht einmal mehr daran, ob ich etwas wollte. Ilie kniete sich vor mich, als ich auf dem Sofa saß. Er sagte, er hätte keinen Fernseher, weil er fand, dass er Leute davon abhielte, sich auf das Geschäft zu konzentrieren. Ich sah ihn nicht an. Er gab mir eine Tüte Pommes von Mc Donald's.

»Hungrig?«, sagte er.

»Nein«, sagte ich.

»Störrische Frau«, sagte er. »Du solltest mehr Make-up auflegen.«

Ich antwortete nicht.

»Ich hoffe, du wäschst dich das nächste Mal gründlicher«, sagte er. »Du stinkst nach Sperma.«

Wir schliefen, wann wir konnten, aber mit geöffneter Schlafzimmertür. Im Allgemeinen gefiel es ihnen nicht, wenn wir schliefen. Die Zuhälter kamen und gingen, und es waren immer wenigstens einer oder zwei da – Vali, Ilie, Carol – die in einer Art Schichtsystem arbeiteten. Ancuta ging selten aus, doch wenn sie es tat, ging sie gerne in nette Läden, kaufte nette Dinge und sah sich in den Schaufenstern von Reisebüros Reisen nach Italien an.

Mir erschien es, als wären die normalen Dinge jetzt nicht mehr normal für mich. Es war nicht vernünftig von meinem Körper, mir zu sagen, er habe Hunger, Durst oder friere. Es war keine gute Idee, zu versuchen zu schlafen, sonst würde jemand kommen und überprüfen, ob meine Augen geschlossen waren und mich schlagen, wenn sie es waren. Es gab kein Muster oder ein Gefühl von Routine. Mädchen kamen und gingen, und ich war mir der Gesichter nicht immer sicher, ob ich dieses oder jenes schon gesehen hatte, und dabei war auch die Tatsache nicht gerade hilfreich, dass ich so schlecht sah. Das dünne Mädchen, das ich als Bella kannte – das erste Mädchen, das ich in dieser Wohnung gesehen hatte – war eine von denen, die weggingen und nie wieder gesehen wurden, und mit der ich nie wieder sprach. Es schien mir, als wäre sie von einem anderen Mädchen ersetzt worden, denn nicht lange, nachdem sie gegangen war, kam ein anderes zartes kleines Mädchen mit einem Zuhälter an, eine schüchterne, kleine Blondine, die sie Skinny nannten, 18 Jahre alt. Von diesem Zeitpunkt an, war Skinny, so wie ich, immer in dieser Wohnung.

Manchmal unterhielten sich eins oder zwei der Mädchen mit mir, aber es erschien tagelang so, als wäre ihnen gesagt worden, sie sollten nicht mit mir sprechen, als wäre ich Gesindel, das man meiden sollte. Ich wollte wissen, in welcher Situation sie sich befanden, aber es dauerte eine Weile, bevor ich tatsächlich die Wahrheit über irgendetwas herausfinden konnte, was vor sich ging.

Ancuta und Ilie hatten noch eine andere Wohnung, einen Ort, an dem sie all die Sachen aufbewahrte, die sie gekauft hatte, wie sie gerne erzählte. Sie aß und schlief im Wohnzimmer, schlief in den Schlafzimmern, wenn es ruhig war, doch sie wollte nie auch nur einen einzigen Kunden verpassen. Das war wie eine Droge für sie. Ich dachte, dass sie sehr viel Geld verdienen und es für irgendetwas sparen musste. Niemand konnte das, was sie tat, allzu lange tun. Selbst wenn man ein perverses Miststück wie sie war, musste es einen zermürben. Doch sie gab beinahe alles an Ilie weiter.

In geschäftigen Zeiten waren alle im Wohnzimmer, rauchten, tranken und wurden ruhig, wenn jemand ans Telefon ging.

Die Mädchen wurden auf der völlig legalen Website Escort Ireland* beworben, der größten Sex-gegen-Bezahlung-Site des Landes, bei der dafür bezahlt wird, dass sie Bilder und Einzelheiten über die Mädchen aufnimmt. Es gab dort Fotos von ihnen, lächelnd in ihrer Unterwäsche, auf denen sie der Kamera Kusshände an Orten zuwarfen, die gemütlich und einladend aussahen.

---

* Laut eingereichten Buchhaltungsunterlagen hatte Escort Ireland 2015 einen Umsatz von 6.026.465 Euro. Die Firma wurde 1998 von Peter McCormick mitbegründet, einem früheren Polizeibeamten aus Belfast, Nordirland.

Die Männer bearbeiteten die Bilder eine lange Zeit, intensivierten die Farben und fügten mehr Atmosphäre hinzu, bevor sie sie posteten. Sie dachten sich Namen aus, lachten darüber, wenn sie die Biografien aufstellten, Kunden in Bezug auf Alter und Nationalitäten berieten, die sie sich spontan ausdachten. Sie arbeiteten Preise aus, wer wie viel wert war, wer am besten wo arbeiten könnte, und listeten auf, wie viel das Mädchen für alle möglichen Zeitspannen kosten würde.

Es gibt ein Bewertungssystem auf der Website, wo Männer anderen Männern mitteilen können, was sie von ihrer Zeit mit dem Mädchen hielten, ob sie aussieht, wie auf ihren Fotos, ob sie gelächelt und sich unterhalten hat, ob sie sich geweigert hat, bestimmte Dinge zu tun, oder ob sie sie einfach tun ließ, was sie wollten, sogar darüber, wo sie dachten, sie herkommen würde, wie es um die Privatsphäre bestellt war, ob sie das Gefühl gehabt hätten, man könnte sie sehen, ob sie sich unwohl gefühlt hätten, weil sie irgendwelche anderen Männer gesehen hatten.

Sie durchforsten die Bilder und finden das Mädchen, mit dem sie Sex haben wollen, sehen sich ihre Oberweite an, alle Bewertungen, überprüfen ihre Größe und Bereitschaft, bestimmte Dinge zu tun, und sehen sich den Preis an.

Dann rufen sie eine Nummer an, eine bestimmte Nummer, die für eine gewisse Zeit für dieses Mädchen benutzt wird, und dann gingen vielleicht Ancuta oder Skinny oder eines von den Mädchen, die von einem anderen Zuhälter in das Bordell gebracht worden waren, ans Telefon.

Sie besprechen es kurz, er wird sagen, ob er dreißig oder sechzig Minuten will, und dann wird ihm gesagt, zu welcher

Straße in Galway er kommen soll, und eine Zeit wird festgelegt. Wenn der Mann ankommt, ruft er wieder an, um zu sagen, dass er sich in der Straße befindet, und dann wird ihm die genaue Adresse gegeben. Ein Summer ertönt ein paar Minuten später, und er wird hereingelassen. Er kommt die Treppe herauf und trifft entweder auf Ancuta oder eines der Mädchen, und sie bringt ihn zu dem Zimmer. Das Geld wird im Voraus bezahlt, und aus dem Zimmer gebracht, von oder zu Ancuta.

Es sind nie dreißig Minuten. Es sind nie sechzig Minuten. Der Mann denkt, er wird die Zeit schon herumbringen, weil er sie dazu bringen wird, sich in ihn zu verlieben, oder er wird sie dazu bringen, ein wunderbares Vorspiel zu machen, und dass sie beide eine wundervolle Zeit haben werden. Doch wenn die Tür sich schließt und er in einem Zimmer mit einem beinahe nackten Mädchen mit einem müden Gesicht und blauen Flecken an den Beinen ist, und er keine Ahnung hat, welche Art von Mann in dem anderen Zimmer sitzt, wenn die Tatsache real wird, dass er das Gesetz bricht, und dass dort gefunden zu werden, nicht nur sein Leben, sondern auch das seiner Familie zerstören könnte, dann will er nicht sehr lange bleiben. Er weiß, dass wir alle Teil einer geheimen, kriminellen Welt sind, und er will nicht länger in dieser Welt sein, als nötig ist.

Er ist erregt, fasst sich selbst an, schlägt, beleidigt, missbraucht, flüstert Liebevolles in ein Ohr, wird geschlagen oder geht zur Toilette oder was auch immer nötig ist, und dann geht er. Er will einen guten Erguss, und ob es fünf, zehn oder zwölf Minuten dauert, macht keinen Unterschied. Wenn er fertig ist, geht er.

Und ich nenne sie weiter »Männer«. Ich sage, diese Leute seien Männer. Für mich sind sie keine Männer. Sie sind keine guten Männer. Sie sind falsche Männer, dumme Männer, selbstsüchtige Männer, und ich hasse sie alle. Ich kann dieser Art von Mensch gegenüber nichts anderes empfinden. Ich hasse all die Männer, die mich vergewaltigt haben und die all die anderen Mädchen vergewaltigt haben. Das muss ich. Es wäre falsch, solche Männer nicht zu hassen.

Daher werde ich sie, für unsere Zwecke, von jetzt an nicht mehr Männer nennen. Ich werde sie nicht Kunden oder Klienten nennen, oder irgendeinen anderen blödsinnigen Namen für sie verwenden. Ich werde sie Arschlöcher nennen. Das ist, von diesem Punkt an, der Name für die Männer, die mich vergewaltigten: Arschlöcher.

Ilie wollte, dass ich Whisky trank, als er sah, dass meine Zähne bluteten. Ancuta sagte mir auch, ich solle ein wenig davon trinken, sagte, das sei ein Desinfektionsmittel. Sie sagte, sie wolle nicht, dass mein Mund nach Krankheit stänke.

Sie legte ein wenig weißes Brot und Butter auf einen Teller und gab ihn mir. Sie sagte, ich solle das essen und danach meinen Mund mit dem Whisky ausspülen.

Ich nickte. Es war, bis dahin, ihre mitfühlendste Handlung. Ich aß ein paar Stücke Brot, nicht zu viel, bewegte dann ein wenig Whisky in meinem Mund herum und schluckte ihn herunter. Er war furchtbar. Ich mag keinen Whisky. Ich dachte, ich würde das Zeug nie wieder trinken.

Sie gab mir die schwarzen Dessous und sagte mir, ich solle darauf aufpassen. Sie passten mir nicht richtig, sie hatten bereits jemand anderem gehört, aber jetzt gehörten sie mir. Sie waren vielleicht das Einzige, was ich besaß.

»Wasch sie in der Küche«, sagte sie. »Nicht in der Waschmaschine.«

Ich sagte: »Okay.«

»Ich kann vielleicht auch noch einen Morgenmantel bekommen, weißt du. Aber nur vielleicht, klar?«

Ich nickte.

Kapitel Elf

Tage vergingen.

Ich fragte mich, was mit meinem Zimmer in Nordlondon passiert war. War Marco noch dort? Bezahlte er meine Miete? Was war mit meinen Sachen? Mein Laptop, meine Kleider, meine Schmuckstücke, ich hatte alles zurückgelassen. Hatte er irgendetwas darüber gehört, was passiert sein könnte?

Und meine Mutter, was mochte sie denken? Dachte sie, ich hätte sie aus meinen Leben ausgeschlossen, wie sie mich an Weihnachten aus ihrem ausgeschlossen hatte? Niemand ging mehr an mein Telefon, meine SMS blieben vermutlich ungelesen.

Sogar mein Job – die Leute, für die ich arbeitete. Ich hatte Buchungen, ich hatte Schlüssel, und ich war einfach verschwunden, ohne ein Wort zu irgendjemandem zu sagen. Würden sie die Polizei rufen?

Meine Freunde auf Facebook, würden sie sich wundern? Ich sagte nicht viel auf Facebook, aber sicherlich hatte jemand früher oder später versucht, mir eine Nachricht zu übermitteln.

Ilie hatte nach meinen Passwörtern für meinen E-Mail-Account und Facebook gefragt, und ich hatte ihm gesagt, ich würde sie ihm nicht geben. Ich wusste nicht, warum er sie wollte, doch ich sagte, ich würde ihm nicht dabei helfen.

Er fand das sehr lustig.

»Das ist egal, blindes Mädchen«, sagte er in seinem Roma-

Dialekt und betrachtete mich von oben bis unten, als wüsste er etwas, was ich nicht wusste.

Er ließ Fotos von mir machen, obwohl ich blaue Flecke hatte, obwohl ich furchtbar aussah, obwohl ich nicht ordentlich posierte. Es waren Nacktbilder, Bilder von mir in Dessous. Er machte sie, und es war mir egal.

Zu gegebener Zeit würde ich herausfinden, was er mit ihnen tat. Sie wurden auf Facebook gestellt, in meinen Account, mit einer Nachricht von mir, ich hätte ein neues Leben als illegale Prostituierte an einem geheimen Ort angefangen. In dieser Nachricht prahlte ich damit, ich sei reich.

Carols Plan war, zurück nach London zu gehen. Er blieb ein paar Wochen, traf sich mit Zuhältern, die er in der Stadt und in Dublin kannte. Ein großer Teil der Prostitution in Irland wird von Dublin aus kontrolliert, viele Zuhälter bauen dort ihre schrecklichen kleinen Imperien mit Mädchen aus dem Menschenhandel auf, bevor sie sie im Land herumschicken, nach Großbritannien und anderswohin.

Es wurde deutlich, dass Ilie Probleme mit Leuten hatte, die er von früher aus Dublin kannte, und ich erfuhr, dass er seinen eigenen Laden in Galway hatte, dass er in der Vergangenheit große Zuhälter in Dublin herausgefordert hatte.

Bei Carol war es anders, er war der kleine Fisch, der überall ein paar Freunde hatte, aber nicht sehr wichtig war. Als er nach London zurückging, legte er einen Preis für mich fest. Sein Job war erledigt. Ich war akzeptiert worden. Er hatte sein Produkt verkauft, seine gestohlene Ware. Er wollte dreißigtausend Euro für mich und würde mit dem Geld zu Crina nach London zurückkehren. Wer weiß, vielleicht würden sie zusammen, durch Freunde von Freunden von

Freunden, ein weiteres Mädchen finden, das in ihre Pläne passte. Ilie gab ihm das Geld in bar.

Die Summe von dreißigtausend Euro ist höher, als die, für die die meisten Mädchen gehandelt werden, aber sie ist nicht zu hoch. Das Konto war für meinen neuen Besitzer, Ilie, zurückgesetzt worden, und jetzt waren ich und Skinny, diejenigen Mädchen, die er in dieser kleinen Wohnung über den Buchmachern vollständig besaß. Sie redeten deutlich und offen über meinen Wert; es war kein Geheimnis. Und Ilie sagte mir deutlich und offen, dass ich nichts wert sein würde, bis ich dreißigtausend Euro für ihn verdient hätte.

Vielleicht denkt jetzt jemand, dass ich nun anfing, anders zu denken, als ich vorher gedacht hatte. Vielleicht denkt jetzt jemand, weil ich immer noch die Fäuste ballte, aber nicht mehr bei jeder Gelegenheit den Arschlöchern damit ins Gesicht schlug: »Ah ja, Anna arbeitet jetzt richtig für die Zuhälter. Sie ist die Blinde, mit der Ilie jetzt dreißigtausend Euro verdienen wird.«

Wer denkt, dass es so einfach war, der liegt falsch.

Ich möchte das erklären – ich habe viele Männer geschlagen, viele Arschlöcher. Ich habe Hunderte von Arschlöchern geschlagen.

Ich habe sie ins Gesicht und in die Weichteile geboxt. Ich habe sie gekratzt und geohrfeigt. Ich habe mich geweigert und widerstanden und war erfolgreich damit. Und ich habe mich geweigert und war nicht erfolgreich.

Vielen Arschlöchern gefiel es, wenn ich mich wehrte, und das machte es noch schlimmer für mich. Viele hassten es und rannten erschreckt weg, und das machte es ebenfalls noch schlimmer für mich. Viele Male widerstand ich nur im Innern meines Körpers, und dadurch hatte ich immer wieder höllische Schmerzen. Aber wissen Sie, die Zuhälter schlagen einen ohnehin, sie ohrfeigen und schlagen einen immer aus irgendeinem Grund, es gibt immer etwas, das sie klarstellen wollen. Ich sah, wie Ancuta alle Mädchen schlug, die diese Wohnung besuchten, obwohl sie niemanden so viel schlug wie mich.

Wenn eine schlechte Bewertung hinterlassen wurde, in der stand: »Dieses Mädchen weigerte sich, dieses und jenes zu tun« oder »Dieses Mädchen war in schlechter Stimmung«, machte sie das wirklich wütend. Schlechte Bewertungen seien schlecht fürs Geschäft, sagte sie. Doch die meisten Arschlöcher hinterließen gar keine Bewertungen, weder gute, noch schlechte, also gab es Zeiten, da stieß ich sie von mir weg, sie gingen und beschwerten sich nie. Doch es gab auch Zeiten, da beschwerten sie sich bei Ancuta, dass ich nicht tun wollte, was mir gesagt wurde. Ja, einige von ihnen rannten weinend zu Mama, wenn sie mich nicht dazu bringen konnten, zu tun, was sie wollten. Das müssen die erbärmlichsten Menschen der Welt sein.

Sex ohne Kondom? Nein. Ich sagte Nein. Jedes Mal. Sie heulten mir vor, sie hätten für Sex ohne Kondom bezahlt, und ich sagte: »Ist mir egal.« Sie sagten: »Warum?« Und ich sagte ruhig: »Ich habe AIDS.«

Und dann machten sie sich vor Angst fast in die Hose und verstanden es.

In den Hintern? Nein. Ich sagte Nein. Jedes Mal. Warum nicht?

Ich sagte: »Weil es mein Hintern ist, also werden Sie einfach mit Ihrem Problem leben müssen, wir alle haben Probleme. Beschweren Sie sich, wenn Sie wollen. Ist mir egal.«

Sie sagten vielleicht: »Ich werde mein Geld zurückverlangen«, und ich sagte: »Schön. Gehen Sie und fragen Sie die Kerle im Wohnzimmer, ob Sie Ihr Geld zurückbekommen«, und das taten sie nie. Kein Zuhälter wird jemals irgendjemandem Geld zurückgeben.

Doch einigen Arschlöchern ist man nicht nur egal, es gefällt ihnen besser, wenn die Dinge schlecht für einen laufen. Sie versetzen sich wirklich gerne in die Vorstellung von einer Vergewaltigung, es gefällt ihnen, jemanden zu verletzten, zu beleidigen und zu missbrauchen. Sie wollen, dass man unglücklich ist, wollen einen bluten oder weinen sehen und Zeuge der hoffnungslosen Wut in einem werden.

Und wenn ich solche Arschlöcher schlug, dann schlugen sie immer zurück. Sie drückten und drehten meine Brüste, meine Vagina, schlugen mir in den Magen, umklammerten meinen Hals bis zu dem Punkt, wo sie mein Leben in ihren Händen hielten. Sie taten es mit einem Ständer, während sie sich selbst rieben und dieses hungrige, unglückliche Mädchen aus Rumänien schlugen.

Niemand von ihnen will etwas über einen hören. Viele von ihnen wollen, dass man sich mit ihnen unterhält, aber sie wollen, dass es eine einfache, bequeme, vielleicht glückliche oder sexy Unterhaltung ist. Manche von ihnen lieben es, eine traurige, böse Geschichte zu hören. Ich wusste, dass die Wahrheit über das, was mir passiert war, einige sadistische Arschlöcher erregen würde, aber ich erzählte es ihnen nie. Ich erzählte nie irgendjemandem die ganze Wahrheit. Nicht am Anfang, eine ganze Weile nicht.

In der ersten oder zweiten Woche wollte irgendein Arschloch Stiefel einer bestimmten Größe küssen und fragte

Ancuta, ob sie ein Mädchen dafür finden könne. Sie sagte mir, ich sollte in das Zimmer gehen und auf einen Mann mit Stiefeln warten. Ich setzte mich aufs Bett, und er kam herein, ein Mann in den Dreißigern, ein Ire, nervös und höflich.

Er zog sie mir an und sagte mir, ich solle nichts tun, nur dasitzen und warten, er würde nicht lange brauchen. Er zog all seine Kleider aus und küsste sie, die langen schwarzen Lederstiefel von einem Ende zum anderen und masturbierte. Als er kam, machte er es in seiner eigenen Hand und küsste weiter, während es passierte. Dann bat er mich, die Stiefel auszuziehen, während er sich anzog. Diese Art von Arschloch war die beste Art von Mensch, die höchste Qualität, die mir begegnen würde.

Mädchen, die in Galway verkauft wurden, kamen oft in die Wohnung, um fotografiert zu werden, denn sie war ein Ort, den viele Zuhälter kannten. Rumäninnen, Albanerinnen, Ungarinnen, was auch immer, kamen in dieses Dreckloch von einer Wohnung, viele von ihnen versuchten, ihren Kontakt mit Ilie aufrechtzuerhalten.

Wenn man mich fragen würde, wie viel in diesen beiden Schlafzimmern vor sich ging, würde ich sagen, dass ich es nicht weiß. Aber ich kann sagen, was ich weiß. Ich kann denen sagen, die dieses Geschäft interessiert, vielleicht beunruhigt, dass sie vorher vielleicht schon mal etwas darüber gelesen haben, dass ein Mädchen vielleicht zehn oder fünfzehn Männer am Tag hat. Vielleicht glaubt jemand, auf diese Weise das Geschäft zu verstehen, und herausfinden zu können, wie viel Geld dort umgesetzt wird. Aber das ist Unsinn. Diese Zahlen sind albern. Sie sind eine simple Möglichkeit, die Leute, die in einer normalen Welt leben, sich ausrechnen zu lassen, was vor sich geht. Es sind oft die Mädchen selbst, die das sagen, die versuchen, ein deutlicheres Bild zu zeichnen.

Lassen Sie mich Ihnen sagen, dass viele der Mädchen, die durch Menschenhandel in die Prostitution gelangt sind, keine Ahnung haben, wie viele Arschlöcher täglich zu ihnen kommen. Sie treffen die Arschlöcher, wenn die Arschlöcher es wollen. So viele Mädchen wissen nicht, wann der Tag endet oder beginnt. Sie wissen nicht, was der Durchschnitt ist, weil sie immer und immer wieder benutzt werden, ohne Pause. Es ist nichts Durchschnittliches daran, immer und immer wieder vergewaltigt zu werden, den ganzen Tag, jeden Tag. Wenn alles ineinander übergeht, wenn lange Tage voller Hunger nicht enden oder beginnen, kann kein Gehirn der Welt ein Bild von dem zeichnen, was passiert.

Doch wenn Sie wollen, dass ich Ihnen dabei helfe, es zu verstehen, dann lassen Sie mich zu den dreißigtausend Euro zurückkehren. Das ist der Betrag, der für mich den Besitzer wechselte. Das war der Wert, den jemand mir zumaß. Sobald sie das Gefühl hatten, ich wäre bereit, mehr Arschlöcher zu empfangen, sobald sie das Gefühl hatten, ich wäre ausgelaugt, hungrig, müde und verloren genug, nicht jedes Arschloch zu schlagen, das sie mir schickten, fingen sie an zu zählen.

Es dauerte dreizehn Tage. In dreizehn Tagen verdiente ich dreißigtausend Euro für sie. Für jede Dreißig-Minuten-Buchung nahmen sie achtzig oder hundert Euro, abhängig von der Werbung. Für jede Sechzig-Minuten-Buchung nahmen sie sogar hundertsechzig oder zweihundert Euro.

Dreizehn Tage.

Rechnen Sie es sich aus.

Manche von den Mädchen wollten wie Ancuta werden. Sie war Prostituierte in Bukarest gewesen, wo die Zuhälter die Mädchen auf die Straße stellen und sie hart arbeiten lassen, wo sie ihnen erzählen, sie könnten sie nach London, Paris oder Stockholm schicken, wo sie eine wunderbare Zeit verbringen würden.

Ancuta kam aus dieser Welt, sah aber einen Weg hindurch, weil ihr Geist so sehr gebrochen worden war, dass sie eine Zukunft darin sah, es zu akzeptieren und mit den Zuhältern als Puffmutter zu arbeiten, und das ist, was alle Bordelle brauchen – eine Frau, die Frauen betreut.

Sie arbeitete eine Weile für Ilie in London und landete schließlich mit ihm in Galway. Diese Stadt ist, was Prostituierte anbetrifft, ein sehr geschäftiger Ort in Irland, mit vielen Bordellen, und viele Besucher wissen, dass sie dort bekommen, was sie wollen.

Die Puffmutter in Galway zu sein, war für ein Ancuta ein großer Schritt nach vorne. Es war ein Ort, an dem es viele Kunden gab, die alle als Touristen ankamen – irische, englische, amerikanische und alles andere – und mit vielen Festivals, Pferderennen und Konzerten, in dieser hübschen alten Stadt am Meer.

Alles, was dazu nötig war, eine Puffmutter zu sein, dafür verantwortlich zu sein, viele Tausende von Euros in der Woche umzusetzen, war, ein wahnsinniges Miststück aus der Hölle zu sein und sich um niemand anderen zu scheren als sich selbst.

Sie arbeitete viele Stunden, hasste und zwang, betrog und stahl, und brachte all das Geld herein. Auf ihre eigene Art war sie stolz auf ihr Haus, putzte immer den Boden, wischte den Flur, die Schlafzimmer und Bäder, wenn zwischen den Arschlöchern noch Zeit dafür blieb. Sie wollte, dass ich das auch tat, wollte, dass alle Mädchen schnell einen Mopp oder einen Besen holten, wenn sie konnten, aber ich denke, es gefiel ihr am besten, es selbst zu tun, denn vielleicht verlieh ihr das eine Art Besitzerstolz an diesem schrecklichen Ort.

Ancuta, Anca oder Cami für die, die sie am besten kannten, redete viel über Italien. Es war ein Ort, der sie anzusprechen schien, weil sie glaubte, italienische Frauen sähen fantastisch aus, dunkel, selbstbewusst und schön, und so sah sie sich gerne. Sie war eine Frau ohne Tiefgang, die, wie ich denke, in Wahrheit blinder war als ich.

Sie war immer gebräunt, ihre Nägel manikürt, und sie trug gerne Markenkleidung. Sie verschwand für zwei Stunden oder so, kam zurück und sagte, ihre Freunde in den Läden würden denken, dieser Hut stünde ihr gut oder dieses Make-up sei das Beste, das man in der Stadt kaufen könne, es werde auf den Laufstegen in Mailand benutzt.

Kam sie jemals auf den Gedanken, dass sie, wenn sie so etwas überall im Wohnzimmer verkündete, nur bewies, dass sie sogar noch dümmer und gemeiner war? Ich glaube nicht.

Ihre Vereinbarung war es, die Mädchen zu betreuen, die in der Wohnung waren, wenn sie mit der Arbeit anfingen. Es konnte für einen Tag oder mehrere Tage sein, und dann zogen sie zu ihrem früheren Zuhälter zurück oder weiter zu einem anderen. Sie selbst war nicht wirklich eine Zuhälterin, nur die Frau, die so gut durcheinandergebracht worden war, dass sie dachte, sie hätte einen guten Job. Die Männer waren die Zuhälter, entschieden über die Mädchen, arbeiteten die Abschlüsse aus, schützten das Geschäft und stellten die Profile ins Internet.

Manche von den Mädchen redeten mit Ancuta über ihre Nägel, ihr Geschäft, darüber, ob sie ihnen helfen könne, vielleicht auf die geschäftliche Seite überzuwechseln, und sie redete mit ihnen, als wäre sie eine Art Genie. Ich denke, sie alle hassten sie, aber sie wussten, dass es besser war, sich gut mit ihr zu stellen, als sie auf dem falschen Fuß zu erwischen.

Doch obwohl sie vielleicht gelegentlich freundlich zu einem oder zweien der Mädchen war, schlug sie sie alle. Ihre kleinen Hände waren hart, vom Ohrfeigen von Gesichter, und vor allem von den Schlägen auf Hinterköpfe. Sie musste daran denken, wie Ilie sie viele Male erinnerte, keine Spuren auf den Gesichtern zu hinterlassen.

Sie gab ihm das Bargeld, oder einen Teil des Bargelds, und er rollte es zusammen und steckte es ein. Er nahm das Geld mit, überwies es an seine Leute in Rumänien und behielt auch viel davon.

Er fuhr einen BMW und stank immer nach Eau de Cologne. Er trug alberne Markentrainingsanzüge und tippte Lügen mit Fingern, die Goldringe trugen, auf gestohlenen Laptops. Er fuhr hin und wieder herum, manchmal brachte er ein Mädchen, dem er vertraute, zu einem Hausbesuch irgendwo hin, manchmal lieferte er Bargeld ab oder holte etwas zu essen.

Mit mir wurde nie so gesprochen, wie mit den anderen Mädchen. Ich wurde nie zu einem der Mädchen, die so sein wollten wie Ancuta.

Darum dauerte es viele Wochen, bis sie meine Fotos für die Website machten. Sie konnten sich nicht sicher sein, dass ich bei ihrer kriminellen Operation mitmachte, und ich nehme an, sie wollten keine Beweise über mich ins Internet stellen. Sie benutzten andere Fotos, um für mich zu werben, Fotos von einem anderen blonden Mädchen, das das Gesicht von der Kamera abwandte. Sie sagten, ich sei Natalia, Lara, Rachel, was auch immer, und ich sei achtzehn, neunzehn, zwanzig oder einundzwanzig, und ich sei aus Litauen, Polen, Tschechien oder Ungarn. Es war nicht von Bedeutung. Nichts von diesem Zeug ist von Bedeutung.

Sie hatten auch noch andere Bilder von mir, die, die sie auf meine Facebook-Seite gestellt hatten. Und sie hatten sichergestellt, dass sie gemeldet würden. Und Facebook hatte meine Seite aus dem Netz genommen. Ich hätte, so sagten sie, sexuelle Bilder gepostet.

Nur einige Wochen, nachdem ich auf der Straße entführt worden war, war ich aus den sozialen Medien verschwunden.

Kapitel Zwölf

Ancuta weckte mich auf dem Boden eines der Schlafzimmer. Ich hatte keine Decke über mir, da andere Mädchen in dem Bett schliefen.

Sie stupste mich mit ihrer Fußspitze an der Schulter und sagte: »Anna, steh auf, schnell.«

»Ein Mann will dich sehen«, sagte sie und schob mich ins Badezimmer.

Ich putzte meine Zähne, und sie sagte mir, ich solle Make-up auflegen und sicherstellen, dass kein Schamhaar mehr zu sehen sei.

»Cremen und Rasieren«, sagte sie die ganze Zeit. »Creme und rasier alles weg.«

Sie inspizierte mich, musterte mich von oben bis unten. Ich erinnere mich, dass ich ihr da zum ersten Mal eine harte Frage stellte.

»Kann ich mit meiner Mutter reden?«

Ich dachte, das wäre besser, als zu sagen: »Wie lange werdet ihr mich noch hierbehalten?«

Oder besser als: »Werdet ihr mich gehen lassen?«

Sie war überrascht.

»Du hast zu viel Whisky getrunken«, sagte sie. »Deiner Mutter geht es gut.«

Ich sagte, ich hätte getrunken, aber oft hätte ich es wieder ausgespuckt, weil ich nur versucht hätte, meine Zahnschmerzen zu betäuben. Sie waren hinten zerbrochen, beschädigt, weil sie die Tür auf meinen Kopf geknallt hatte.

Vielleicht trank ich zu viel von diesem furchtbaren Whisky. Ich weiß es nicht. Ich wusste es nicht. Ich habe kein klares Bild, keine Möglichkeit zu erklären, was mir passierte, was ich oder andere meinem Körper antaten.

»Wir können danach reden«, sagte sie. »Dieser Mann will Zeit mit dir.«

Sie brachte mich eilig in den Raum, und ich setzte mich. Es gab eine Deckenleuchte ohne Glühbirne, und eine Lampe mit einem dunkelblauen Schirm auf dem Nachttisch. Das Fenster war, wie es immer in den Schlafzimmern der Fall war, geschlossen, die Jalousien unten und die Vorhänge vorgezogen. Obwohl ich so schlecht sah, konnte ich ohnehin nie wirklich die Einzelheiten dessen sehen, was dort vor sich ging.

Ancuta öffnete die Tür, und ein Mann in einem Anzug und einem langen Wintermantel kam herein. Sie nickte mir zu, als sie die Tür schloss. Er war vielleicht fünfzig, hielt eine Flasche Wein und zwei Gläser in der Hand. Er sah betrunken aus. Tatsächlich sah er traurig aus. Da war kein Lächeln. Er setzte sich aufs Bett und seufzte. Ich fragte mich, ob er mit dem Wein und den Gläsern die Straße entlang und durch die Tür gegangen war, oder ob Ancuta sie ihm gegeben hatte.

»Hallo«, sagte er.

Ich nickte.

»Wollen Sie etwas trinken?«

Ich zuckte die Achseln. Es war mir egal. Er öffnete die Flasche und goss die Gläser voll.

Wir saßen schweigend da.

»Ich will Sie etwas fragen«, sagte er.

Da war ein Mädchen gewesen, das er in Dublin getroffen hatte, ein Mädchen in einem Bordell, und er hatte sie besser kennengelernt. Er sagte mir, wer sie war. Kannte ich sie? Ich sagte ihm Nein. Ich sagte, ich würde nicht viele Leute kennen. Er sagte, er habe sie viele Male getroffen, sie seien sich nähergekommen. Er führte sie zum Essen aus, sie blieb über Nacht mit ihm in Hotels. Sie seien im Kino gewesen, sagte er.

Ich dachte: »Na und, Arschloch. Du und dieses Mädchen, ihr seid mir egal.«

Er sagte, sie habe bei Ancuta in Dublin gearbeitet, und jetzt habe er erfahren, dass Ancuta in Galway sei.

»Ancuta erkennt mich nicht wieder«, sagte er. »Ich frage Sie im Geheimen, diskret, ob Sie wissen, wer dieses Mädchen ist, von dem ich gesprochen habe.«

Ich sagte, ich wisse es nicht.

»Wenn Sie dieses Mädchen jemals sehen«, sagte er, »würde ich das wirklich gerne erfahren.«

All das bedeutete mir nichts.

Ich sagte: »Ich kenne keine Leute. Ich bin nicht freiwillig hier.«

Und dann sagte ich, wie ich es manchmal tat: »Mein Englisch nicht gut.«

Er nickte. »Ich verstehe. Es muss hier schwer für Sie sein, mit der Sprache und allem anderen.«

Ich stimmte zu.

Und wir saßen da, mit unserem Wein, er in seinem Anzug, ich in Unterwäsche.

Er erzählte mir, er habe sie geliebt, oder gedacht, er habe sie geliebt.

»Sie wollte ihre Familie aus Rumänien herbringen«, sagte er. »Und ich habe es bezahlt.«

Und das war es, was er mir erzählen wollte. Er sagte, er habe diesem Mädchen Tausende von Pfund gegeben, ihr geholfen, ihr Sachen gekauft, ihr Geld gegeben, das sie ihrer Familie schicken konnte, damit sie Flugtickets kaufen konnten. Er sagte, es sei, als hätte sie ihn jedes Mal, wenn sie sich trafen, zum Narren gehalten, und sie habe ihn eine Menge gekostet. Doch jetzt sei sie weg, sagte er.

»Ich kann Ihnen nicht helfen«, sagte ich. »Fragen Sie Ancuta.«

»Okay«, sagte er. »Es ist nur, dass Sie neu hier sind, und ich dachte, Sie könnten etwas über sie wissen. Ich glaube nicht, dass Ancuta mir helfen würde, Sie?«

»Nein«, sagte ich.

Er sagte mir, er wolle keinen Sex haben.

Dieses Arschloch arbeitete für eine große Computerfirma und schien reich zu sein. Aber er war verletzt und wütend. Meiner Meinung nach hatte er seine Probleme selbst verursacht, aber andererseits war er an nichts von dem interessiert, was ich ihm erzählen konnte.

Ich hätte ihm erzählen können, dass ich ein Opfer von Menschenhandel geworden war, und er hätte genickt und aus seinem Glas getrunken. Ich hätte sagen können, ich sei von der Straße entführt und in dieses Loch gesteckt worden und mein Leben sei auf ein paar Räume voller schwitzender halb nackter Männer zusammengeschrumpft, und ich hätte die Sonne seit wer-weiß-wie-langer Zeit nicht mehr gesehen. Er hätte mir zugestimmt, dass das nicht nett sei.

Das war der Grad von Menschlichkeit, mit dem ich es zu

tun hatte. Grad Null. Die Leute wollen es nicht wissen. Sie wollen entweder Sex, irgendeine Art von Hilfe oder sie wollen einen nicht kennenlernen. Und wenn sie Sex gehabt haben, wollen Sie einen auch nicht mehr kennenlernen.

Dieses Arschloch besuchte mich dreimal, immer betrunken, und immer, um auf dem Bett zu sitzen und mir zu erzählen, dass jemand sein Geld unter der Vorspiegelung falscher Tatsachen genommen habe. Ich hätte ihn erwürgen können.

Was für ein Dummkopf.

Aber sie waren alle Dummköpfe. Man muss erst seine Freiheit verlieren, um zu begreifen, was für Dummköpfe freie Menschen sein können.

Die meisten von ihnen waren vielleicht so zwischen fünfunddreißig und fünfundfünfzig, und ich denke, die meisten von ihnen waren keine glücklichen Menschen. Sie haben das Gefühl, so viel Verantwortung für Dinge zu haben, oder ihr Job ist zu schwer, oder sie schulden jemandem zu viel Geld, und herzukommen, um ein Fantasiemädchen zu besuchen, lässt sie das alles vergessen.

Für sie ist es, als würden sie eine Tüte voller Drogen nehmen – sie werden dazu getrieben, es lässt sie sich gut fühlen und dann verbrauchen sie sie und werfen die Tüte weg.

Ich war zu einem Wegwerfprodukt geworden, wie irgendeine Straßendroge. Ich war billig zu haben, und ich brachte viel Geld ein. Ich war eine Marke, ein Typ, und die Mädchen sind immer Typen. Die Arschlöcher wollen schwarzes, blondes oder rotes Haar, haben immer irgendeine Art von Präferenz. Sie muss mager, groß, großbusig oder klein oder was auch immer sein, und meistens muss sie so jung, wie möglich sein. Doch diese Eigenschaften korrespondieren nicht mit Typen von Menschen. Sie sind alle Fantasietypen, doch in der realen Welt gibt es so etwas wie ein Fantasiemädchen nicht, es ist nur ein Mädchen, das irgendwie zu der menschlichen Form eines Bildes in der Vorstellung von jemanden geworden ist.

Ich hatte so viele Namen, dass ich sie nicht einmal mehr alle aufzählen kann. Manchmal sagte mir Ancuta, ich solle auf einen Namen hören, und dann wurde mir manchmal von einem Kunden gesagt, ich sei jemand anders, von anderswo.
Und mir wurde gesagt, ich solle sehr wenig sprechen, mich nicht in Unterhaltungen mit Arschlöchern verwickeln lassen, weil dadurch Zeit verschwendet werde, und sie würden nicht wollen, dass man irgendetwas über sie wüsste, und sie würden nichts über einen wissen wollen. Ancuta sagte, sie lausche oft den Unterhaltungen, falls welche stattfänden, aber ich weiß nicht, ob das wahr war.
Ich denke, ihre Unterhaltungen mit den Kunden waren vielleicht interessanter als meine. Sie schickte ein Arschloch zu mir, das wollte, dass ich auf ihn schiss. Ein anderes Mädchen hatte sich geweigert, mit ihm zusammen zu sein, und Ancuta sagte, ich würde es tun müssen.
Als er ankam, sah er nur wie ein normaler Mann aus, aber es war sein tiefstes Verlangen, dass ein Mädchen ihm in den Mund schiss. Er wollte auf dem Boden liegen und ich sollte über ihm stehen, und mich dann auf ihn senken, um sicherzustellen, dass es sein Gesicht traf und er in der Lage war, es zu essen.
Ich saß in dem Zimmer mit ihm und sagte ihm, ich sei noch nicht bereit, und ich wusste, dass ich nie bereit dafür

sein würde. Er sagte, das mache ihm nichts aus, und er würde so lange warten, wie nötig sei.

Nachdem seine Zeit abgelaufen war, kam Ancuta an die Tür und fragte, ob es okay gewesen sei. Ich sagte, ich könne diesem Mann nicht helfen. Er sagte, er würde so lange warten, wie ich brauchte, Stunden, wenn es nötig sei. Aber er müsse gehen, sagte Ancuta ihm, denn das Zimmer werde gebraucht. Er würde eine längere Zeit buchen müssen.

Ich hoffte, dass ich ihn nie wiedersehen würde. Ich hoffte, dass ich keins von den Arschlöchern jemals wiedersehen würde. Ich hoffte, sie würden alle von Klippen stürzen, ihre Autos zu Schrott fahren, unter Felsen zerquetscht werden oder sich Krankheiten einfangen, die ihre Arme, Beine und Penisse abfallen lassen würden.

Doch mein Problem war, dass ich das Geld verdiente, das sie verdienen wollten. Arschlöcher waren gerne mit mir zusammen, sie mochten meinen Körper, meine Einstellung. Es muss offensichtlich gewesen sein, dass ich sie nicht mochte, dass ich sie nicht richtig sehen konnte. Es muss ihnen klar gewesen sein, dass ich nicht fröhlich war, dass ich hungrig und angeschlagen war. Sie müssen gewusst haben, dass ich ein Opfer von Menschenhandel war, denn das ging klar aus jedem Wort hervor, das ich sagte, jeder Bewegung, die ich machte, den ständigen Spuren an meinem Hals, meinen Beinen und Armen.

Nachdem Carol gegangen war und ich in so wenigen Tagen so viel Geld für sie verdient hatte, sagte Ancuta Vali und Ilie, ich sei ihr »Million-Dollar-Baby«. Sie sagte, es sei komisch, weil ich blind sei und so wütend gewesen sei, doch jetzt sei ich ihre Geldmaschine.

Und ihr Million-Dollar-Baby aß gerade mit zerbrochenen Backenzähnen die letzten Stücke aus einem Karton mit chinesischem Lieferessen. Sie hatte keine Kleider an, blickte auf Knochen und Reis und trank ein Glas Wasser. Dieses Million-Dollar-Baby hatte wunde Stellen auf der Haut, weil sie sich so viel wusch, manchmal mit Bleiche, um den Schmutz von ihrem Körper zu bekommen. Sie hatte Schmerzen und ständig wunde Knie und Oberschenkel. Sie sah aus wie der Tod, und sie war dabei, ihren Verstand zu verlieren.

Die Zuhälter in Galway wussten, dass meine Bewertungen dazu führten, dass mehr und mehr Leute zu mir kamen, dass ich in der Stadt das Mädchen des Augenblicks war, oder wenigstens eine von ihnen. All das bedeutete, dass ich verkaufbar war, dass ich einen guten Wert hatte, und aus diesem Grund waren die Zuhälter interessiert.

Können Sie sich vorstellen, dass einige der Mädchen, die dort hindurchgeschleust wurden, mich deswegen hassten? So seltsam war diese Welt. Es war beliebt, mich zu vergewaltigen, mich den ganzen Tag und die ganze Nacht zu benutzen, wie eine Legehenne für Sex, und sie dachten, ich hätte ein erfolgreicheres Leben als sie.

Ich versuchte es mir auszurechnen, fragte mich, an welchem Punkt ich aufspringen und zu Skinny oder einigen von den anderen, die an diesen Ort kamen, sagen sollte, dass sie an diesem Ort keinen Wert hatten, dass sie, je mehr sie einbrachten, desto weniger wert waren.

Doch das sind die Dinge, über die man nachdenkt, die man aber niemals tut, wenn man irgendwo eingesperrt ist, wenn man einem Ort festsitzt und sich fühlt, als wäre die

Zeit eingefroren. Das ist der Mist, der einem hoffnungslosen Menschen durch den Kopf geht.

Diese Dinge dachte ich oft, wenn ich auf diesem einen Platz auf dem Sofa saß, und auf die obere rechte Ecke des Fensters auf das kleine Stück Glas starrte, den kleinen Fleck, der mir zeigte, ob es Nacht oder Tag war, oder etwas dazwischen.

Ich versuchte immer herauszufinden, wie viel Uhr es war, war aber nie in der Lage, die Uhren der Arschlöcher zu lesen und wollte sie auch nicht fragen. Es war kein Geheimnis, es interessierte niemanden, ob ich wusste, wie spät es war, doch ich hatte das Gefühl, dass es, wenn ich es aufgeben würde, zu wissen, wie spät es war, so wäre, als würde ich mich noch mehr geschlagen geben.

Ich saß auf diesem Platz und dachte, ich könnte bald von jemandem getötet werden, oder von meiner eigenen Hand sterben. Ich dachte daran, dass mein Körper nie irgendwelchen Amtspersonen übergeben werden würde, und dass meine Mutter, meine Freunde in Rumänien, nie wissen würden, was aus Anna geworden war.

Kapitel Dreizehn

Das erste Mal, als ich diese Wohnung verließ, war im Juni. Ilie zog mich vom Sofa, schubste mich in den Flur und schob mir einen Morgenmantel zu. Die Tür zur Treppe stand offen.

»Geh«, sagte er.

Ancuta war bereits halb die Treppe hinunter. Ich band den Gürtel fest, während ich auf sie zuging, barfuß, auf den kalten Holzstufen. Unten, direkt draußen vor der Tür, kam gerade Vali an. Er hatte Ilies BMW geparkt, ließ den Motor laufen.

Es war dunkel, kühl, nicht kalt, und ich fühlte mich, als wäre ich gerade in einem anderen Land angekommen. Niemand war in der Nähe, und Straßenlaternen und die Lichter von Läden waren die einzigen Anzeichen für Leben.

Skinny folgte, und ein neues Mädchen, ein großes Mädchen, Lily, folgte ihr.

Ancuta hielt die Hintertür auf, und wir drei, alle in Morgenmänteln, stiegen in das Auto. Es passierte innerhalb von Sekunden. Nur wenige weitere Sekunden später setzte sich das Auto in Bewegung. Ilie fuhr, Ancuta saß auf dem Beifahrersitz, und Vali ging wieder nach oben.

Skinny schien eine Ahnung zu haben.

»Nach Dublin?«, fragte sie.

»Ja«, sagte Ancuta.

Ungefähr einen Tag vorher hatte ein Arschloch sich beschwert, weil ich ihm erzählt hatte, ich hätte AIDS. Und um diese Zeit herum sagte ein anderes Arschloch, ich sähe aus wie eine Drogenabhängige, schweigsam und bewegungslos, als wäre ich voll zugedröhnt, und er könne so ein Mädchen nicht vögeln, er wolle seine Mädchen lebhaft. Und ebenfalls um diese Zeit hatte ein Arschloch meine Brust wie ein Schraubstock umklammert, und ich hatte zu laut »Verpiss dich« geschrien.

Ilie erzählte mir diese Dinge, als wir Galway verließen, meine müden Augen zählten gelbe Ampeln, während er immer weiterredete über die Dinge, die er so hörte. Skinny neben mir war angespannt, aber mir war es egal. Ich hatte gewusst, dass im Auto über irgendjemanden hergezogen werden und es vermutlich ich sein würde.

Wir fuhren auf die Autobahn, während er darüber redete, dass er genug hätte von den Problemen, die ich ihm verursachte. Er fragte, ob ich überhaupt Geld verdienen wolle, und ich antwortete nicht. Ich hoffte, er würde einfach die Klappe halten.

Ancuta fragte, mischte sich ein, sagte, dies sei eine gute Gelegenheit, darüber nachzudenken, wie ich die Dinge tue.

»Willst du denn gar kein Geld verdienen?«

Ich sagte: »Nein.«

Ich wusste nicht, was ich sonst hätte sagen sollen. Sie behielten das ganze Geld. Wenn ich gesagt hätte, ich wolle welches, denke ich, hätten sie mich getötet. Doch das war nicht, was sie meinten. Sie machten mir ein Angebot.

»Also willst du nicht für mich arbeiten?«, sagte Ilie.

Was konnte ich sagen?

Ich sagte nichts.

Wir fuhren noch eine Weile in völligem Schweigen weiter.

Er hatte irgendeinen Grund, nach Dublin zu fahren, schnell jemanden zu treffen, vermutlich um Bargeld entgegenzunehmen oder es jemandem zu zahlen. Er hatte entschieden, mit welcher Methode auch immer, dass es besser für ihn war, drei Mädchen und Ancuta mitzubringen, als uns dort zu lassen. Also befand ich mich, als Beifahrerin, um halb vier Uhr morgens auf der Autobahn M6 nach Dublin.

Es war angenehm in dem Wagen, kühl, und abgesehen von Ilies Geschichten, war es ruhig. Nach einer Weile hielt er an. Ich erinnere mich, dass ich allmählich eindöste, aus reinem Bedürfnis, weil ich immer nur vielleicht eine oder zwei Stunden hintereinander schlief. Mein Gehirn funktionierte nicht gut, stellte sich Dinge vor und sagte mir Dinge, die aus dem Nichts kamen. Ich erinnere mich, dass ich hoffte, ein großes Tier würde vor uns auf die Straße laufen, dass wir ins Schleudern geraten und alle getötet werden würden. Ich erinnere mich an irgendwelches verrückte Zeug über einen Frontalzusammenstoß, daran, dass ich hoffte, wir wären auf der falschen Straßenseite, sodass plötzlich ein großer Wagen auftauchen würde, der uns entgegenkam und uns alle töten würde. Ich lachte in der letzten Sekunde, nur um den Ausdruck in Ilies Gesicht, in Ancutas Gesicht zu sehen. Vielleicht war all das ein Traum.

Ich öffnete meine Augen, als der Wagen an der Straßenseite hielt. Wir saßen eine Weile da, mit laufendem Motor, und ich sah, dass Ilie mich im Spiegel anblickte. Es war, als wüsste er, was ich gedacht hatte.

Er stieg aus dem Wagen, und ich fühlte, wie Skinny neben mir sich wieder verspannte. Er öffnete meine Tür und packte mein Haar, zerrte mich heraus auf den Standstreifen. Er riss mir den Morgenmantel weg und brüllte, so laut, wie ich noch nie jemanden hatte brüllen hören: »Du verfluchte, blinde Schlampe!«

Er packte meinen Arm, zog mich hinter sich, direkt auf die leere Autobahn. Es gab zwei Spuren, und er zerrte mich auf die mittlere von beiden, dahin, wo die weißen Linien waren.

Er brüllte wieder. »Bleib da stehen!«

Ich war in Unterwäsche, barfuß, nur halb wach, nur halb am Leben.

Ilie marschierte zurück zum Wagen und nannte mich mit jedem Schritt »blinde Schlampe« oder »Schlampe aus Sibiu«.

Ich stand dort, vielleicht nicht so verängstigt, wie ein normaler Mensch es gewesen wäre, während er eine Zigarette herausholte und vor den BMW trat. Er zündete sie an, und beobachtete mich dabei.

Ich stand mit dem Gesicht in der Richtung, aus der wir gekommen waren. Ein Fahrzeug kam, noch relativ weit entfernt, ein Lkw, seine Scheinwerfer waren zwei Punkte in der Dunkelheit. Ich verschränkte die Arme, bebte ein bisschen wegen der Kälte. Ich fragte mich, ob er wirklich dachte, ich würde dort stehen bleiben und mich von einem Lkw überfahren lassen, weil es mir so lächerlich erschien. Aber ihm gefiel ein bisschen Drama.

Ilie zog an seiner Zigarette und sagte: »Willst du für mich arbeiten? Willst du Geld verdienen und für mich arbeiten? Oder willst du das?«

Und er machte eine Geste in Richtung des Lkws, dessen Scheinwerfer größer wurden, der die ganze Zeit näherkam.

Ich dachte, dass dieser Lkw mich töten könnte, und gleichzeitig dachte ich, das würde er nicht. Ich dachte, der Fahrer würde mich schon viel früher sehen und bremsen, dass er kein Mädchen mitten auf der Autobahn überfahren würde. Es erschien mir, als wollte Ilie mir damit seinen Standpunkt klarmachen, aber es war nicht gerade ein Geniestreich.

Ich dachte, ich könnte auf den Lkw zurennen und um Hilfe schreien. Ich dachte, ich könnte von der Straße auf ein Feld rennen. Ich dachte so viele Dinge. Doch der Hauptgedanke war, dass Ilie – auch wenn er kein Genie war – gerade so wütend war, es so ernst meinte, so frustriert darüber war, dass ich nicht die Sklavin war, die er wollte, dass ich, wenn ich jetzt das Falsche täte, schrecklich dafür würde leiden müssen.

Die Wahl, die ich traf, war, denke ich, die einzige Wahl, die ich hatte.

Ich sagte: »Ja.«

Er sagte: »Okay.«

Und er winkte mich zu sich.

»Du arbeitest für mich, okay?«, sagte er. »Wir werden dich bezahlen, wenn du deine Schulden abbezahlst. Du kannst jede Menge Geld verdienen und ein gutes Leben haben.«

»Okay«, sagte ich und hob meinen Morgenmantel auf. Ein paar Sekunden später fuhr der Lkw vorbei, und wir spürten den Fahrtwind überall um uns herum.

Es nennt sich schwarzer Humor, wenn Menschen einen Weg finden, über schlechte Dinge zu lachen. Ich hätte nie von mir gedacht, dass ich schwarzen Humor hätte, aber ich stellte fest, dass ich ihn hatte, als ich zum ersten Mal Schrecken in Ilies Augen sah.

Man muss verstehen, dass ich in einer Situation lebte, die das Gegenteil von der Situation der Zuhälter war. Wenn sie glücklich waren, war ich traurig, verletzt oder in Schwierigkeiten. Wenn sie aßen, war ich hungrig. Wenn sie brüllten, schwieg ich. Wenn ich wund war, waren sie betrunken. Und daher hatte ich, wenn sie Angst hatten, eine gute Zeit.

Es war Juli, und meine Zähne wurden immer schlechter. Wenn ich mit meiner Zunge nach ganz hinten ging, konnte ich fühlen, dass sie locker waren und gebrochen, dass eine Art Flüssigkeit oder Eiter herauskam, wenn ich drückte. Ich dachte, mein Atem müsse stinken, dass ich vielleicht irgendeine Krankheit bekommen würde. Aber ich fürchtete mich nicht vor Krankheit. Ich fürchtete nichts, was Arschlöcher davon abbrachte, mich zu vergewaltigen. Wenn mein Atem stank, war das gut. Wenn ich aussah, als hätte ich Wunden in meinem Mund, war das gut. Niemand kommt gerne in die Nähe eines schmutzigen Mundes.

Ich verweigerte immer noch Sex ohne Kondom, sagte immer noch einem Arschloch nach dem anderen, dass ich nicht sauber sei. Die meiste Zeit war das okay, aber manchmal versuchten sie, mich hereinzulegen, brachten mich dazu, ihnen ein Kondom überzuziehen und rissen es im letzten Augenblick ab, bevor sie in mich eindrangen. Dass ich ihnen etwas verweigerte, brachte sie nur dazu, mich noch mehr zu bekämpfen.

So vielen dieser Arschlöcher gefiel die Vorstellung von einer Vergewaltigung, und ich musste so viele Male im Geist abwägen, ob es das wert war. Wenn ich nicht widerstand, war es oft leichter. Doch es gab immer noch Zeiten – und ich konnte es nicht ändern – in denen ich wütend um mich schlug, egal wie viel Angst ich vor Ilie oder Ancuta hatte.

Ein Arschloch erzählte mir, er habe vor einem Jahr geheiratet und sei nicht glücklich mit seinem Sexleben, obwohl er seine Frau liebe. Er sah aus, als würde er gleich heulen und bräuchte eine Umarmung. Ich schubste ihn weg und sagte ihm die Wahrheit. Ich sagte: »Sie sind ein verdammt dummer Mann.«

Ein Arschloch sagte mir einmal, er liebe mich und wolle, dass ich mit ihm weggehe, als seine Geliebte bei ihm bleibe. Er kam zurück, sagte mir, er sei bereit, mich auf einem Boot nach London zu bringen, er könne mein Zuhälter sein und würde sicherstellen, dass es mir immer gut gehe. Ich sagte ihm, er habe mich in Gedanken bereits betrogen, bevor er mich überhaupt getroffen habe.

Ein Mann brachte ein Spielzeug mit, das einer Verwandten von ihm gehöre, und er wolle sehen, wie eine andere Frau es benutze. Ich sagte ihm, er solle es sich sonst wohin stecken, und er war gekränkt.

Hatte er wirklich gedacht, ein Mädchen würde ein Sexspielzeug aus zweiter Hand aus seiner Familie in ihrem Körper wollen? Tja, das dachte er anscheinend. Er dachte, für ein paar Euro würde ein Mädchen das tun.

Diese Mentalität ist wirklich unglaublich, finde ich. Zuerst begriff ich es nicht, als einige mir Geschenke kauften, Dinge wie Parfum, Slips und wertlose Schmuckstücke. Und dann begriff ich es; ich glaube, dass sie das tun, weil sie sich dann besser fühlen.

Sie reiben einem die Füße, als würden sie einem damit eine Freude bereiten, nehmen sich während ihres geschäftigen Tages die Zeit, einem eine nette Massage zu geben, weil sie nette Menschen sind, nette Arschlöcher. Sie streichen einem über das Haar und fragen einen, ob man schon irgendwelche berühmten Klippen in Irland gesehen habe, oder ob man gerne traditionelle Musik in den Pubs in Galway höre. Sie wollen wissen, ob man Kinder wolle, ob man immer in Irland leben wolle, ob es in Rumänien, Polen, Russland oder wo auch immer ihnen gesagt wurde, man herkommt, immer schneie.

All diese Dinge geben ihnen das Gefühl, sie wären ein freundlicher, rücksichtsvoller Liebhaber.

Ein alter Narr sagte zu mir: »Leg dich zurück und genieß es«, während er meine Oberschenkel, Vagina, meinen Magen und meine Brüste bis nach oben zu meinem Hals und Gesicht leckte. Ich konnte fühlen, wie ich die Fäuste ballte, als er anfing, meine Augen zu lecken, und den Gestank seiner fauligen Zunge überall auf meiner Haut hinterließ. Eine meiner Fäuste flog hoch, ganz plötzlich, und traf ihn ins Gesicht. Er sagte, es tue ihm leid und ließ mich in Ruhe.

Es gibt Leute, die glauben wirklich, sie würden einem einen Gefallen tun, wenn sie in Wirklichkeit nur sich selbst einen Gefallen tun. So einfach ist das.

Doch sie glauben all das, glauben, dass sie einen, nur indem sie einen besuchen, glücklich machen. Das ist die Art, wie die Mädchen verkauft werden, die PR der Branche.

Sie werden gebeten, vorbeizukommen und dieses glückliche Mädchen sogar noch glücklicher zu machen, ihr ein bisschen Geld zu geben, damit sie Lust und Freude mit ihnen teilt.

Und schon bevor sie vorbeikommen, können sie sich aus dem Angebot wundervolle, spaßige Sachen aussuchen, die man tun kann.

Viele, sehr viele, wollen OO.

Das bedeutet Oral Ohne.

Sie wollen ihren Penis in meinem Mund ohne Kondom. Es ist ekelhaft, aber ich konnte nicht immer verweigern, was so viele wollten. Meine einzige Wahl war, mir meine Schlachten sorgfältig auszusuchen, da ich nicht gegen alle kämpfen konnte.

Bei den Schüchternen sagte ich »Nein«, wenn sie danach fragten. Bei den Roheren war es manchmal besser, es einfach zu machen, damit sie einen nicht dazu zwangen.

Und manchmal hat man einfach ein Gefühl, eine Ahnung, einen Instinkt, dass man sie in einen Rausch der Erregung versetzen kann, bevor sie auch nur danach fragen, dass man sie innerhalb von Sekunden dazu kriegen kann, zu kommen, während man ihnen so wenig wie möglich von sich gibt.

Der Handjob funktioniert nicht immer, aber wenn man einfach loslegt und zugreift, lehnt sich der Mann manchmal einfach zurück. Ein erfolgreicher Handjob ist ein Sieg in dieser ekelhaften Welt.

Aber zurück zu OO. Wenn jemand OO will, sollte er daran denken, die Einzelheiten im Profil des Mädchens zu überprüfen, um zu sehen, ob sie das macht. Und falls das Mädchen ein Opfer von Menschenhandel ist, wie es so viele sind, wird sie es natürlich tun. Es wird dastehen, selbst wenn das Mädchen nicht weiß, was es bedeutet. Denn das Mädchen hat das Profil nicht selbst verfasst.

Oder man kann sehen, ob sie Folgendes macht:

EAK – Ejakulation auf Körper, 69, anales Empfangen, anales Geben, Paare, Deep Throat, Fingern, Gesicht – Ejakulation auf Gesicht, Uniformen, Fesselspiele, Sexspielzeuge, Rollenspiele.

Man kann sehen, ob es okay ist, Höschen und einen BH zu tragen, wenn man zu ihr geht, sehen, ob sie Spiele spielen wird, wenn jemand die Unterwäsche seiner Frau, Freundin oder Tochter trägt.

Wassersport – Pinkeln, French Kissing, Rimming – den Hintern lecken, Spanking, Handjob, Teebeutel – Hoden in den Mund des Mädchens, Fesseln, zusammen duschen, Russisch – Sex zwischen den Brüsten, Hartsport – Scheißen.

Und vieles mehr.

Es ist wie ein Schaufenster zu durchforsten, um zu sehen, welches geheime Bedürfnis wahr werden soll, mit dem Fantasiemädchen, das nur darauf wartet, jemandem Befriedigung zu verschaffen, die Hoden oder Scheiße in ihrem Mund haben will, die nur will, dass man sie schlägt oder missbraucht, für den Preis eines Kinderrades.

Es gibt auch Paare, Männer und Frauen, die sich erkundigen und darum bitten, sich mit einem oder zwei Mädchen treffen zu dürfen. Männer mögen es, ihr Mädchen mit einem anderen Mädchen zu sehen, und, für den richtigen Preis, das zu tun, was sie wollen.

Und es gibt – hin und wieder – auch einsame Frauen, meistens nur jene, die anrufen, aus Neugier fragen und dann nicht kommen. Doch es gibt Frauen, die Zeit mit einem Mädchen verbringen wollen, immer auf Hausbesuchen in Hotels und Häusern. Für einige Mädchen ist das eine gute und eine schlechte Sache. Es ist insofern gut, da eine Frau sie wahrscheinlich nicht verletzen wird, sie nicht missbraucht oder Dinge in sie steckt, die sie nicht will. Doch gleichzeitig möchte eine Frau mehr berührt, getröstet, geliebt werden, und das von einem Mädchen, das nichts von dem hat, was sie hat. Diese Frauen müssten ein feminines Verständnis dafür haben, was es bedeutet, eine Sexsklavin zu sein.

Die Frauen müssten verstehen, genau wie die Männer es verstehen müssten, wenn sie nur ein paar Minuten darüber nachdenken würden, dass auch Fantasien in der Realität stattfinden, dass jemand einen Preis dafür bezahlt, für Lust jeder Art auf Abruf, und der Preis ist nicht nur Geld. Fantasien, die Frauen, die Opfer von Menschenhandel geworden sind, benutzen, sind Geldbeschaffung für Zuhälter und sonst nichts. Es sind Fantasien, die stattfinden, während die Puffmutter jeden Tag einen ganzen Mülleimer mit benutzten Kondomen herausbringt, wo sie Bleiche in Seifenschalen füllt und den Mädchen sagt, sie sollen sich damit waschen. Es sind Fantasien, die in der Nähe eines leeren Kühlschranks stattfinden und immer nur ein paar Minuten von Gewalt in irgendeiner Art entfernt sind.

Wir tranken starken Kaffee, und manchmal kippte Ilie Whisky hinein, als wäre er ein Gentleman. Wir bekamen in dieser Wohnung nie Essen gekocht, oder zumindest nicht mehr als eine Schüssel mit Bohnen. Es gab keine Bilder an den Wänden, und sie öffneten nicht gerne die Fenster. Es war eine Farm, eine Fabrik, ein Arbeitsplatz, wo man nicht einmal wusste, wer da sein wollte, wer entführt worden war, wer Ärger machen, oder einen schlagen oder jemand anderem Geschichten über einen erzählen würde. Wir lebten nur Zentimeter voneinander entfernt, nackt, hungrig, innerlich leer, und wir lebten auch Hunderte von Kilometern voneinander entfernt.

Manche Mädchen fragten nach Drogen und flirteten mit Ilie, damit er ihnen half, erfolgreich zu sein. Manche Mädchen wollten Wodka, manche wollten Zigaretten, manche wollten nur Make-up und die ganze Zeit arbeiten, Nonstop, so viel sie konnten.

Skinny war das Kleinste von allen Mädchen und auch das Hübscheste, und sie konnte nie genug Alkohol trinken, nie genug Kokain in ihren kleinen Körper bekommen. Dieses Mädchen war ein Kind, aber sie und ich waren so beliebt bei den Kunden, dass wir für Ilie und die Puffmutter wertvoll waren.

Wir sprachen ein paar Mal miteinander, in unserer Zeit zusammen, aber nur einmal hatten wir eine bedeutende Unterhaltung. Wir redeten normalerweise Unsinn über die Hitze in der Wohnung und die blöde Dusche, wir sprachen davon, wie viel Schlaf wir bekamen und ob der Kaffee sehr stark war. Wir sprachen von unserer Liebe zum Schlaf, was wir für eine lange Nacht in einem bequemen Bett, mit der Meeresbrise um uns, geben würden.

Sie stammte aus einem armen Dorf in der Nähe von Bukarest, und ihr Freund hatte sie sehr gut präpariert. Er hatte sie nach Bukarest gebracht, hatte ihr Sterne auf die Hand tätowieren lassen, und das hatte ihr das Gefühl gegeben, sie würde eine Frau werden, ein Star, in ihrem eigenen kleinen Leben, dass sie es zu etwas bringen würde. Er sagte, er könne ihr ein wenig Webcam-Arbeit verschaffen, und es würde großartig für sie beide sein, dass sie beide damit gutes Geld verdienen und ein wundervolles, glückliches Leben führen könnten.

Von dort wurde sie, im Alter von siebzehn Jahren, nach Irland geflogen, und ihr wurde gesagt, ihr Freund würde bald nachkommen. Und sie warte immer noch auf ihn, erzählte sie mir. Es hätte eine Verwechslung zwischen der Webcam-Arbeit und der Escortarbeit gegeben, sagte sie, und sie sei schließlich bei Letzterer gelandet.

Wissen Sie, dieses Mädchen verstand es einfach nicht. Ihr war vor langer Zeit von ihrem Freund gesagt worden, falls jemand frage, solle sie immer sagen, sie mache nur Webcam-Arbeit. Und sie hatte sich so lange an dieses Versprechen gehalten, sagte sie, wie es nur möglich war.

Ich wollte Skinny in den Arm nehmen, aber ich tat es nie. Ich hatte nie eine so enge Beziehung zu ihr. Denn nachdem wir über ihr Leben gesprochen hatten, redete Skinny mit Ancuta. Ich weiß nicht, warum. Ich weiß nicht, ob Ancuta ihr sagte, sie solle darüber reden oder ob Skinny es freiwillig getan hatte. Aber wie auch immer, sie erzählte der Puffmutter alles, über das wir gesprochen hatten, und Ancuta ohrfeigte mich viele Male.

Skinnys Geschichte sei nicht meine Angelegenheit, sagte sie. Ich hätte kein Recht, sie danach zu fragen. Jeder habe seine Privatsphäre, sagte sie, und keiner dürfe nach der Geschichte von jemand anderem fragen.

Es war jedoch komisch, denn Skinny würde sehr wohl zu meiner Angelegenheit werden. Sie würde, wie ich froh bin, sagen zu können, nicht immer eine Närrin bleiben.

Ilie ließ es manchmal so erscheinen, als würde er uns alle mögen, als würde er sich aus Respekt dafür entscheiden, uns nicht zu vergewaltigen. Wir mussten alle Valis Penis lutschen, ohne Kondom, und wir mussten auch alle Carols Penis lutschen, auf Ancutas Befehl, ohne Kondom, bevor er nach London zurückkehrte. Doch wir mussten das nie bei Ilie tun.

Wenn Ancuta in seiner Nähe war, war er zu keiner von uns nett, und rümpfte gerne die Nase über uns, um zu zeigen, dass wir ihn in irgendeiner Weise anwiderten. Sie beobachtete ihn, um zu sehen, ob sein Blick zu lange auf einem Mädchen oder einem anderen verweilte. Und ich muss sagen, dass er mich oft ansah, um mir Dinge anzubieten, die er hatte – Whisky, Essen, Zigaretten – und Ancuta gefiel das überhaupt nicht.

Es gab ein paar Gelegenheiten, bei denen ich Ancuta weinen sah, aber nur schnell, und nur, um ein paar Tränen herauszulassen, damit sie weitermachen konnte. Sie trank viel, redete mit sich selbst und schubste die Mädchen herum, ohrfeigte sie und manchmal zeigte sie eine kleine Träne.

Ich erzähle das nicht, damit jemand Mitgefühl für sie hat. Ich habe keine Worte dafür, was für ein Miststück diese Frau ist. Ich erzähle das nur, damit klar wird, dass sogar sie, in ihrer beschissenen Position, in diesem beschissenen Geschäft, tief in ihrem schwarzen Herzen wusste, dass es zum größten Teil auf Unglücklichsein beruhte. Um ein Zuhälter zu sein, um Sexkunden vierundzwanzig Stunden am Tag glücklich zu machen, muss man ein Mensch sein, der das Unglücklichsein von anderen Leuten verwaltet, und dieses Unglücklichsein kann nur ansteckend sein.

Doch Angst ist eine andere Sache. Angst ist das, was sie benutzen, um einen zu kontrollieren, und es brachte mir echte Freude, sie in Angst zu sehen, Ilie in Angst zu sehen, Vali in Angst zu sehen. Und das ist der schwarze Humor, von dem ich erzählt habe.

Es passierte so: Ancuta scheuchte einige Mädchen aus einem Zimmer, wedelte mit der Hand vor meinem Gesicht und sagte mir, ich solle mich bereitmachen. Ich frischte mein Make-up auf, ging in das Zimmer, glättete die Bettdecke und setzte mich hin. Ich trug meine Dessous.

Ich hörte große, schwere Schritte, und sie führte einen großen Mann in das Zimmer. Und ich meine einen großen Mann, den größten Mann, den ich je gesehen hatte. Er hatte einen Bart und trug ein schwarzes Jackett, ein blaues Hemd und irgendeine dunkle Hose. Er war betrunken, sehr betrunken, und stieß sich am Türrahmen, als er hereinkam.

Ancuta nickte mir zu, wie sie es immer tat, und schloss die Tür. Der Mann winkte mich vom Bett, und ich stand auf. Er setzte sich hin, und ich konnte jeden Teil von ihm riechen. Er war nicht sauber. Er hatte kleine Partikel Essen oder Schmutz um den Mund. Seine Füße stanken, obwohl er seine schmutzigen Schuhe noch anhatte. Ich hatte diese Art von Mann viele Male gerochen, aber weil er so groß war, war es, als wäre der Geruch auch größer.

Er sagte etwas in einem sehr irischen Akzent, und ich wusste nicht mit Sicherheit, was es war, aber ich denke, er bat mich um ein Glas Wasser. Ich stand da und beobachtete ihn nur, während er seine Augen schloss und auf das Bett fiel. Er war größer als das Bett. Sein Magen hätte zehn Fußbälle aufnehmen können.

Seine Füße waren wie die eines Riesen.

Ich trat zurück und sah zu, wie er einschlief. Er fing sehr schnell an zu schnarchen, und ich wusste nicht, was ich tun sollte. Als ich ihn ansah, konnte ich viel von seinem Bauch sehen, und dort befand sich ein Messer, das unter seinem Jackett versteckt gewesen war, und nah an seinem Gürtel steckte. Es war in einem Halter, der ins Innere seiner Hose gesteckt war.

Ich konnte nicht einfach dasitzen und warten, während der Mann sich ausschlief. Ich öffnete die Tür, und es war niemand im Flur. Die Tür zum Wohnzimmer war geschlossen, und es war ruhig. Das andere Schlafzimmer war belegt, und die Tür war geschlossen.

Dies war das erste Mal, in all der Zeit, dass ich bei mir dachte: »Wie wäre es, wenn ich jetzt einfach durch die Ausgangstür ginge?«

Sie war laut – ich wusste, dass sie laut klickte, wenn der Riegel geöffnet und die Tür aufgezogen wurde – aber ich fragte mich, ob ich es leise hinbekommen könnte. Und was dann? Die Holztreppe hinunter? Die andere Tür öffnen? Auf die Straße gehen? Würde viel los sein zu dieser Zeit? Was würde passieren, wenn ich aufgehalten wurde?

Jetzt konnte ich ein Arschloch in dem anderen Schlafzimmer stöhnen und den großen Mann in meinem Zimmer schnarchen hören.

Wohin würde ich gehen? Würden sie hinter mir herlaufen und mich fangen? Würde ich in meinen Dessous überhaupt in der Lage sein, jemanden zu finden, der mir zuhörte? Was sollte ich mit meinem rumänischen Akzent zu ihnen sagen?

Ich stand vor dieser Tür in dem ruhigen Flur, und ich

hatte meine Hand auf dem kalten Riegel, den ich vorher noch nie berührt hatte.

Ich fühlte, wie mein Herz heftig schlug, ein Herzschlag, den ich eine Weile nicht gespürt hatte, weil ich so an dieses Leben gewöhnt war. Eine kleine Drehung, und bevor sie sich auch nur öffnete, machte sie ein quietschendes Geräusch, ein leises Geräusch, wie von einer Maus.

Ich erstarrte auf der Stelle, kann ich Ihnen sagen. Ich stand da, wie eine Statue, und lauschte auf alles. Und ich hörte jemanden im Wohnzimmer reden und ich wusste, dass jemand kommen würde. Vielleicht war es das Geräusch eines sich bewegenden Stuhles oder die Art, wie jemand sprach, aber ich wusste, dass jemand zur Wohnzimmertür kommen würde.

Sie öffnete sich, und Ancuta blickte mich an. Und jetzt stand ich direkt vor ihr, von der Tür abgewandt, mit Blick auf das Wohnzimmer. Sie sah mich an, und dann die Ausgangstür, und dann wieder mich.

»Er ist eingeschlafen«, sagte ich.

»Hat er irgendwas getan?«

»Nein. Er hat sich einfach hingelegt und ist eingeschlafen. Er hat ein Messer in seinem Gürtel.«

Sie drehte sich um und erzählte Ilie und allen anderen im Wohnzimmer, was ich gesagt hatte. Sie kam hinaus in den Flur und schob mich zurück in das Schlafzimmer.

»Das ist Blödsinn«, sagte sie. Sie rief Ilie. Wir alle standen über dem Mann und blickten auf seinen großen Körper, das Messer in seinem Gürtel.

Ilie fragte Ancuta, ob er einer vom fahrenden Volk sei, und sie sagte, sie glaube, das sei er.

»Okay«, sagte er. »Das könnte ein Problem sein. Wir werden versuchen müssen, ihn hier rauszubekommen.«

Er holte Vali, und Makar, einen weiteren Zuhälter, der in dieser Nacht im Wohnzimmer war. Sie waren beide betrunken. Sie alle versuchten, den Mann vom fahrenden Volk zu heben, aber sie mühten sich umsonst ab. Ich stand an der Wand und sah zu, wie sie auf verschiedene Weisen versuchten, ihn hochzuheben, aber es hatte keinen Zweck. Er war wie ein riesiger Fels.

Ancuta musste auch helfen, und sie konnte kaum auch nur einen Teil dieses Mannes heben. »Wir werden ihn aufwecken müssen«, sagte sie.

»Nein«, sagte Ilie. »Wir müssen ihn rausbekommen und weg von hier.«

Ich verstand ihre Besorgnis nicht, aber sie brachte mich zum Lächeln. Sie hatten ein großes, stinkendes Problem, und sie wussten nicht, was sie tun sollten. Es war die erste Schwierigkeit, der ich sie jemals hatte gegenüberstehen sehen.

»Blinde«, sagte Ancuta, »geh ins Wohnzimmer.«

Ein Anruf wurde getätigt, und vielleicht zwanzig Minuten später kamen zwei weitere Zuhälter an. Die Telefone klingelten, aber niemand nahm ab. Dies war ein Notfallmeeting wegen des Mannes aus dem fahrenden Volk.

Sie alle gingen zu ihm, und das Geräusch von Grunzen, Schlagen, Knallen ging weitere fünf Minuten weiter, während sie den großen Mann in den Flur, die kleine Treppe hinunter und hinaus auf die Straße trugen. Mir wurde später erzählt, sie hätten ihn in einem Park oder irgendwo auf einem Bürgersteig auf den Boden gelegt. Sie wollten ihn einfach unbedingt dort herausbekommen.

Ancuta blieb zurück und fing an, wieder Telefonanrufe entgegenzunehmen, Wein zu trinken und zu rauchen. Als die Männer zurückkamen, sahen sie aus, als wären sie im Krieg gewesen, und Besorgnis stand ihnen ins Gesicht geschrieben.

Sie fürchteten, dass dies ein Mann war, von dem sie gehört hatten. Sie fürchteten, er wäre angeheuert worden, um herzukommen und ihrem Geschäft Schaden zuzufügen, eine Drohung auszustoßen, Probleme zu verursachen. Sie waren sicher, dass dieser Mann Verbindungen zu Leuten aus dem fahrenden Volk in Dublin hatte, mit denen Ilie sich vielleicht ein Jahr zuvor verkracht hatte. Ilie hatte Zuhältern in Dublin Geld geschuldet, bevor er nach Galway ging. Eine Gruppe von Männern aus dem fahrenden Volk, die vielleicht von Zuhältern bezahlt wurde, hatte ihn in der Nähe des Dubliner Flughafens entführt und ihn zur Befragung in ein Haus gebracht. Ilie war zusammengeschlagen worden und in einem Hotel mit einem Eisen verbrannt worden. Er entkam nur, weil er versprach, seine Schulden abzuzahlen.

Die Männer tranken noch mehr und redeten noch mehr über ihre Sorgen. Sie sagten, sie hätten das Gefühl, dass die Aufmerksamkeit sich wieder ihnen zuwenden würde, sich wieder Ilie zuwenden würde. Er war kreidebleich, während sie darüber redeten, ob der Mann vielleicht da gewesen war, um mich oder Skinny zu töten, weil die Zuhälter wussten, dass wir beide sehr viel Geld eingebracht hatten. Er sagte mir selbst, der große Mann wolle die Dinge schlimm für uns machen, und das könne alles bedeuten.

Es war vielleicht vierundzwanzig Stunden später, als wieder Panik unter den Zuhältern ausbrach. Derselbe große Mann war auf der Straße in der Nähe des Bordells gesehen worden, wie er herumlief und mit seinem Handy telefonierte. Ilie zitterte vor Furcht, als er das von einem anderen Mann am Telefon hörte. Ancuta rauchte und trank gleichzeitig, und wollte wissen, was Ilie erfahren habe.

Ich saß auf dem kleinen Sofa und hatte ein Lächeln auf dem Gesicht, das so breit war, wie eine Banane lang ist. Für mich war es witzig. Die anderen Mädchen waren verwirrt, sahen mich an, lächelten und versuchten herauszufinden, was los war. Ich senkte den Kopf und gluckste. Ich wartete nur darauf, dass eine Hand mich heftig ohrfeigen würde, und es war mir egal.

Ilie blickte sich in alle Richtungen um, sah seine Mädchen an, das Zimmer, und sagte: »Wir müssen gehen.«

Kapitel Vierzehn

Alle Zuhälter, die aus Rumänien oder anderen Ländern nach Irland kommen, wissen von Galway. Sie haben Freunde, Cousins, Kontakte in der Stadt, die in der Lage sind, sie ins Geschäft zu bringen. In Dublin ist es schwerer; das Geschäft wird von vielen verschiedenen Banden kontrolliert, und es kann sehr gewalttätig werden, sehr bedrohlich für neue Leute, die Fuß fassen wollen, ohne sich mit den falschen Leuten anzulegen. Doch in Galway ist es leichter. Es gibt so viel Laufkundschaft, so viele Leute sind ins Sex-Geschäft involviert, die an einem Tag ankommen und am nächsten Tag weiterziehen, dass es weniger Schwierigkeiten gibt. Für die Größe der Stadt ist der Sexhandel in Galway sehr umfangreich, und alle Zuhälter verdienen Geld.

Ilie brauchte uns nicht weit wegzubringen. Er gab seine kleine Basis über den Buchmachern nicht auf, denn sie war ein guter Platz fürs Geschäft, aber er zog mit seinen Mädchen und seinen Computern fürs Erste dort aus. Und wenn er Veränderungen vornehmen, Dinge, Menschen oder Geld bewegen wollte, dann verschwendete er keine Zeit. Er reiste mit leichtem Gepäck und schnell, eine Art, die Dinge zu tun, die ich noch sehr gut kennenlernen würde, und er erklärte uns nie, was los war.

Vali sammelte Laptops und Mobiltelefone zusammen, und Ancuta sammelte Kleider, ihr Make-up, die Pakete mit Kondomen, eine Tasche mit Reinigungsmitteln und andere

Sachen ein. Uns wurde gesagt, wir sollten unsere Sachen holen, was einfach war, und sie verteilte ein paar Shirts und Morgenmäntel, die wir anziehen sollten. Wir sahen aus, als würden wir eine Party verlassen, die unerwartet abgebrochen worden war. Spät in der Nacht rannten Mädchen in Unterwäsche, mit vielleicht bloß einer Jacke über ihren beinahe nackten Körpern, schnell die Treppe hinunter.

Wenn ich sage, dass ich Angst hatte, klingt das wahrscheinlich dumm. Man sollte denken, dass ich doch bereits in der Hölle lebte, wie sollte ich da noch vor irgendetwas Angst haben? Doch die Hölle, die ich kannte, war mir wenigstens vertraut. Ich dachte daran, dass jede Veränderung die Dinge schlimmer machen könnte und mich dazu zwingen könnte, wieder von vorne anzufangen, mit dem Versuch, meine Umgebung, meine Fähigkeiten und mein Wissen über den Ort anzuwenden, um die Dinge besser zu machen.

Ilie ging zuerst, dann Vali. Dann kamen sie beide zurück. Sie kamen in das Zimmer und scheuchten uns zu sich. Wir gingen hinter ihnen hinaus, ich, Skinny und zwei andere Mädchen – Lily und Rena – und hinter uns allen ging Ancuta. Sie sagte: »Geht weiter, geht weiter«, während wir alle die Stufen hinunterpolterten.

Unten stand die Tür zur Straße auf, und zwei Wagen waren dort geparkt. Ancuta schob, und Ilie und Vali zogen, und innerhalb von vielleicht fünf Sekunden saßen wir alle in den Wagen, frierend, ohne irgendetwas zu wissen, mit heftig klopfenden Herzen. Die Straßenlaternen waren an, doch wie vorher schon, erinnere ich mich nicht daran, irgendjemanden, überhaupt irgendetwas, gesehen zu haben. Mein Gefühl sagte mir, dass es spät war, vielleicht Mitternacht, vielleicht zwei Uhr morgens, aber ich wusste es nicht genau. Ich versuchte, vom Rücksitz auf die Uhr im Auto zu sehen, aber einen langen Hals zu machen, um auf das falsche Ding zu blicken, war keine gute Idee. Ich hatte mir eine gewisse Art der Körpersprache angewöhnt, und die war, mich so klein und still wie möglich zu machen und zu verhalten. Wie auch immer, es war nicht von Bedeutung.

Es dauerte nur fünf Minuten, bis wir ankamen. Ich weiß jetzt über Galway, dass Ilie so viele Kontakte dort hatte, dass er innerhalb von wenigen Minuten eine neue Wohnung organisieren konnte. So viel ich weiß, hatte er Freunde in der Immobilienbranche, Makler, Vermieter, die wenig Fragen stellten, wenn er erklärte, dass er sein Geschäft mit Bargeld betrieb.

In fünf Minuten waren wir am Merchants Quay, direkt im Stadtzentrum, und wurden nach oben in ein Apartment geschoben und gezogen. Es war voll möbliert und nett, aber kalt, und die Luft war abgestanden, da eine Weile lang niemand darin gewesen war.

Das Erste, was passierte, war, dass Vali die Küche suchte, um seine Computer abzustellen, sie anzuschalten und zu sehen, wie er eine Internetverbindung herstellen konnte. Ilie half ihm. Bevor sie sich auch nur in der Wohnung umsahen, stellten sie sicher, dass sie ihr Geschäft betreiben konnten. Sex zu verkaufen, war ihre Obsession. Es brachte ihnen Geld ein, das ihre Droge war. Männer, die Geld mehr als alles andere wollen, sind die schlimmste Art von Männern, die gefährlichste, da nichts als Geld einen Wert für sie hat.

Ancuta ließ uns alle Bettwäsche aufziehen und die Räume herrichten. Und sobald sie fertig war, begann sie, wieder Anrufe entgegenzunehmen. Sie stand vor mir, richtete ihr Haar, nahm es nach hinten und blickte in den Spiegel.

»Ja, Schatz«, sagte sie. »Weißt du, wo der Merchants Square ist? Ja, mein Schatz. Da findest du mich.«

Es gab keine Unterbrechung der Geschäfte. Es war wie ein sehr schneller Kulissenwechsel in einem Bühnenstück.

Ich benutzte das Badezimmer und sah, dass es größer war, als das in der anderen Wohnung. Die Räume waren größer und moderner. Es gab mehr Teppiche dort drin, als wir vorher gehabt hatten. Es gab zwei Schlafzimmer, wie vorher, und einer hatte einen kleinen Balkon. Es gab eine nette, saubere, weiße Küche, größer als vorher. Es war ein schönes Apartment, aber für mich sah es aus, wie ein neues Gefängnis, ein neuer Zoo, ein anderer Ort, an dem verlogene Arschlöcher zu Besuch kamen und uns packten, vögelten und beleidigten.

Und alles veränderte sich, und nichts veränderte sich. Ilie fühlte sich sicherer – er, nicht wir – und Ancuta dachte, sie würde sozial aufsteigen. Die Arschlöcher waren die gleichen, und die Tage waren gleich. Falls man mich fragen würde, wer am ersten oder zweiten Tag kam, könnte ich es nicht mehr sagen. Ich kann mich nicht erinnern. Ich kann keinen Unterschied erkennen, zwischen einem Tag über den Buchmachern und einem Tag am Meer. Es war dasselbe. Der Hass für mich war derselbe, der Missbrauch meines Körpers war derselbe.

An diesem Ort wurde ich zweiundzwanzig. Ich dachte an meine Mutter, an jenem Tag. Es war der 16. Juli 2011. Ancuta sagte mir, es sei mein Geburtstag. Sie sagte mir, ich solle ins Badezimmer gehen und sie würde mir die Haare färben. Ich fragte nicht warum. Ich war darüber hinaus, zu fragen warum. Ich war dünn und ruhig und reagierte nicht mehr allzu sehr auf irgendetwas.

Also machte sie sich an die Arbeit, drückte meinen Kopf nach unten, um ihn nass zu machen und das Zeug aufzutragen, das sie auftragen musste. Ich sah nicht einmal hin.

Und nachdem sie fertig war, waren sie pechschwarz. Zum ersten Mal in meinem Leben war mein Haar nicht mehr blond. Es war auch länger, als es jemals gewesen war, seit ich ein kleines Mädchen war.

Sie wickelte ein Handtuch darum und wusch die Flecken von meinem Hals und meinen Schultern. Im Spiegel, in jenem Badezimmer, mit schwarzem Haar, konnte ich sehen, dass meine Figur sich verändert hatte. Ich war in sehr kurzer Zeit von Größe 38/40 auf Größe 36 abgemagert. Ich bekam keine Bewegung, keine frische Luft, kein Essen, das von Nutzen für meinen Körper gewesen wäre. Ich war in der schlechtesten körperlichen Verfassung meines Lebens. Meine Haarfarbe für die Arschlöcher zu ändern, war für mich so unwichtig wie nur irgendwas.

Als es trocken war, ließ sie mich neue rote Dessous anziehen und einen braunen Morgenmantel von Primark, den sie mir geschenkt hatte, nachdem ich mich auf der Autobahn einverstanden erklärt hatte, für Ilie zu arbeiten. Ich ging in ein Zimmer. Und die ganze Zeit sagte sie: »Herzlichen Glückwunsch zum Geburtstag«, und lächelte, als würde sie es so meinen.

Es war mir egal, ob ich zweiundzwanzig oder hundertzweiundzwanzig war.

Sie führte zwei russische Arschlöcher in das Zimmer und

schloss die Tür. Sie waren vielleicht Ende Zwanzig, und ich glaube, sie waren high oder vielleicht einfach nur verrückt. Sie verschwendeten keine Zeit. Sie wollten das durchziehen.

Und das passierte: Sie zogen mich hoch und zogen mich aus. Bevor ich auch nur auf dem Bett lag, mit einer Hand über meinem Mund, wurde ich heftig attackiert, überall. Und als ich auf dem Bett lag, steckten sie alles in mich hinein – Finger, Fäuste, Füße – und vergewaltigten mich überall so heftig, wie sie konnte. Sie schlugen mich und bespuckten mich, sie schlugen meine Ohren, Nase, den Kopf und bissen in meine Brüste.

Es dauerte vielleicht zwanzig Minuten, aber ich erinnere mich nicht mehr so gut daran. Manchmal will das Gehirn nicht alle Erinnerungen behalten.

Nachdem sie gegangen waren, konnte ich mich nicht mehr bewegen. Ich war überall wund – mein Gesicht, meine Augen, Zähne, mein Kopf, Körper, meine Organe, meine Haut. Ich hielt meine Augen eine lange Zeit geschlossen, weil es eine Art Trost war, die einzige Art von Trost, die ich bekommen konnte – ich kann es nicht erklären. Ich konnte etwa die Hälfte meines Magens nicht mehr richtig spüren, als wäre er taub. Mein Körper hatte sich, wie er es oft tat, allem widersetzt, aber ich hatte keine Möglichkeit gehabt, zu verhindern, was passierte.

Ancuta sagte mir, ich solle aufstehen. Sie sagte, sie werde das Bett machen, und ich müsse duschen, ich solle kaltes Wasser benutzen, damit die blauen Flecke vielleicht nicht so schlimm werden würden. Sie sagte, sie habe einen Keks für mich zu meinem Geburtstag. Es war manchmal schwierig, zu wissen, ob sie etwas aus Hass, oder als Witz sagte oder es ernst meinte. Aber das war es, was sie sagte. Und sie hatte tatsächlich einen Keks für mich. »Hier ist dein Keks«, sagte sie, und ich musste ihn auffangen, als sie ihn mir zuwarf.

Ich glaube, die Russen waren vielleicht Zuhälter, Leute, die in dasselbe Geschäft involviert waren, denn Ancuta schien glücklich zu sein, ihnen einen Gefallen tun zu können, und war nicht besorgt darüber, dass sie so bösartig gewesen waren. Sie waren nicht allzu weit davon entfernt gewesen, mich zu töten, müssen Sie wissen.

Ich saß nach all dem auf der Toilette und wusste nicht, was passieren würde, was aus meinem Inneren kommen würde. Ich schwoll übel an, und stellte, wie sie mir gesagt hatte, das kalte Wasser an, in der Hoffnung, dass es helfen würde, die blauen Flecke zu minimieren. Ich dachte, ich würde nie wieder gesund werden. Ich dachte, das war es. Ich dachte, mein Leben wäre zu Ende. Ich konnte danach tagelang nicht gut schlucken, weil es war, als wäre mein Hals zerdrückt worden.

Wenn Sie mich treffen, und es ist mein Geburtstag, dann sagen Sie es mir bitte nicht.

Es war neun Tage später, als Ancuta sich schnell aus dem Staub machte. Ich weiß mit Sicherheit, dass es neun Tage waren, weil mein Geburtstag am 16. Juli war, und die Polizeirazzia war am 25. Juli. Es war eine hektische Zeit, weil die Galway Pferderennen gerade begannen, die ein sehr großes Ereignis in der Stadt sind.

Es riefen mehr Arschlöcher an als jemals zuvor, und Ancuta und Ilie wollten sich kein einziges von ihnen entgehen lassen.

Ich weiß nicht, wie viele Leute zum Pferderennen kommen, doch es schien, als wäre ganz Irland dort. Die Arschlöcher kamen betrunken, mit Bündeln von Banknoten herein und sagten mir, sie hofften, dass ich ihnen Glück bringen würde.

Ich sagte, ich hätte nur kein Glück oder Pech anzubieten, und sie dachten, das wäre witzig, dass ich Spaß machen würde. Im Kopf eines Arschlochs kann man, während es dabei ist, seine Fantasien auszuleben, nur schwer etwas verändern.

Manche von ihnen rochen nach Pferden, Farmen, nach Brandy und Mist. Manche rochen nach teurem Eau de Cologne und trugen brandneue Kleider. Sie alle lächelten viel, alle schienen glücklich und entspannt zu sein, weil sie Urlaub hatten oder bei ihrem Lieblingsereignis waren. Sie kamen von überall in Irland, England, Schottland und sonst wo, und einige der Akzente konnte ich kaum verstehen.

Und dann, eines Abends, ich weiß nicht, um welche Uhrzeit genau, nachdem ein Arschloch gerade gegangen war, ging ich unter die Dusche. Als das Wasser herunterplätscherte, nachdem ich Dreck aus meinen Haaren gewaschen hatte, hörte ich draußen Lärm. Es waren Schreie und Klopfen. Ich stellte das Wasser ab, damit ich es deutlicher hören konnte.

»Keine Bewegung!«
»Bleiben Sie dort!«
»Gehen Sie dahin!«

Männer und Frauen brüllten. Manchmal brüllten Leute in unserer Welt, aber nie so. Es war ein Donnern von Schritten, als würde eine ganze Armee von Leuten irgendwo eindringen. Ich lauschte und hatte keine Ahnung, was los war. Die Badezimmertür wurde aufgestoßen, und erst eine Person, dann zwei, drei, vier, ich glaube, insgesamt sieben Leute kamen herein, füllten den Raum aus, sahen sich um und hoben die Hände in meine Richtung, um mir zu sagen, ich solle mich nicht bewegen.

»Bleiben Sie, wo Sie sind!«, sagte jemand.

Alles blaue Uniformen, das Blau der Gardai, der irischen Polizei.

»Keine Bewegung!«

Ich hatte nicht vor, mich zu bewegen. Ich war nackt, tropfte von der Dusche, saß an Ort und Stelle fest.

Und dann war da ein Moment, ein kurzer Augenblick, an den ich mich jedoch sehr deutlich erinnern kann. Ein Moment, ein paar Sekunden, in denen alle diese Leute mich ansahen, von oben bis unten, meinen Körper, die blauen Flecken auf meiner Haut, meine Brüste und Beine, die beschädigte Frau vor ihnen. Und die Gesichter, zumindest einige der Gesichter, blickten mich nicht mit Entsetzen, Überraschung oder Mitgefühl an, sondern nur mit Abscheu.

Ich erinnere mich an diesen Moment, weil mir diese Blicke so gut in Erinnerung geblieben sind. Ich war es gewöhnt, dass Arschlöcher mich mit Lust oder Verlangen oder diesem wütenden Blick ansahen, den sie bekommen, wenn sie einen verletzen wollen, einem harte Dinge antun wollen. Und diese Blicke waren anders. Es waren keine mitleidigen, traurigen oder freundlichen Blicke, nicht die Blicke von Polizeibeamten, die auf ein Verbrechen stoßen. Es war die Art von Blick, den man bei einem Kind sieht, wenn es seine Suppe nicht mag, oder der Blick einer Frau, wenn sie in etwas tritt, das stinkt. In diesem kurzen Augenblick war ich überraschter über ihre Blicke, als über ihre Anwesenheit.

Jemand sagte, sie seien von der Polizei, und ich konnte hören, wie mehr von ihnen in dem Apartment herumrannten und die anderen drei Mädchen anbrüllten.

»Sie sind alle verhaftet«, sagte einer von ihnen, einer von denen, mit dem angeekelten Gesichtsausdruck.

Und ich sagte: »Das ist in Ordnung.«

Und was ich meinte war, dass ich keinen Streit mit ihnen hatte. Was ich meinte, war, dass es in Ordnung war, wenn sie mich wegbringen wollten. Ich sagte: Kein Problem. Ich sagte: Sie haben mich gefunden. Sie haben jemanden gefunden, den sie als Prostituierte bezeichnen werden, aber was Sie wirklich gefunden haben, ist eine Frau, die entführt worden ist. Sie haben eine Frau gefunden, die ein Opfer von Menschenhandel geworden ist, eine Sklavin, die genauso wenig an diesem Ort sein will, wie Sie. Und was ich meinte, war, dass ich in der Lage sein würde, ihnen alles darüber zu erzählen. Was ich meinte, war: Bringen Sie mich von hier weg, denn Sie können mich befreien.

Eine Polizistin reichte mir ein Handtuch, ihre Finger hielten es nur am äußersten Rand fest und ließen sofort los, als ich die Hand ausstreckte, um es zu ergreifen, vielleicht weil sie befürchtete, dass sie sich durch die Berührung meiner Haut mit irgendetwas anstecken könnte. Aber ich war immer noch froh, dass sie da waren. Ich dachte, ich würde mir etwas anziehen und dann mit ihnen gehen, um zu reden.

»Danke«, sagte ich, aber sie lächelte nicht.

Keiner von ihnen lächelte. Sie alle sahen zu, als ich mir das Handtuch umwickelte.

Kapitel Fünfzehn

Uns wurde erlaubt, uns etwas zum Anziehen zu holen. Sie brachten uns in zwei Wagen zur Polizeistation. Doch es dauerte einige Zeit, bis wir aus der Wohnung gebracht wurden, weil sie uns zuerst zwangen, uns auf das Sofa zu setzen, um uns hundert Dinge zu fragen.

»Sprechen Sie Englisch?«

»Nein«, sagten die anderen.

»Ja«, sagte ich.

Einer von den Polizeibeamten griff nach meinen Händen und sagte laut – vielleicht schrie er auch – in mein Gesicht: »Wer sind Sie? Wer sind Sie?«

Ich sagte meinen Namen, meinen echten, vollen Namen, und er hörte nicht zu. Er tat dasselbe bei Skinny. »Wer sind Sie?«

Sie zitterte.

Er weiterer fing an.

Er brüllte etwas über die Computer, die Laptops, wo waren sie alle geblieben?

Er sah mich an. »Wo?«

Ich wusste es nicht. Die anderen – Skinny, Rena und Lily – konnten sie auch verstehen und sagten, sie wüssten es nicht. Mehr Gebrüll, und mehr Druck wurde auf uns ausgeübt, als nötig gewesen wäre.

Was war mit dem Bargeld? Ich wusste nicht, wo das Bargeld war. Wir wussten es nicht. Ich nahm einfach an, dass es weg war, weil Ancuta auch weg war. »Wir bekommen das Geld nicht«, sagte ich.

Einer sagte: »Sie haben hier das Sagen, nicht wahr?«

Ich sagte, nein, ich hätte nicht das Sagen.

Die anderen Mädchen schüttelten den Kopf, sie sagten: »Sie hat nicht das Sagen.« Und sie schüttelten den Kopf, als würden sie spotten.

Sie sammelten Telefone ein, jede Menge Telefone. Einige klingelten, als sie sie einpackten, um sie als Beweise mitzunehmen, ein summender, blinkender Beweis dafür, dass dies ein Bordell war. Daran konnte es keinen Zweifel geben. Sie machten Fotos von Kondomen, von benutzten Kondomen, von den Zimmern, von uns, von Unterwäsche, von den Kabeln an der Wand, wo die Laptops gewesen waren.

Ancuta, Ilie und Vali waren schnell verschwunden. Wie schnell muss man sein, wenn zwanzig Polizisten kommen, um einen abzuholen? Wie schnell mussten sie gewesen sein, um wegzukommen, bevor ein solches Polizeiaufgebot ankam? Ich hatte das Gefühl, dass sie es bereits gewusst hatten, bevor die Polizei vor der Tür stand, bevor sie auf der Straße waren.

Ich habe die Antwort nie erfahren. Doch ich weiß, dass wir vier Mädchen, die sie an jenem Tag verhafteten, denen ihre Rechte vorgelesen wurden, während sie an einem Ort saßen, an dem keine Rechte existierten, nicht die Kriminellen waren.

Lily, müssen Sie wissen, hasste diese Welt und wollte nach Hause, machte aber, was man ihr sagte. Skinny hasste sie auch, war aber, wie wir wissen, loyal gegenüber Ilie und Ancuta und tat, was man ihr sagte. Rena machte die Arbeit auch, hasste den Ort ebenfalls, hasste auch die Arschlöcher, tat aber, was man ihr sagte. Und ich, ich machte die Arbeit auch, hasste die Arschlöcher und machte – meistens – was man mir sagte.

Der vielleicht einzige echte Unterschied ist, dass alle drei dieser Frauen hereingelegt wurden, ich jedoch nicht. Sie wurden präpariert und gingen in die Falle, während ich nie präpariert worden war. Ich war nur entführt worden.

Lily war ein größeres Mädchen, ein kurviges Mädchen, und sie hatten sie behalten wollen, nachdem sie von einem Zuhälter in die Wohnung über den Buchmachern gebracht worden war. Große Männer mochten sie, und Männer, die größere Hinterteile mochten. Rena war schlank, brünett, und wurde von Männern bevorzugt, die gewisse Dinge mögen. Und Skinny war nur mager, klein, ein verängstigtes Kind, das Arschlöcher missbrauchen konnten. Sie war ein wichtiger Teil des schrecklichen kleinen Imperiums, das Ilie aufzubauen versuchte.

Aber unsere Geschichten sind jetzt nicht von Bedeutung. Wir wurden verhaftet, zu einer Polizeistation gebracht und in Zellen eingesperrt, in die auch jeder Kriminelle kommt.

Nach einer Weile wurde ich zur Befragung zu einem Detective gebracht. Ein Anwalt war dort, der mir sagte, wer er sei, dass er mich vertrete. Ich denke nicht, dass er auch nur einmal in mein Gesicht blickte.

Der Detective sagte: »Wo sind Ihre Papiere? Irgendein Ausweis, Pass?«

Ich sagte, ich wisse es nicht, sie seien mir abgenommen worden und würden von den Zuhältern aufbewahrt.

Er stellte mir schnell hintereinander viele Fragen. Er fragte, ob ich Ancuta Schwarz und Ilie Ionut kenne, und ich sagte, das tue ich und ich hätte sie an diesem Tag gesehen.

Ich sagte Ancuta wohne in der Wohnung, und Ilie sei oft dort. Er fragte, wen ich sonst noch kenne, und ich sagte, ich hätte viele Leute gesehen. Er fragte, warum mein Englisch so gut sei, und ich sagte, ich hätte schon gutes Englisch gesprochen, bevor ich nach London gezogen sei. Er fragte nach meinen persönlichen Daten, und ich gab sie ihm. Ich sagte ihm meinen Namen, meinen echten Namen, mein Geburtsdatum und woher ich kam.

Er sagte: »Ja, Sie sind die, die das Apartment gemietet hat.«

»Entschuldigung, welches Apartment habe ich gemietet?«

»Merchants Quay«, sagte er. »Es wurde auf Ihren Namen gemietet.«

»Das wusste ich nicht.«

»Nein«, sagte er. »Natürlich nicht.«

Meine Daten waren auf den Dokumenten als Mieterin des Apartments, nicht die von Ilie oder Ancuta. Sie hatten meine Ausweispapiere ohne mein Wissen benutzt.

»Ich bin keine Prostituierte«, sagte ich.

»Sie werden am Morgen vor Gericht erscheinen«, sagte er.

Der Anwalt sagte: »Es wird eine kurze Anhörung geben und eine Geldstrafe. Danach steht es Ihnen frei zu gehen.«

»Es steht mir frei zu gehen?«, sagte ich.

»Ja«, sagte er. »Es ist keine große Sache. In der Zeit der Galway-Pferderennen werden oft Mädchen und Zuhälter verhaftet. Es sieht gut aus. Kein Grund zur Beunruhigung.«

Ich fragte: »Kann ich meine Mutter anrufen?«

»Nach der Anhörung«, sagte er.

Und das war es.

Ich wurde zurück in meine Zelle gebracht, wo ich herumsaß, hungrig, erschöpft und voller Fragen.

Frei? Was meinte er? Frei allein irgendwohin zu gehen, Anrufe zu machen? Ich wusste nicht, was ich zuerst tun würde.

Am Morgen fuhren sie uns von der Polizeistation zum Gericht. Die Polizei sagte uns, wir sollten kein Wort sagen, wir würden schnell wieder draußen sein, und es gebe keinen Grund zur Besorgnis.

Wir alle wurden früh am Morgen zur Anklagebank gebracht, vielleicht so um neun Uhr, und gebeten, unsere Namen zu nennen.

Ich hätte sagen können, ich sei der König von Spanien oder Margaret Thatcher, denn niemand sah mich an. Sie hatten nicht einmal meine Unterlagen. Aber ich sagte noch einmal meinen Namen und konnte sehen, dass dort eine Person saß, die alles aufschrieb, jemand im Gericht, der meinen Namen schrieb, und das gefiel mir. Vielleicht dachte ich, dass das ein bisschen wie eine Spur war, ein kleiner Beweis, dass ich dort gewesen war.

Das hier ist der Bericht über die Anhörung an jenem Tag, der in der Zeitung stand:

Vier Frauen, die diese Woche für schuldig befunden wurden, ein Bordell in einem Apartment in der Innenstadt von Galway zu führen, wurden zu einer Geldstrafe von jeweils 300 Euro verurteilt.

Die Frauen, im Alter zwischen 19 und 23, bekannten sich schuldig, bei der Leitung eines Bordells in der Merchants Road mitgeholfen zu haben, als sie heute Morgen vor dem Amtsgericht erschienen.

Das Bordell, für das im Internet geworben wurde, wurde gestern Abend einer Razzia durch die Gardai unterzogen.

Während der Razzia fand man 21 Mobiltelefone, Daten von Kunden und 1500 Euro Bargeld in dem Apartment ...

Richter Aeneas McCarthy sagte den Gardai, die darum bemüht waren, die Frauen abschieben zu lassen, es liege nicht in seiner Zuständigkeit, das zu tun.

Wusste die Polizei, dass dieser Richter uns nicht abschieben konnte? Ich denke schon. Es war eine dumme Frage. Alles, was er tun konnte, war, uns gehen zu lassen.

Nahmen sie die einundzwanzig Mobiltelefone und durchsuchten sie nach Beweisen? Bauten sie danach einen Fall gegen die Sex-Unterwelt in Galway auf? Dachten sie, die tausendfünfhundert Euro – wo auch immer sie die fanden – wären alles, was es zu beschlagnahmen gäbe?

Nein, nein und nein.

Wir unterschrieben etwas und wurden aus dem Gerichtssaal eskortiert. Als wir zum Ausgang kamen, sahen wir einander an, ruhig, unsicher, verwirrt. Es war seltsam, wie ein Traum, dass wir in den hellen Morgen hinausgingen, vier Mädchen, die nichts auf der Welt mehr wollten, als eine bessere Zukunft.

Kapitel Sechzehn

Wir waren vier ausländische, unausgeschlafene Frauen, vier Frauen mit langsamen, wunden Körpern und sehr wenig Hoffnung in unseren Herzen. Aber wir hatten ein wenig Zeit miteinander verbracht, hatten einander ein wenig kennengelernt, hatten etwas zusammen durchgemacht, ohne dass jede unserer Bewegungen beobachtet worden war, ohne Penisse lutschen oder tun zu müssen, was Ancuta uns sagte. Es war eine seltsame Zeit.

Da war Skinny, die übers Ohr gehauene Neunzehnjährige, die Opfer von Menschenhandel geworden war. Da war Lily, zweiundzwanzig, die Kurvige, die die ganze Zeit weinte. Da war Rena, dreiundzwanzig, die unglückliche Schlanke, der von Arschlöchern immer gesagt wurde, sie solle lange Stiefel tragen. Und da war ich, zweiundzwanzig, die entführte Reinigungskraft, die einst davon geträumt hatte, als Psychologin zu praktizieren, und die sich jetzt mitten in einer Stadt wiederfand, in der sie seit Monaten lebte, die sie jedoch noch nie gesehen hatte.

Was für ein Anblick wir gewesen sein müssen. Wenn meine Großmutter diese vier Mädchen aus dem Gerichtsgebäude hätte kommen sehen, die aussahen, wie das, was uns gesagt worden war, was wir seien – Prostituierte – hätte sie über die Straße gerufen: »Ihr habt keinen Selbstrespekt!«. Aber wir hatten Selbstrespekt, es ist nur so, dass er unter all dem Hass, der Wut und den Psychospielchen und Hungerspielchen verloren gegangen war, an denen wir teilgenommen hatten.

Alles, wo wir gewesen waren und was wir erfahren hatten, stand uns an jenem Tag vor Augen, denn plötzlich war das, was vor uns lag, nicht mehr klar.

Ich hatte zwei Gefühle gleichzeitig, die vielleicht für den Leser so verwirrend sind, wie sie für mich waren. Erstens – ich hasste Ilie, Ancuta und Vali mit allem, was ich hatte. Und ich wollte, dass sie starben. Zweitens – ich hatte Angst, tief in meinem Inneren und nur für ein paar Sekunden, weil sie nicht da waren.

Das mag vielleicht schwer zu verstehen sein, aber es ist etwas, was ich jetzt begriffen habe, eine seltsame Art von Sicherheit, die man daraus bezieht, eingesperrt zu sein, wie diese wahnsinnige Sache, das Stockholm Syndrom, das Leute haben, die entführt wurden, und die sich mit ihren Entführern verbünden. Wenn man den Glauben an sich selbst verloren hat, wird man ihn an den seltsamsten Orten suchen, und mir war – obwohl ich wusste, dass es die dümmste Sache der Welt war – eine Routine gegeben worden, eine Reihe von Abhängigkeiten, und ich war so daran gewöhnt, dass frei davon zu sein, einiger Anpassungen bedürfen würde.

Da waren wir also, kamen aus dem Gericht, verhaftet, verurteilt und mit einer Geldstrafe belegt, und die Zuhälter waren einfach davongekommen.

Und dann erlebte ich das, was man einen Augenöffner nennt. Mir wurde klar, dass ich nicht länger über irgendetwas davon nachdenken musste, über Freiheit, über die Welt, in die ich trat. Denn Ilie, Ancuta und Vali waren da, standen direkt vor dem Gericht, und warteten darauf, uns abzuholen.

»Rein da«, sagten sie, und hielten die Autotüren auf.

Und wissen Sie, was wir taten? Ja, wir stiegen ein.

Die beiden Autos, beide BMWs, brachten uns zurück zum Merchants Quay. Das Apartment war von der Polizei auf den Kopf gestellt worden. Überall lag Zeug herum. Ancuta sagte, wir sollten alles mitnehmen – Bettzeug, Handtücher, Make-up, Parfum und Kondome – und es in die Autos packen. Dann wurde uns gesagt, wir sollten wieder einsteigen, denn wir würden den Ort verlassen.

Wir fuhren direkt aus Galway hinaus und auf die Autobahn, die uns Richtung Osten brachte, und dann nach Norden, Richtung Nordirland.

Ancuta saß auf dem Beifahrersitz und sah mich und Skinny auf dem Rücksitz an.

»Was haben Sie euch gefragt?«

Skinny zuckte die Achseln und ich auch.

Ich sagte: »Nichts. Sie haben nur geredet.«

»Wie hoch ist eure Geldbuße?«

»Ich weiß es nicht.«

»Hast du ihnen deinen Namen gesagt?«

»Ja.«

Sie schüttelte den Kopf, als wäre ich dumm oder als hätte ich etwas falsch gemacht.

»Wir fahren nach Belfast«, sagte sie und drehte sich wieder nach vorne um. »Wir müssen von all dem wegkommen.«

Ilie sagte: »Ihr müsst Geld verdienen. Wir haben so viel Geld verloren, dass wir jetzt alle dafür leiden müssen.«

Ich blickte aus dem Fenster auf die Felder.

Da gibt es ein Café, eine Autobahnraststätte, auf der M1 Richtung Nordirland, die sich Applegreen nennt. Ilie und Vali hielten dort an, um zu tanken. Sie sagten uns, wir sollten aussteigen, nachdem sie geparkt hatten.

Sie gingen mit uns hinein. Es ist ein großer Komplex, ein Laden, ein Café und einige Restaurants und Toiletten. Sie suchten uns Plätze, und Ancuta ging los, um Essen zu bestellen. Ich sah so schrecklich aus, wie ich mich fühlte, und ich musste auf die Toilette.

»Geh einfach«, sagte Ilie und zeigte in die Richtung.

Ich ging zu den Toiletten und sah mir dabei die Leute um mich herum an, die sich Frühstück holten, die Zeitung lasen oder telefonierten.

In der Toilette dachte ich: »Was soll ich jetzt tun?«

Ich war wieder auf dem Weg zu einer weiteren Stadt, die ich nicht kannte, von der ich aber wusste, dass ich dort die ganze Zeit beobachtet werden würde, wo ich die ganze Zeit vergewaltigt werden würde. Ich war so müde, in jedem Teil meines Gehirns und Körpers, so müde, erschöpft, wenn ich auch nur versuchte, daran zu denken, was ich tun sollte, was passieren würde.

Was wäre, wenn ich durch die Tür und dann einfach weitergehen würde?

Was wäre, wenn ich zu jemandem vom Personal dort gehen und sagen würde: »Bitte, können Sie mir helfen?«

Also sagen Sie mir, jetzt, da Sie wissen, wie müde ich war, jetzt, da Sie wissen, dass ich eine Menge darüber gelernt hatte, was es bedeutet, ein Mädchen in einer solchen Situation zu sein – sagen Sie mir, was hätten Sie getan?

Mir wurde diese Frage bereits gestellt. Und es ist eine gute

Frage, es sei denn, man hat auch nur die geringste Vorstellung davon, wie es ist, in einer solchen Situation zu sein.

Soll ich es erklären?

Wenn ich durch die Tür und dann einfach weitergegangen wäre, wäre ich mitten im Nirgendwo, in einer Grafschaft an der Küste von Irland gewesen, wo ich niemanden kannte. Wie lange hätte es gedauert, bis Ilie durch dieselbe Tür gegangen wäre und mich erwischt hätte?

Wenn ich durch die Tür gerannt wäre, wäre ich immer noch am selben Ort gewesen. Und wie lange hätte es gedauert, bis Ilie oder Vali mich erwischt hätten?

Wenn ich zum Personal gegangen wäre und gesagt hätte, ich würde Hilfe brauchen, hätte ich mit jemandem gesprochen, der nichts über mich gewusst hätte. Wie lange hätte es gedauert, bis Ilie mich erwischt hätte? Wie lange, bis Vali oder Ancuta vorbeigekommen wären und erklärt hätten, ich sei nur eine Idiotin, und sie sollten die Sache einfach vergessen?

Auf jeden Fall war ich eine verurteilte Prostituierte, ein rumänisches Mädchen in Irland ohne Geld, das etwas Dummes tat, bei dem ihr niemand würde helfen wollen.

Und in jedem Fall wäre ich im Auto geschlagen worden, bis ich mich übergeben hätte, und ich hätte es wegmachen müssen.

Wenn Sie andere Vorschläge haben, wie ich mich an diesem Tag hätte befreien können, sagen Sie es mir einfach. Denn ich habe NIEMALS daran gedacht, das zu tun! Verstehen Sie? Verstehen Sie, wie sarkastisch ich in Bezug darauf werden kann?

Ich verließ die Toiletten, meine Hände und mein Gesicht gewaschen, die Haare wieder in Ordnung, und wanderte in meiner Jogginghose, einem Shirt und Slippern zu dem Tisch, wo sie saßen.

Mir wurde ein Burger angeboten. Sie aßen alle Burger, alle waren hungrig und verschlangen sie, wie verhungernde Tiere, ihr lautes Kauen war das einzige Geräusch. Und auch ich aß wie ein Tier. Ich war so hungrig, dass ich kurz davor gewesen war umzukippen und vielleicht nicht wieder in der Lage gewesen wäre, aufzustehen.

Wir fuhren nach Belfast, was vielleicht eine Stunde dauerte. Auf dem Weg wandte Ancuta sich lachend mir zu. Sie hatte meine Brille in ihrer Hand, die Arme verschränkt, und sie streckte sie aus und sagte: »Hier, bitte sehr, Blinde. Sieh mal, was ich gefunden habe.«

Das erfüllte mein Herz mit so etwas wie Begeisterung. Es ist schwer zu erklären. Doch ich nahm sie und drehte sie in meiner Hand. Sie drehte sich wieder um und kümmerte sich nicht weiter darum.

Skinny sah mich lächelnd an, und ich setzte langsam die Brille auf. Es war unglaublich, ein echter Augenblick positiver Veränderung in einer Zeit von Veränderungen, die nur negativ waren.

»Ist es jetzt besser?«, sagte Skinny.

»Ja«, sagte ich. »Viel besser.«

Und es war besser, aber es war nicht perfekt. Ich wusste jetzt, dass meine Sehfähigkeit sogar noch schlechter geworden war, denn vorher hatte meine Brille mir erlaubt, alles zu sehen, und dieses Mal erlaubte sie mir nur, mehr zu sehen, aber nicht alles. Und doch war ich glücklich, etwas aus der

Zeit davor zu haben, das ich kannte, egal was es war. Meine Brille aufzusetzen, sorgte dafür, dass ich mich besser fühlte.

Ancuta und Ilie redeten eine Weile über die Razzia, über die tausendfünfhundert Euro, die beschlagnahmt worden waren. Sie schienen überrascht, als hätten sie keine Ahnung, wem sie gehörten oder wo sie gefunden worden waren. Ich denke, was sie sagten, war, dass kein Geld hätte da sein dürfen, dass nur Tage vorher jemand mit einer Menge Bargeld aus Irland zu Western Union gegangen sei. Sie konnten sich die Geschichte nicht zusammenreimen, und in Wahrheit war es ihnen egal.

Einundzwanzig Mobiltelefone waren ebenfalls beschlagnahmt worden. Die Einzelheiten über Anrufe und Nummern würden auf den SIM-Karten zu finden sein. Und auch das störte Ancuta und Ilie nicht. Die Telefone waren nicht registriert. Die einzigen Nummern darauf waren die von Arschlöchern, und die waren ihnen egal. Sie würden sich jetzt neue Arschlöcher suchen, die ihnen auch egal sein würden.

Ich sah die Straßen jetzt besser, die Schilder mit den Namen irischer Städte. Das ließ mich an einen irischen Pub in Sibiu denken, wo sie Essen, Geigenmusik und Bilder von U2 und Kobolden haben. Ich versuchte, die Namen der Städte im Kopf zu behalten. Drogheda, Dundalk, Newry, Banbridge, Lisburn und Belfast.

Am Nachmittag kamen wir ins Stadtzentrum und parkten an einer Straße mit hohen Gebäuden, die sich Adelaide Street nannte.

Ilie ging weg, um jemanden zu treffen, und wir saßen im Auto und sahen uns die Leute an, die vorübergingen. Das

Auto füllte sich mit Rauch, und Ancuta sah auf ihr Telefon. Vali kam zum Wagen und sagte, es sei Zeit, auszusteigen.

Wir standen auf der Straße, und er zeigte auf ein großes Wohngebäude namens Margarita Plaza. Ancuta reichte uns Sachen zum Tragen und Vali deutete in die Richtung.

»Geht«, sagte er. »Ilie ist dort. Nehmt alles mit.«

Ilie hatte sich mit jemandem getroffen, eine Unterhaltung geführt und es so arrangiert, dass wir eine Wohnung mit zwei Schlafzimmer darin bekamen.

Ein Mann stand da und hielt uns die Tür auf, als wir oben ankamen, half dabei, uns hineinzuführen. Ilie ging umher, überprüfte alles, blickte aus den Fenstern.

»Sie ist gut«, sagte er zu mir, zu uns allen.

Und wissen Sie, was passierte? Ja, sie schlossen die Laptops an und gingen an die Arbeit. Sie veränderten in den Profilen die Stadt, änderten die Preise von Euro in Pfund – und ließen alle, die auf der Suche nach Sex waren, wissen, dass wir in der Stadt waren, dass wir sexy Frischfleisch mit großartigen Bewertungen waren, die einfach alles mit den Männern von Belfast machen wollten.

Hier ist ein kleiner Trick, den sie benutzten: Man hat fünf Mädchen als Prostituierte in einem Apartment – Ancuta stand auch zum Verkauf – aber sie machten nicht Werbung für fünf Mädchen. Sie machten für vielleicht zehn oder fünfzehn Mädchen Werbung. Sie nehmen unsere Fotos auf verschiedene Art auf, vor einem anderen Hintergrund. Sie lassen einen sich aufs Bett legen und den Kopf wegdrehen. Sie verändern den Blickwinkel, zeigen manchmal das Gesicht, manchmal nicht. Sie machen Fotos von einem, bei denen die Brüste zu sehen sind, und Fotos von einem mit einem farbigen BH. Sie verändern das Haar, das Make-up. Sie machen aus einem Rona oder Ana, Anica oder Liliana, Rachel oder Ruby und Natalia oder Natascha. Sie lassen einen aus Rumänien, Polen, der Ukraine, Russland oder Litauen kommen, denn nichts davon ist von Bedeutung, alles, was von Bedeutung ist, ist, dass man einen weiblichen Körper hat.

Und ja, es wurden viele Male Fotos von mir gemacht. Sie wurden geschossen, bearbeitet, auf Hochglanz gebracht und mit Airbrush bearbeitet, und manchmal dachte man, ich würde in einem Palast leben und würde nur von Sex mit beliebigen irischen Männern träumen, die ein paar Scheine hatten und zehn Minuten Zeit auf dem Nachhauseweg von der Arbeit erübrigen konnten. Was für eine Fantasie ich war. Ich war Porno, und ich konnte zum Leben erwachen.

Wenn die Arschlöcher kamen, wusste ich nicht, ob ich Ana, Natalia oder Ruby war, und es war mir egal. Sie sagten etwas wie: »Hi, Anica, ich habe einen Freund aus der Ukraine, von dort, wo du herkommst«, als würde mich irgendetwas davon interessieren. Nicht einmal sie interessierten sich für irgendetwas davon.

Nicht ein einziges Mal hörte ich ein Arschloch sagen: »Hey, du bist nicht aus Tschechien, wie es in deinem Profil steht« oder: »Hey, du bist dasselbe Mädchen wie Helena, nur mit anderen Kleidern!« Das passiert nicht, wenn die Arschlöcher ankommen. Diese Einzelheiten sind nicht wichtig, wenn sie kurz davorstehen, Sex mit einer Fremden zu haben.

Ilie stellte also sicher, dass wir wieder und wieder als verschiedene Mädchen beworben wurden, die aber alle zur selben Zeit zu haben waren. Das bedeutet, dass die Arschlöcher die ganze Zeit mehr Auswahl haben – oder denken, dass sie sie haben.

»Nein«, sagen sie zu sich selbst, wenn sie sich die Website ansehen. »Ich mag diese Karina aus Polen nicht, aber ich mag Sofia aus Russland.« Und sie ist dasselbe Mädchen.

Ich weiß nicht, welche Namen ich in Belfast hatte. Ich hatte so viele Namen. Es war nicht wichtig. Die Männer kamen an jenem Tag, vielleicht zwei Stunden, nachdem wir angekommen waren, und die Routine begann erneut. Hungrig, müde, vergewaltigt, alles zur gleichen Zeit, immer und immer wieder.

Ancuta flip-floppte zu mir und reichte mir Toast und Butter. Sie sagte zu Ilie hinter ihr: »Die Blinde kann jetzt besser sehen.«

Er sagte: »Sie kann am besten Englisch.«

Ich kaute an meinem Toast, mit überschlagenen Beinen, und fragte mich, wovon sie redeten.

»Du kannst an die Telefone gehen«, sagte Ancuta. Und ich hörte auf zu kauen.

Ilie blickte herüber. »Kannst du die Telefonanrufe ordentlich beantworten und uns alle glücklich machen?«

Ich fing wieder an zu kauen.

Ancuta gab mir ein Telefon.

»Es ist ein Telefon für Skinny«, sagte sie. »Sei nett und nenn sie ›Baby‹ und sag ihnen Adelaide Street, okay?«

»Okay«, sagte ich.

»Und wenn sie kommen, rufen sie dich zurück und du sagst Margarita Plaza.«

»Okay.«, sagte ich.

Die Männer wurden an der Vordertür mit dem Summer hereingelassen, wenn sie sagten, sie seien da. Hoch kamen sie im Aufzug und klopften an die Tür. Sie wurde geöffnet, gewöhnlich von Ancuta, die das Geld nahm und ihnen das Zimmer zeigte.

Wenn sie das mache, sagte sie, könne ich mehr Anrufe annehmen.

»Das ist am besten für alle«, sagte sie. »Du kannst am besten mit ihnen sprechen, ihr Interesse aufrechterhalten. Trag mehr Make-up, dann fühlst du dich besser, wenn du telefonierst. Und wir können beide alle Anrufe annehmen, weil viel los sein wird, okay?«

Ich sagte: »Okay.«

Ich kann Ihnen sagen, ich hatte viel zum Nachdenken.

War es wahr, dass die Arschlöcher mich, wenn ich sie zu anderen Mädchen schickte, nicht missbrauchen würden? Wie viel war mir das wert? Und ich blickte zu der kleinen Skinny und sagte mir, es sei jetzt mein Job, zu organisieren, dass Arschlöcher sie missbrauchten, so viele wie möglich. Je mehr Arschlöcher ich dazu bringen konnte, sie zu vögeln, desto weniger würde ich übernehmen müssen. Je mehr Termine für Arschlöcher ich machte, desto zufriedener würde Ancuta mit mir sein, desto mehr Essen würde ich bekommen, desto mehr Schlaf würde ich bekommen.

Ich war nicht mehr in der Lage, über Werte zu befinden, ob es falsch oder richtig war, klug oder dumm. Also sagte ich: »Okay«, und ich machte mich bereit, ans Telefon zu gehen, wenn es klingelte.

Ancuta sah mich an. Sie sagte: »Sag immer ›Baby‹.«

»Hallo«, sagte ich. »Baby.«

Wir waren drei Tage in diesem Apartment. Es waren keine drei Tage Telefondienst für mich. Es waren zweieinhalb Tage Arschlöcher und ein halber Tag Telefondienst.

Es war kein Problem, an die Telefone zu gehen, und es machte mich in keiner Weise wütend, traurig oder verrückt. Es war einfach, und die Arschlöcher waren so nett, so weich, wenn sie anriefen und sich glückliche Fantasiemädchen am anderen Ende der Leitung vorstellten.

Zuerst hatte ich das Gefühl, ein bisschen Macht in den Händen zu haben, dass dies etwas war, womit ich nicht nur Telefonanrufe annehmen konnte, sondern dass ich vielleicht, wenn ich mutig genug war, auch Anrufe machen konnte.

Doch sie mussten mir nicht einmal sagen, dass von diesen Telefonen keine Anrufe gemacht werden konnten, außer dem Notruf. Das fand ich selbst heraus, als ich mit den Nummern spielte.

Was würde passieren, wenn ich den Notruf wählte?

Zunächst tat ich das nicht.

Stattdessen bedeutete Telefondienst für mich Folgendes:

»Kann ich eine halbe Stunde mit Layla haben«, fragten sie.

»Ja«, sagte ich.

»Ist dort Martha?«

»Ja.«

»Ich will in deinem Mund kommen.«

»Das ist okay, Baby.«

Es ist immer ja, immer okay.

Doch wie gesagt, es waren nur drei Tage. Denn die Polizei

kam erneut, dieses Mal die Polizei von Nordirland, die PSNI, die Leute, die drangegangen wären, falls ich den Notruf gewählt hätte.

Und der Unterschied zum letzten Mal war, dass Ancuta da war, als sie ankamen.

Sie klopften an der Tür und sagten nichts. Dann klopften sie wieder. Und dann brachen sie sie auf, knallten sie gegen die Wand und stürmten herein. Ich war in der Küche und trug, in Dessous auf einem Stuhl sitzend, billiges Make-up auf, und sie stürmten herein, wie eine Herde Elefanten.

»Bleiben Sie ruhig«, sagten sie. »Keine Bewegung.«

Ancuta war sehr schnell in der Küche und aus ihrem Blickfeld verschwunden.

Ein Polizist drängte sich an mir vorbei, folgte ihr, und führte sie ins Wohnzimmer. Wir waren alle dort versammelt, während einige von ihnen in die Zimmer gingen und anfingen, in Schubladen und Schränke zu sehen. Ancuta hatte ein Telefon in der Hand, dasselbe, mit dem sie Augenblicke vorher noch telefoniert hatte.

Ein Mann holte ein paar Fotos hervor. Es waren die Gesichter von Ilie und Vali. Sie hatten Überwachungsfotos von ihnen, die vielleicht in Dublin, Belfast, Rumänien oder sonst wo aufgenommen worden waren, ich weiß es nicht.

»Kennen Sie diese Männer?«, fragten sie uns, und keiner kannte sie.

»Wo sind Ihre Papiere, Ausweise?«

Und wir wussten es nicht.

»Alles, was wir wissen wollen, ist etwas über die Männer auf diesen Fotos«, sagte er. »Wir suchen nach ihnen.«

Wir alle zuckten die Schultern, als würden wir kein Englisch sprechen.

Sie fragten wieder, suchten ein wenig weiter und gingen. Sie nahmen einen Laptop und einige Telefone mit und ließen uns dort.

»Hurensöhne«, sagte Ancuta. Sie hob das Telefon, das sie in der Hand hatte an ihr Ohr und begann wieder zu telefonieren. Es war Ilie. Sie hatte ihm geholfen, jedes Wort mitzuhören. Sie hatte auch noch ein anderes Telefon, das sie sich sehr schnell in die Vagina geschoben hatte, als es an der Tür klopfte.

Nach etwa dreißig Minuten kam Ilie mit Vali zurück.

»Es ist okay«, sagte er. »Wir haben eine andere Wohnung.«

Wir packten innerhalb von fünf Minuten alles zusammen, stiegen in die Autos und fuhren fünf Minuten. Und nach weiteren fünf Minuten waren wir in einem anderen Apartment, dieses Mal mit nur einem Schlafzimmer, am Custom House Square.

»Es hat nur ein Schlafzimmer«, sagte Ancuta. »Ihr müsst mit allen Männern schnell machen. Zehn Minuten, mehr nicht.«

Ilie führte ein paar Telefongespräche, redete mit Ancuta und Vali. Er sagte, er sei enttäuscht, weil eine Information, die er bekommen habe, dass der neue Vermieter ihm einen Rabatt für Sex mit den Mädchen gewähren würde, sich als nicht wahr herausgestellt habe.

»Er will nur Geld«, sagte Ilie.

Kapitel Siebzehn

In den Wochen danach waren wir wie eine Band auf Tour. Sieben von uns fuhren in zwei Autos herum und hielten an verschiedenen Orten in verschiedenen Städten. Wir aßen zu seltsamen Stunden ein wenig schlechtes Essen, wurden die ganze Zeit missbraucht und dann wurde mir, ganz plötzlich, ein Telefon gereicht und gesagt, ich solle Anrufe annehmen.

Die Mädchen redeten nicht viel. Keiner redete viel. Ancuta schrie manchmal und schlug manchmal – hauptsächlich mich – aber das schmutzige, kleine, kriminelle Geschäft tuckerte einfach so auf seinem eigenen Gleis dahin.

Wohin wir fuhren?

Von Belfast fuhren wir zurück nach Galway, dann nach Limerick, dann nach Cork. Wie fuhren nach Dublin, zum Flughafen von Dublin, nach Sligo, nach Wexford, nach Athlone und Bray. Wir fuhren zurück nach Belfast, dann nach Derry, dann nach Donegal und dann nach Dublin. Wir waren in jeder Stadt »neu in der Stadt«, als würden diese Worte wirklich etwas bedeuten.

Wohin wir fuhren?

Ich weiß es nicht. Niemand wusste es. Wir fuhren für kurze Zeit an Orte, und dann fuhren wir für kurze Zeit an andere Orte. Ich konnte jetzt die Straßenschilder lesen und wusste immer, wie spät es war, aber dieses Leben drehte sich immer noch nur um Autos und Arschlöcher, Betten und Apartments, und mehr Arschlöcher und manchmal sagte ich: »Hi, Baby.«

Ilie baute die ganze Zeit weiter sein Geschäft in Galway aus, war immer in Kontakt mit den Leuten dort, um zu erfahren, was passierte, wer was tat und wie viel Geld die Leute verdienten.

Er erzählte seinem Freund dort, Nordirland sei gut, wegen des Geldes, das man dort machen könne. Er sagte, die Nordiren würden die gleiche Summe in Pfund bezahlen, die die Leute in der Republik Irland in Euro zahlten.

Aber er sei dort auf einige Probleme gestoßen, sagte er. Die Polizei habe gleich nach ihm gesucht und er habe noch nicht all die richtigen Connections mit den Vermietern dort aufbauen können.

»Ich werde wieder dorthin zurückgehen«, sagte er. »Belfast wird gut für uns sein.«

Einmal fuhren wir nach Cork. Nur ein einziges Mal. Ilie sollte sich dort mit irgendwelchen anderen Zuhältern treffen, und alle hatten sie Pläne für uns alle, ein großes Haus mit fünf oder sechs Schlafzimmern in der Nähe des Stadtzentrums zu beziehen. Sie waren aufgeregt deswegen, weil sie dachten, es würde ein guter Ort für sie sein, um ihr Geschäft zu betreiben, dass es eine Weile lang ein riesiges Bordell geben würde, wo die Kosten niedrig waren und wo alle Mädchen die ganze Zeit in allen Räumen missbraucht werden könnten.

Der Vermieter sprach mit den Zuhältern, während wir in Trainingsanzügen in einem großen Raum saßen. Es waren kaum Möbel darin. Einige der Wände waren nackt. Das Haus sah aus, als wäre es völlig leer geräumt worden. Wir wussten, dass gerade ein Handel gemacht wurde, doch es schien ein Problem zu geben. Es gab so viel Geflüster, so viel Schweigen und Starren und dreisekündige Telefongespräche von den Zuhältern, dass es schwer war, jemals wirklich die Einzelheiten dessen zu erfahren, was sie gerade taten.

Ilie kam herein und flüsterte Ancuta etwas zu. Sie sahen einander an, und sie zuckte die Achseln.

Sie sagte uns, wir sollten aufstehen, in den Flur gehen und die Farbeimer holen, sie hereinbringen. Farbeimer, Bürsten, Roller und Tabletts.

»Ihr werdet das Haus streichen«, sagte Ancuta. »Für den Vermieter.«

Der Vermieter wusste, was Sklaven waren. Und darüber hinaus wusste er, was Sexsklaven waren, und das passte ihm sehr gut in den Kram. Er würde seinen Spaß haben.

Ilie sagte: »Streicht die Wände nackt.«

Ich glaube nicht, dass wir überrascht waren. Ich wusste bereits, dass es viele Leute gab, die Probleme mit ihrem Kopf hatten, also war das für mich nur ein weiteres Arschloch mit Problemen.

Er wollte, dass Frauen aus dem Menschenhandel nackt in seinem Haus arbeiteten. Und er wollte auch noch Sex mit ihnen haben. Mit uns allen. Ich weiß nicht, was für einen Handel Ilie dadurch bekam, aber ich schätze, dass er überhaupt keine Miete zahlte.

Als wir anfingen, waren wir zu sechst, malten und dekorierten nackt. Und Vali schloss die Computer in der Küche an und buchte uns fürs Geschäft, während wir im Wohnzimmer, den Schlafzimmern und den Fluren strichen.

Ancuta übernahm ein paar von den Arschlöchern, während wir arbeiteten, aber bald befahl sie mir und anderen, hinzugehen, und das Arschloch zu übernehmen, das gerade angekommen war oder in fünf Minuten ankommen würde.

Es war mir scheißegal, dass ich Farbe im Haar oder auf meinen Beinen hatte, dass das Haus danach stank. Keines von diesen Dingen war wichtig. Doch jetzt denke ich, dass es seltsam ausgesehen haben muss.

Es waren nicht viele Arschlöcher da. Die meiste Arbeit bestand aus Streichen. Den ganzen Tag, hoch und runter streichen, hoch und runter rollen, Farbe auf den Wänden und Glasur auf dem Holz.

Einige Böden waren mit Teppich bedeckt, und wir mussten ihn mit Plastikplanen abdecken, damit die Farbe nicht spritzte. Und dann, wenn wir mit einem Zimmer fertig waren, mussten wir den Staubsauger nehmen und die Teppiche saugen.

Ilie und einige seiner Freunde, die aus verschiedenen Teilen des Südwestens Irlands ankamen, saßen auf Stühlen im Garten, rauchten und tranken, und einige seiner Freunde schnupften Kokain, und wir strichen Wände.

Der Vermieter kam und ging immer wieder im Laufe des Tages, stand im Zimmer und beobachtete uns, während wir arbeiteten. Weiß, weiß, weiß, überall. Alle Wände wurden weiß. Die Decken seien zum größten Teil gemacht worden, sagte er, aber die Wände bräuchten noch Arbeit. Mehr und mehr Farbe, mehr und mehr Weiß. Wir stiegen auf Stufenleitern, um noch mehr weiß zu streichen.

Wir waren dort für vielleicht sieben Tage. Eines Tages rief er uns alle zu sich und sagte: »Kommt mit nach oben«, und uns wurde gesagt, wir sollten ihm nach oben folgen.

Er ließ sechs Mädchen auf seinem Bett mit ihm sitzen, alle nackt. Ich saß ganz oben, ein wenig hinter ihm.

Als er mich ansah, sagte er: »Ich will dich«, und ich bewegte mich rückwärts. Ich hasste diesen Mann. Er war in den Fünfzigern, stinkig, furchtbar, seltsam. Ich konnte mich nicht von ihm anfassen lassen. Alles, was ich dachte, war, dass ich diesen Kerl nicht in meiner Nähe dulden würde.

»Ich will dich«, sagte er, und ich bewegte mich vom Bett weg.

Er machte es mit anderen Mädchen, und ich war dort. Ancuta fand danach heraus, dass ich mich nicht benommen hatte, nicht getan hatte, was er sagte. Sie packte mich am Handgelenk und schüttelte es heftig.

»Bist du bescheuert?«

»Nein.«

»Verwöhnte Schlampe.«

»Nein.«

Sie sagte mir, ich solle alle Holzböden fegen, und das war in Ordnung. Ich war einer Sache entkommen, und davor war ich eine lange Zeit keiner Sache mehr entkommen. Ich hatte das Gefühl, als hätte ich noch ein wenig Kampfgeist in mir. Dies war sexuelle Sklaverei und Arbeitssklaverei gleichzeitig, und ich hatte mich dem wenigstens ein bisschen entziehen können. Ein kleiner Sieg war in meiner Situation ein großer Sieg.

Ich weiß nicht, warum wir dieses Haus verließen, denn ich dachte, wir würden länger dortbleiben, aber wir gingen, nachdem es gestrichen war, und alle Mädchen, außer mir, von ihm missbraucht worden waren.

Ancuta redete nicht mit mir, als wir wegfuhren. Ich erinnere mich nicht mehr, wohin wir fuhren. Vielleicht wieder nach Galway, vielleicht nach Limerick. Vielleicht fuhren wir auch nach Dublin. Ja, ich konnte mit meiner Brille besser sehen, aber das war egal, es war ein Sinn, der mir nicht dabei half, aus meinem täglichen Leben schlau zu werden.

Hin und wieder, an einem unserer verschiedenen Standorte, betrank sich Ancuta heftig. Sie weinte und beklagte sich über ihr Leben, und sagte, sie vermisse ihren kleinen Sohn in Rumänien und trank noch mehr. Manchmal sah sie uns an, als würde sie wirklich denken, dass wir etwas für sie übrighätten. Es war verrückt. Skinny sah traurig aus, wenn Ancuta traurig war, aber ich kann das von mir nicht sagen.

Nach einer Weile weinte ich nicht mehr, nicht allzu viel jedenfalls, und ich glaube, ich habe nur einmal gelacht. Ich gab zu keiner Zeit vor, dass ich am Leben von Ancuta Schwarz Interesse hätte. Was mich betrifft, kann sie sterben und in der Hölle brennen, und je früher, desto besser.

An diesem Abend weinte sie also und stöhnte über ihr Leben, und dann wurde sie natürlich wütend auf die Welt. Und es kam eine SMS von Ilie an, der unterwegs war und irgendetwas tat, und die machte sie wütend. Und das bedeutete, dass wir in Schwierigkeiten waren.

Wir waren in der Küche eines Apartments in Dublin, und sie ging, um mehr Wodka zu holen. Ein Telefon klingelte, und ein Mann hatte Lily im Schlafzimmer angebrüllt. Es lag Ärger in der Luft.

Skinny war, wie ich, nur in Unterwäsche, und Ancuta trug einen Morgenmantel. Skinny fing an, etwas zu Ancuta zu sagen, etwas darüber, dass sie eine Erkältung bekommen würde, dass sie einen Mann angeniest hätte und sich sehr schlecht fühle. Es war etwas in der Art.

Ancuta fing an zu wüten, brüllte in ihrem Bukarester Dialekt. Sie zog ein Messer aus dem Küchenblock, eine lange Klinge, und schwenkte sie herum, während sie Skinny anbrüllte. Ich wollte meinen Kopf senken und mein Gesicht mit meinen Händen bedecken. Ich hatte das Gefühl, sie würde Skinny gleich damit aufschlitzen. Skinny stand auf und wich mit vor sich gestreckten Händen Richtung Tür zurück.

Ancuta sagte: »Du Schlampe, du verfluchte Schlampe, du weißt gar nichts«, und bewegte sich auf sie zu.

Sie ohrfeigte sie heftig mit einer Hand und dann wieder. Sie hielt das Messer direkt vor sie, und Skinny versuchte, sich von ihr abzuwenden.

Ancuta schwang das Messer, als wollte sie sie bedrohen, als würde sie ihr gleich das Gesicht wegschneiden. Ich konnte sehen, dass Skinny, zitterte, bebte und weinte.

Ich sprang auf, ohne einen Plan zu haben, und sagte: »Hör auf, hör auf.«

Ancuta schwenkte wieder das Messer. Ich wünschte, ich hätte sie aufhalten können, aber mein einziger Gedanke war, mich zu schützen, indem ich mich abwendete.

Ancuta brüllte: »Blinde Schlampe«, und ich stand wie erstarrt da. Ancuta brüllte weiter, und dann schlug sie mit der Hand nach mir, während das Messer in ihrer anderen Hand die Luft zerteilte. Sie flippte einfach völlig aus, wenn sie – mal wieder – getrunken hatte.

Die Telefone klingelten, und Skinny weinte. Ich weinte auch. Ancuta brüllte. Meine Hände bedeckten mein Gesicht, und ich wollte mir die Augen herausreißen oder mir meinen eigenen dummen Kopf abreißen. Ich fühlte mich, als würde ich vor Hass implodieren. Er war in jedem Teil meines Körpers, jedoch nur innerlich, äußerlich war ich zu verängstigt, um mich zu bewegen, um diese teuflische Frau auch nur anzusehen.

Es waren Momente wie dieser, in denen sie mich in Schrecken versetzte, uns alle in Schrecken versetzte. Sie war wie ein tollwütiger Hund, wie eine Frau, die von Dämonen besessen war. Man konnte nicht mehr vernünftig mit ihr reden, und sie war zu allem fähig.

Plötzlich brachte sie das Messer zurück in die Küche, und ich beobachtete, wie sie es wegräumte. Warum nahm ich mir nicht einfach das Ding und stach es ihr ins Gesicht? Warum tat ich das nicht? Warum sage ich jetzt nicht, dass ich eine Mörderin bin? Warum befinde ich mich, während ich das sage, nicht im Gefängnis?

Ich weiß es nicht. Ich habe keine logische, ehrliche, vernünftige Antwort. Vielleicht wird jetzt jemand sagen: »Anna, hol dir jetzt das Messer und schneid dieser Schlampe die Kehle auf«, aber das tat ich natürlich nicht.

Jetzt bin ich froh, dass ich es nicht tat, aber wenn ich auf eine bestimmte Weise ein bisschen stärker gewesen wäre, ein wenig verrückter, in der Art, wie sie verrückt war, hätte ich sie an jenem Tag getötet.

Skinny ging zu dem Sessel und wischte sich die Tränen ab, bevor sie sich zu einem hilflosen kleinen Ball zusammenrollte, wie sie es immer tat.

Es gab keine Reaktion von Ilie, als er ein wenig später zurückkam.

Zu dieser Zeit waren noch drei andere Mädchen da, und sie waren wie viele von den Mädchen, die mir begegnet sind. Sie waren mit Drogen vollgepumpte, verkorkste Menschen. Auch wenn man es kaum glauben kann, ich hatte das Gefühl, dass eine von ihnen eifersüchtig auf uns war. Sie hatte das Gefühl, wir stünden jetzt im Mittelpunkt der Aufmerksamkeit von Ilie, dass er uns jetzt mehr beachten würde.

Kapitel Achtzehn

Eine Woche später schmerzte mein Rücken immer noch von dem Schnitt. Wir hatten Dublin verlassen, um nach Galway zu fahren, zu einem anderen Apartment in Salthill, und dort traf ich Laura zum ersten Mal.

Ihr Zuhälter war auch in Galway, und dabei, sich zu neu orientieren. Er verabredete ein Treffen mit Ilie und Vali, und sie hatten bereits von Laura gehört.

Es funktionierte so, dass ein Mädchen zu Ilie gebracht wurde, und er und der Zuhälter abwarteten, wie die Dinge liefen. Wenn Ilie wollte, konnte er ein Angebot machen, und der Zuhälter ließ sie bei ihm. Es ist wie bei Haustürgeschäften, bei denen man ein Produkt testen kann, bevor man es kauft. Das war es, was Lauras Zuhälter tat, auf diese Weise versuchte er, ein wenig Geld zu verdienen und sich in der Stadt zu etablieren.

Laura war aus Rumänien. Sie war damals fünfunddreißig, und ihr Gesicht sah übel aus. Fünf Jahre zuvor war sie mit dem Kopf zuerst in einen Stacheldrahtzaun gedrückt worden. Zuhälter hatten sie geschlagen und sie halb nackt in den scharfen Stahl geschubst. Ihr Gesicht war in Fetzen gerissen worden. Es gab viele Narben, manche lang, manche kurz. Sie war operiert worden, weil sie so übel zerschnitten gewesen war. Sie wurde genäht, und nachdem die Wunden geheilt waren, arbeitete sie wieder für die Zuhälter.

Laura war seit vielleicht sechs Jahren aus Rumänien weg, und sie hatte ein großes Drogenproblem. In ihrem

Heimatland hatte sie einen kleinen Jungen, ich glaube acht Jahre alt, und sie hatte ihn die ganze Zeit nicht gesehen. Jetzt war sie körperlich entstellt und auch mental entstellt, und, wie ich glaube, so unglücklich und so daran gewöhnt, unglücklich zu sein, dass sie es nicht einmal merkte. Ich glaube nicht, dass sie wusste, was Glücklichsein ist.

Sie benutzten sie für Domination, als jemanden, den Männer schlagen, peitschen und verprügeln konnten. Sie war nicht auf der Escort Ireland Website, aber sie war durch Mundpropaganda bekannt. Die Männer, die kamen, um Frauen weh zu tun, hatten gerne etwas, was sie ihnen zubrüllen konnten, waren gern in der Lage, sie »Nutte« und »hässliche Schlampe« zu nennen, hatten gerne etwas, das es ihnen leichter machte, eine Fremde zu hassen und verletzen.

Laura war die perfekte Frau dafür. Sie war mager, sah aus wie jemand, der in einem Verließ ohne Essen festgehalten worden war. Ihr Gesicht war zerstört, sie war zerstört, sie war, was ein Verkäufer von Kleidung oder Schokolade beschädigte Ware nennen würde. Arschlöcher wollen manchmal keine Schönheit, wenn sie jemanden dominieren wollen, sie ziehen es vor, etwas zu haben, von dem sie denken, dass es fehlerhaft ist. Nach den Maßstäben des Geschäfts war sie, wie Ilie und Vali gerne sagten, ein »Monster«.

Ihr Zuhälter war ein kleiner Mann, vielleicht erst dreißig. Ich kenne seinen Namen oder seine Geschichte nicht, aber er hatte einen Rucksack, den er mit sich trug, in dem sich Lauras Sachen befanden. Darin waren eine Peitsche, einige Ketten und einige harte Klemmen für ihre Nippel und anderes Handwerkszeug.

Ich kannte sie nur kurze Zeit, da dieses Apartment in Galway nicht der richtige Ort für sie war. Ilie sagte nach einer Weile, sie bräuchte eine eigene Wohnung, wo die Männer mehr Zeit verbringen könnten, nicht einen Ort, wie unseren, wo sie ständig kamen und gingen. Er sagte, sie sollte zu einem Ort gebracht werden, wo die Männer wirklich brüllen und sie wirklich schreien könnte, in irgendeine Höhle oder ein Verließ. Die Männer, mit denen wir zusammen waren und der Missbrauch, den wir hinnahmen, sagte er, seien von der normalen, ruhigen Sorte. Er fand das respektabler.

Ich sprach ein paar Mal mit Laura, aber es war, als wäre niemand da, mit dem man sprechen konnte. Sie hatte natürlich einen Verstand, einen Geist und ein Herz, aber alle diese Dinge waren versteckt hinter der härtesten Wand, die ein Mensch haben kann. Sie war vermutlich einmal schön gewesen.

Es gab nicht so viel Lärm, wenn sie missbraucht wurde, eigentlich nur der von den Arschlöchern. Vielleicht war Laura so sehr an das gewöhnt, was auch immer sie ihr antaten, dass sie keine Geräusche mehr machte. Sie hasteten von dort weg, vielleicht sogar noch schneller, als sie normalerweise gingen. Ich denke, das war so, weil vielleicht Schuldgefühle, weil sie so hasserfüllt gewesen waren, und weiteres Unglück in das Leben einer Frau gebracht hatten, in ihrem schrecklichen Verstand auftauchten. Sie verließen den Ort schnell, gingen nach Hause zu gehen und küssten ihre Frauen.

Aber ich hörte sie ein paar Mal brüllen, ein paar Schreie, von denen ihr vielleicht gesagt worden war, sie solle sie ausstoßen, aber das war nur ein paar Tage, bevor sie verschwand. Wenn ich raten sollte, dann würde ich sagen, dass diese Frau vielleicht nicht mehr lebt. Ich würde sagen, diese Frau war nicht mehr stark genug, um noch viel mehr einstecken zu können, und ich denke, dass sie vielleicht auf die eine oder andere Weise ihr Ende fand.

Es gibt Zuhälter, die Mädchen töten, da kann man sich sicher sein. Unregistriert und unbekannt, irgendwo versteckt, arbeiten sie wie Sklaven, und wenn sie dann mehr Probleme verursachen, als sie Wert sind, ist es am einfachsten, sie zu töten. Vielleicht werden wir eines Tages ein paar Zahlen kennen, einige Geschichten von jenen, die unterwegs starben, aber die geheime, digitale, fantastische und versteckte Natur dieser Branche sorgt dafür, dass diese Informationen nicht weitergegeben werden.

Wenn jemand entscheidet, dass ich damit falsch liege, dann ist das seine Sache. Aber wenn jemand das Wohlergehen all der Tausenden von Mädchen, die durch Menschenhandel aus Rumänien, Albanien, der Ukraine und anderen Orten vom Radar verschwinden, nachweisen kann, kann er das gerne tun. Eine Menge Mütter und Väter würden gerne von ihm hören.

Ich wurde von Männern viel geschlagen. Sie machen es gewöhnlich zuerst eher spielerisch, auf den Hintern, und dann härter, dann vorne, dann auf die Brüste und das Gesicht. Es wird immer heftiger. Es gab Zeiten, da wurde ich hin- und hergeklatscht wie eine Hühnerbrust. Es kam nicht allzu oft vor, aber es kam vor. Manche wollten meine Hände fesseln, und es gab Zeiten, da ließ ich es geschehen. Manche wollten, dass ich ihre Hände fesselte, und das tat ich dann auch.

Ich habe das getan und auf Hintern, Penisse, Hoden und Gesichter eingeschlagen. Ich habe bierbäuchige Führungskräfte mittleren Alters freudig und schmerzerfüllt die Augen schließen sehen, wenn ich sie in die Eier trat.

Ich habe keine Erklärung, warum so etwas passiert, genauso wenig, wie ich eine einfache Erklärung dafür habe, wie es dazu kam, dass ich so etwas tat, warum ich mich bis dahin noch nicht umgebracht hatte, oder jemand anderen, aber andererseits kann dies keine Geschichte der Erklärungen sein. Es gibt keine vernünftige Erklärung für die Welt, von der ich rede.

»Deine Mutter«, sagte Ancuta, »ist eine verdammte Schlampe, der du egal bist.«

»Okay«, sagte ich.

Sie zog mich an den Haaren und sagte: »Deine Mutter wird fett und sorgt sich nicht um dich.«

»Was auch immer«, sagte ich.

»Ein Zuhälter wird deine Mutter dazu bringen, in Bukarest für Perverse zu arbeiten«, erzählte sie mir.

»Das ist okay«, sagte ich dann zu ihr.

An die Drohungen gegen sie und mich gewöhnte ich mich nach einer Weile so sehr, dass sie nichts mehr bedeuteten. Das kann nicht gut gewesen sein, und mir war zu der Zeit bewusst, dass ich ein bisschen desensibilisiert war. Daran dachte ich, wenn ich Laura ansah. Der wirkliche Unterschied zwischen mir und Laura war, dass sie mittlerweile vor nichts mehr Angst hatte. Ich fing an, resistent dagegen zu werden, sie war bereits völlig resistent dagegen. Der dumme Teil meines Gehirns, der mich gerne darauf hinwies, dass dies mein Leben war, dass Ilie vielleicht ein starker Mann war, ein Beschützer, dass die Dinge vielleicht schlimmer sein könnten, sagte mir, dass Laura einen seltsamen Zustand des Glücklichseins erreicht hatte. Sie hatte vor nichts mehr Angst. Und ich wurde allmählich wie sie.

Manchmal konnte ich einschätzen, welche Männer die waren, die Bewertungen abgaben. Ich hatte keine wirklichen Stammkunden, und die Stammkunden waren oft diejenigen, die sehr gute Bewertungen abgaben. Ancuta wollte nicht, dass wir jemanden wirklich kennenlernten. Und nach einer Weile waren wir so viel in Irland herumgezogen, dass es keine Stammkunden mehr geben konnte.

Doch manche von ihnen beobachteten meinen Gesichtsausdruck, sagten Dinge, um zu sehen, ob ich lächelte, um zu sehen, ob ich »froh« war, sie zu sehen, ob meine Körpersprache ihnen sagte, sie seien so wunderbare Menschen, weil sie herkamen und bezahlten, um mit mir zusammen zu sein.

Die Arschlöcher, die solche Einzelheiten bemerkten, waren diejenigen, die danach online gingen, auf die Kommentareseite und schrieben: »Alexa war in keiner guten Stimmung, als wir uns trafen.«

»Sie war keine gute Liebhaberin, und sie benahm sich nicht wie eine echte FF (feste Freundin), nachdem ich am Telefon um die ›Feste-Freundin-Erfahrung‹ gebeten hatte.«

»Sie trug kein sexy Make-up, sah wirklich gelangweilt aus und blickte mir nicht in die Augen.«

Ancuta hasste schlechte Bewertungen. »Hey, blinde Schlampe, sieh dir das an«, sagte sie.

»Okay«, sagte ich.

Sie schlug mir auf den Hinterkopf, aß etwas von ihrem Hühnchen/gebratenen Reis und sagte mir: »Denkst du, du bist zu wichtig, um das zu machen? Du bist ein Mädchen mit einem Job, den andere Mädchen wollen, du Schlampe.«

»Okay«, sagte ich.

Sie mampfte ihr Essen und sah aus, als wollte sie mir ins Gesicht spucken.

Und dann kam ein weiterer Schlag.

»Sieh dir Skinny an«, sagte sie. »Sie ist so gut in der FF-Sache, die Männer lieben sie. Sie kaufen ihr Dinge. Sie kaufen ihr Make-up, Parfum. Magst du es nicht, geliebt zu werden? Soll dich niemals jemand lieben und dir nette Sachen kaufen, Blinde?«

»Okay«, sagte ich.

Mir war Parfum geschenkt worden. Mir waren Mascara und ein paar Lippenstifte in bestimmten Farben geschenkt worden. Manchmal waren mir Höschen oder irgendeine billige Kette oder ein Armreif geschenkt worden, irgendein unbedeutender Krimskrams, den irgendein Arschloch kaufte, um zu beweisen, dass er ein wunderbarer Gentleman war. In einem Fall war mir Schokolade geschenkt worden, eine kleine Schachtel Milka Pralinen, und ich öffnete sie und aß viele von ihnen, während der alte Mann seine Hose anzog.

»Magst du die?«, sagte er.

»Ja«, sagte ich.

Ancuta fand die Schachtel unter dem Bett. Ich hatte die obere Schicht gegessen, genug, dass mir davon schlecht geworden war, aber bis dahin hatte ich sie genossen. Sie fand die Schachtel und nannte mich eine gierige Schlampe.

»Die sind zum Teilen, gierige Schlampe«, sagte sie und nahm den Rest für sich selbst mit.

Ancuta sah alles, nahm alles. Sie blickte in jede Ecke jedes Zimmers und nahm alles weg, was sie sah. Sie schlief, im Laufe der Zeit, in jedem Bett, setzte sich betrunken auf und durchsuchte jeden Zentimeter jedes Apartments, das wir bewohnten.

Und wissen Sie was, das hätte sie wahrscheinlich gar nicht tun müssen. Sie hatte ihre Spione, ihre kleine Skinny, die ihr alles sagte, wonach sie fragte, ihre Lily, die jedes Mal zitterte, wenn sie in der Nähe war.

Diese Mädchen bekamen das mit der FF-Erfahrung hin, doch ich nicht, und ich wollte es auch nicht. Ich hatte nicht die Kraft, so zu tun, als wäre ich erfreut, irgendein Arschloch zu sehen, mit ihm zu kuscheln und ihn »Baby« zu nennen. Ich hatte diese Handlungen und das Lächeln dazu nicht in mir; ich flippte aus, bei der Vorstellung, Händchen halten oder ein Glas Wein mit ihm teilen zu müssen. Wenn ein Arschloch nur seinen Penis hervorholte und ich ihn lutschte, dann war das keine so große Lüge. Wenn er meine Brüste packte, mich beleidigte, meine Vagina drehte und mich wund machte, war das die wahre Geschichte. Wenigstens war er, wenn er mich vögelte, nah daran zu kommen, was bedeutete, er würde bald aus meinem Leben verschwunden sein. Und jedes Mädchen wünscht sich nur eines, dass ihr Vergewaltiger endlich das Zimmer verlässt.

Manchmal wurde ich gefragt: »Möchtest du, dass ich eine Bewertung abgebe?«

Meine Antwort war dann: »Ist mir egal.«

Einmal wurde ich gefragt: »Was möchtest du, was ich in der Bewertung schreibe? Ich will nicht, dass du Ärger bekommst.«

Und ich dachte: »Was für ein Gentleman. Du musst wissen, dass ich Opfer von Menschenhandel geworden bin, du hast mich gerade gevögelt und jetzt versuchst du mir zu helfen, keinen Ärger mit meinem Zuhälter zu bekommen.«

Ich hoffe, Sie verstehen den Sarkasmus, wenn ich sage: »Was für ein Gentleman.«

Ein Mann, der Frauen benutzt, die Opfer von Menschenhandel geworden sind, und weiß, dass er solche Frauen benutzt, ist kein Gentleman. Er ist ein Bastard.

Ich sagte dem Mann, der mich fragte: »Schreib, was du willst.«

»Ich versuche nur zu helfen«, sagte er.

»Dann geh«, sagte ich, denn das war das, womit er mir am meisten helfen konnte.

Zu der Zeit, als wir in Belfast gewesen waren und ich angefangen hatte, Telefondienst zu machen, begann ich auch damit, Geld zu nehmen. Ich wurde nicht mehr jedes Mal von Ancuta in mein Zimmer begleitet, und die Männer wurden nicht jedes Mal zu dem Zimmer begleitet, in dem ich mich befand.

Sie zeigte mir, dass sie Vertrauen in mich hatte, und ich wusste, wenn ich das verdarb, dann würde ich übel geschlagen werden und alles würde wieder von vorne beginnen. Ich war in dem Geschäft befördert worden, und mir wurde vertraut, als wäre ich eine Freiwillige, eine Angestellte, als wäre ich ein williger Teil des Unternehmens.

Doch man muss nicht willig sein, um Vertrauen zu brauchen. Das weiß ich jetzt. Man wird vertrauenswürdig, wenn es einem das Leben leichter macht, und was ich am meisten brauchte, war, mir mein Leben leichter zu machen. Also ja, ich will damit sagen, dass ich die Klienten um das Geld bat, wenn sie in das Zimmer kamen, und dass ich dieses Geld nahm, den Raum verließ und es Ancuta oder Ilie gab, zurück in das Zimmer ging und dann missbraucht wurde.

Bezeichnete ich mich selbst als Prostituierte? Nein. Niemals. Taten es andere? Ja, alle. Ich tat alles, was eine Prostituierte tut. Warum sollte jemand dann nicht sagen, ich sei eine Prostituierte? Nun, in Wahrheit war ich genauso sehr eine Prostituierte, wie eine Frau, die aus einem Flugzeug geschubst wird, eine Fallschirmspringerin ist.

Aber dieses Wort, Prostituierte, ist eine seltsame Bezeichnung. Es beleidigt mich, aber es gefiel einigen von den anderen Frauen. Nach all den Gehirnwäschen, den Drogen, kann das Wort für manche Leute zu etwas werden, worauf sie stolz sind. Es gibt Frauen, die glücklich damit sind, Prostituierte zu sein, und ich habe kein Problem mit ihnen, das ist in Ordnung. Ich denke, das ist in Ordnung für sie, und wenn sie es wirklich so meinen, dann ist es gut für sie. Wenn das das Leben von jemandem ist und die Person sicher ist, dass sie es gewählt hat, dann ist es okay.

Und es gibt Frauen, Frauen, denen ich begegnet bin, die stolz darauf sind, Prostituierte zu sein, und das ist so, weil es das Einzige ist, was sie haben. Dieser Job, diese Rolle, begehrt zu werden und einen Marktpreis zu haben, ist alles, was sie in ihrem Leben haben. Und in der Welt, in der ich lebte, waren diese Frauen – die Opfer von Menschenhandel geworden waren – diejenigen, denen man am wenigsten trauen konnte. Einige von ihnen sahen mich mit leerem Blick an, sahen, wie ich das Geld brachte, und sie schnupften ihr billiges Kokain und sagten, ich sei die unglückliche »blinde Schlampe«, der man nicht trauen könne.

Doch ich denke, allen ist klar, dass kein kleines Mädchen Prostituierte werden will, wenn es groß ist. Ich könnte nie vergessen, dass ich täglich missbraucht wurde, dass ich keine Freiwillige war. Ich geriet nie in die Falle, die es einem leichter macht, high zu werden, so viel man konnte, so viel, wie Ilie es erlaubt hätte, und zu sagen: »Das ist okay. Wenn ich zerstört werde, ist es okay, wenn ich einfach nur denke, es ist okay.«

Anders als viele Frauen, die Opfer von Menschenhandel werden, hatte ich nie das, was sie Schulden nennen. Ich kam nicht dort an, nachdem mir ein Job versprochen und meine Reise für mich bezahlt worden war, nur um festzustellen, dass es nicht der Job war, den ich mir vorgestellt hatte. Das ist Teil der Denkweise, mit der diese Frauen kontrolliert werden. Sie sagen sich, es sei besser, es durchzuziehen, und dabei so glücklich zu sein, wie sie können, denn wenn sie diese Menge an Geld für die Zuhälter verdienen können, werden sie frei sein.

Das war nie ein Loch, in das ich hätte fallen können, ein Weg, um es mir angenehm zu machen. Ich lebte vielleicht mehr in der Realität, denn ich glaubte nie wirklich, dass diese Sache ihr eigenes natürliches Ende finden würde. Ich traf nie irgendeine Verabredung, irgendwo anzukommen und besprach niemals das Weggehen mit irgendjemandem. Ich sprach nie darüber, wie viel ich verdienen müsste, bevor ich wieder in der Lage sein würde, in meinen eigenen Kleidern in mein eigenes Leben hinauszugehen. Ich war niemals so verblendet, denn ich war auf eine Art dort angekommen, die deutlich machte, dass ich gestohlen worden war. Und welcher Verbrecher gibt jemals etwas Gestohlenes zurück, wenn er weiß, dass es ihn in Schwierigkeiten bringen würde?

Die Mädchen, die Geld verdienen, bekommen einen winzigen Anteil von dem, was sie verdienen. Sie werden auf unabsehbare Zeit festgehalten, und falls sie tatsächlich auf freien Fuß gesetzt werden, dann sind sie so oft so kaputt, dass sie einfach dorthin zurückgehen, wo sie vorher waren. Die einzigen Menschen, die sie in ihrem neuen Land kennen, sind die Menschen, die sie vergewaltigt oder verkauft haben, und sie haben gelernt, mit beidem umzugehen. Wohin geht man nach so etwas?

Ich hatte nie Schulden, aber diese falsche Geschichte, diese falsche Vereinbarung, die ich mit Ilie schloss, »für ihn zu arbeiten« und »Geld zu verdienen«, blieb die ganze Zeit im Hintergrund. Da war nie eine Zahl, niemals ein Tag, an dem mir gesagt wurde, dass ich, wenn ich für einen bestimmten Zeitraum arbeitete und eine bestimmte Summe Geld verdiente, frei sein würde. Es war alles eine Lüge.

Doch Ancuta war so verrückt im Kopf, dass sie mir beliebig oft erzählte, ich würde ihr Geld schulden. Nach ihrer eigenartigen Auffassung aß ich Toast, Chips und was immer ich konnte, bezahlte aber nicht dafür.

Als sie mir diesen Morgenmantel von Primark kaufte, sagte sie, obwohl sie mir vorspielte, nett zu mir zu sein: »Ich habe ihn auf deine Rechnung geschrieben.«

Alles, was ich sagen konnte, war: »Okay.«

Sie sagte: »Dieses Brot war teuer, Blinde, das kostet dich weitere dreißig Euro.«

Ich zuckte die Achseln und sagte: »Das ist okay.«

»Mach schneller mit dem nächsten Mann«, sagte sie. »Denn du musst in der nächsten Stunde weitere hundert Euro verdienen, weil du gestern Whisky getrunken hast.«

»Okay«, sagte ich.

Und wissen Sie, was ich noch sagte? »Warum machst du nicht gleich tausend Euro daraus?«

»Halt die Klappe, blinde Schlampe.«

»Warum machst du nicht hunderttausend Euro daraus und setzt es auf meine Rechnung?«

»Halt die Klappe, blinde Schlampe«, sagte sie dann. Sie packte mich fest an den Haaren und sagte: »Ich werde dafür sorgen, dass deine Mutter heute Abend ins Gesicht geschlagen wird.«

»Okay«, sagte ich dann.

»Ilie sagte, er würde dich jetzt nicht einmal mehr anfassen wollen, blinde Schlampe«, erzählte sie mir. »Du bist jetzt so schmutzig, du pflegst dich überhaupt nicht, du stinkst.«

»Okay.«

Und es war wahr, ich stank tatsächlich. Natürlich stank ich. Ancuta stank ebenfalls. Sie sprühte Parfum über den Geruch von Sperma, sprühte es über ihren Körper und ihre Kleider, aber sie stank nach von Parfum überzogenem Sperma.

Ich stank, obwohl ich so häufig duschte, wie ich konnte. Ich hasste es, Sperma auf mir zu haben, die Fingerabdrücke von all diesen Männern überall auf mir zu haben.

Ich habe bereits die Bleiche erwähnt, die ich verwendete, als ich ankam. Ich habe erzählt, dass Ancuta Bleiche in die Seifenschüssel tat und mir sagte, das sei alles, womit ich mich waschen könne.

Nun, als ich dann anfing, Seife zu benutzen, hatte ich das Gefühl, es würde nicht ausreichen. Ich vermisste die Bleiche. Sie brannte nicht, aber der Geruch war chemisch, industriell, als würde sie das Gift abtöten, das auf mich und in meinem Körper gelangte. Ich bin vielleicht die einzige Person, die es vermisste, ihren Körper mit Wasser und Bleiche zu waschen.

Ich ließ das Waschbecken vollaufen und goss einen Spritzer davon hinein, wusch mein Gesicht, meine Hände und meinen Hals. Ich weichte meine Hände darin ein. Sie macht die Haut trocken, macht sie rot und wund, und der Geruch ist kein Geruch von etwas, was man auf seinen Körper auftragen sollte. Aber sie tötet die Bakterien, und die Bakterien waren die Überbleibsel von Vergewaltigern.

Manche Mädchen wuschen sich nie, kümmerten sich nie um das Sperma oder den Gestank davon, um den Speichel, das Smegma und den Schweiß der Männer auf ihrem Körper. Sie hatten einfach aufgehört, es wahrzunehmen, aufgehört sich zu sagen, dass sie vergewaltigt worden waren und aufgehört sich zu sagen, dass die Säfte ihrer Vergewaltiger an ihnen klebten, als wären sie ein Tatort.

Es gab Zeiten, da konnte man nicht essen, wegen des Gestanks in jenen Apartments, des Gestanks von all dem, der sich Tag und Nacht auf kleinem Raum vermischte. Das ständige Zigarettenrauchen überdeckte es bis zu einem gewissen Grad, aber meine Nase, mein Geist, erlaubten mir nie, diesen Geruch loszuwerden. Ich bemerkte ihn jeden Tag, und manchmal brachte er mich zum Würgen.

Wenn die Mädchen, denen das egal war, duschten, wusste man, dass sie wahrscheinlich planten, irgendwo hinzugehen oder irgendetwas zu machen. Einige von den Mädchen gingen manchmal mit Ancuta aus, oder mit ihren Zuhältern, oder miteinander. Sie hatten die Freiheit, Dinge zu tun, die ich nicht tun konnte, und sie betrachteten sich als etwas Besseres, weil sie diese Möglichkeit hatten.

Ihnen wurde etwas Bargeld gegeben, und dann zogen sie los, um etwas in einem Laden zu kaufen, was ihnen das Gefühl gab, sie würden Erfolg im Leben haben und etwas erreichen. Und sie kamen zurück und schnupften Kokain und redeten darüber, was in den Läden verkauft wurde und über ihre Pläne, sich Pelzmäntel zu kaufen, Urlaub in Italien zu machen und sich reiche Freunde anzulachen, als wäre all das nur noch eine Frage der Zeit.

Und dann wurden sie wieder mit Penissen traktiert, und es stank und stank, und sie nahmen sie in den Mund, während sie daran dachten, dass die Dinge besser werden würden.

Kapitel Neunzehn

Im September wollten sie mich verkaufen.

Das erste Mal, als ich davon hörte, war bei einer Unterhaltung in einem Hotelzimmer im Flughafen von Dublin. Wir zogen viel herum, während Ilie mit seiner Furcht kämpfte, von riesigen Männern aus dem fahrenden Volk aufgespürt zu werden, die für seine Feinde arbeiteten. Und jetzt waren wir am Flughafen, und sie machten online Werbung für Leute, die mit den Flugzeugen kamen und abflogen, und priesen uns als Frischfleisch an.

Meine Zuhälter machten kein Geheimnis aus ihren Hoffnungen. Sie hatten nicht allzu viel Vertrauen in meine Arbeit am Telefon gehabt, weil sie immer das Gefühl hatten, sie müssten mich im Auge behalten, und das war nicht ideal für sie. Und ich verdiente nicht, was ich als Nutte für sie verdient hatte. Ich war lange Zeit bei ihnen gewesen, ich hatte Bewertungen unter all meinen Tarnnamen, ich war bekannt und jeder, der ins Zimmer kam und mich ansah, wusste, dass ich von vielen Männern missbraucht worden war. Natürlich war es vielen egal, aber ich sah jetzt einfach wie eine müde, angeschlagene Prostituierte aus, nicht mehr wie zartes, enthusiastisches Frischfleisch, das die Energie zu kämpfen und zu vögeln hatte. Ich sah aus, als wäre ich nicht mehr verletzlich, als wäre ich für jemand anders »verletzlich« gewesen, und als hätte ich verloren. Das ergibt einen Unterschied im Wert. Ich sah nicht aus, als könnte ich gewonnen werden.

Ich hatte die ganze Zeit blaue Flecke. Ich bekomme leicht blaue Flecke, daher war es, als würde jeder Schlag, jede Vergewaltigung, jede Bestrafung nur noch weitere Spuren an mir hinterlassen. Da waren immer alte, die verblassten, und neue, die erschienen, immer frische blaue Flecke, wo schon vorher welche gewesen waren. Mein unterer Rücken war an der Stelle schwach geworden, wo er von vorbeigehenden Zuhältern angestoßen, geschubst und geschlagen wurde und von Arschlöchern gepackt und gedrückt wurde. Und natürlich befand sich auf meinen Rücken eine Messernarbe, die nicht allzu hübsch aussah. Meine Arme und Beine waren überall gezeichnet, und meine Hüften taten weh, schmerzten von meinem unteren Rücken bis hinunter zu meinen Beinen.

Mein Haar war hinten dünn geworden, weil Ancuta es immer ausriss, und es war so trocken und leblos wie meine Haut. Mein ganzer Körper, der jetzt noch langsamer als vorher heilte, war unterernährt und hässlich. Mein Sehvermögen war noch schlechter geworden und ohne meine Brille nicht zu gebrauchen. Meine Zähne waren beschädigt, mein Atem roch und ich hörte auf einer Seite schlecht.

Ich war ihr Million-Dollar-Baby, aber ich hatte meine Million bereits verdient, oder was auch immer für eine Summe ich ihnen eingebracht hatte. Also wurde ich jetzt zu Ballast, nahm Platz in ihren Räumen und Autos weg, nachdem ich mein maximales Verdienstpotenzial überschritten hatte.

Sie sagten einander, wenn sie mich auf Vordermann brachten und klarstellten, dass ich in Galway die große Gewinnerin für sie gewesen war, dann könnten sie einen guten

Preis für mich bekommen. Ich wusste nicht, wie hoch der Preis war, und es war mir egal. Ich war vorher schon für dreißigtausend Euro verkauft worden und hatte keine Ahnung, wie sie auf diese Summe gekommen waren, also hatte ich keinerlei Grundlage für eine Schätzung. Ich hatte keine Ahnung, wohin mein Leben mich als Nächstes führen würde.

Flugzeuge flogen ab und landeten die ganze Zeit, und man konnte sie hören, in jenen Hotels am Flughafen von Dublin, in denen wir missbraucht wurden. Die Zuhälter buchten zwei Zimmer nebeneinander, für zwei oder drei Nächte, und eins davon wurde ständig benutzt, während alle anderen in dem anderen Zimmer warteten. Wenn viel los war, dann teilten sie sich auf und beide Zimmer wurden benutzt, aber meistens war es nur ein Zimmer zur gleichen Zeit in jedem Hotel. Das Arschloch kommt mit einem Flugzeug am Flughafen an, oder um ein Flugzeug zu nehmen, sucht nach einem Escort-Service, ruft an, geht hinüber zu dem nahe gelegenen Hotel, geht in das Zimmer und macht sein Ding. Niemand kennt irgendjemanden. Es ist angenehm sicher für Arschlöcher an den Flughäfen. Es ist immer viel los.

Wir waren in einem, zwei oder mehr Hotels gleichzeitig, abhängig davon, wie viele Mädchen und Zuhälter bei uns waren. Wenn wir den Ort verließen, hinterließen wir Tüten voller benutzter Kondome für die Reinigungskräfte. Ich bin sicher, dass sie uns verabscheut haben müssen, und ich kann ihnen keinen Vorwurf machen.

Und da waren die ganze Zeit diese Flugzeuge über uns in der Luft, die zu allen Orten auf der Welt flogen, mit glücklichen Familien und Menschen aus glücklichen Ländern an Bord, die

Geld in der Tasche hatten, und dann fragte ich mich, ob es das für mich gewesen war, ob das mein Leben sein würde, ob die Hoffnungen und Träume, die ich als kleines Mädchen gehabt hatte, nur Wunschdenken einer unwissenden, blinden Närrin gewesen waren. Hier war es also, wo ich hörte, dass auch mir eine Veränderung bevorstehen könnte, und ich verspürte keine Begeisterung über eine mögliche Reise.

Wir kehrten nach Galway zurück, in irgendein anderes Apartment in der Nähe des Stadtzentrums, und es war dort, wo mir eines Tages gesagt wurde, ich solle meine Sachen holen.

Ancuta gab mir ein kleines Kleid mit Blumenmuster, von dem sie sagte, es würde mir passen, und sagte, ich müsse sie dafür bezahlen.

Ich sagte: »Okay.«

Wir ließen Vali, Rena, Lily und Skinny zurück, und Ilie, Ancuta und ich fuhren nach Dublin. Bevor wir an dem Flughafen ankamen, den ich so gut kannte, erzählten sie mir, wir würden nach Rumänien fliegen. Als ich diese Neuigkeit hörte, fuhr mir der Schreck in alle Glieder.

»Um mich dort zu verkaufen?«, fragte ich.

»Wir werden sehen«, sagte Ilie.

Falls sie mich dorthin brachten, um die Art von Leuten zu treffen, die sie in Rumänien kannten, würde nichts Gutes passieren.

Ancuta hatte meinen Pass, den Ilie benutzt hatte, um ein Apartment zu mieten, und wir bestiegen ein Flugzeug nach Bukarest. Ich konnte viele andere Rumänen an Bord sehen, und ich hatte das Gefühl, mir jedes Gesicht ansehen zu wollen.

Aber ich glaube, dass die Leute auf Flügen sehr oft andere Menschen nicht ansehen, sie steigen einfach ein und aus und wollen nichts tun, was sie zu sozialer Interaktion zwingen könnte.

Ich hatte, neben allem anderen, das Gefühl, als wären mir meine Manieren abhandengekommen, das Verständnis dafür, wie man sich benimmt. Ich erinnere mich, wie ich alle anderen beobachtete, mich fragte, was sie taten und woher sie kamen, aber niemals »Hallo« sagte, lächelte oder nickte, oder mich wie ein normales menschliches Wesen benahm, und schon gar nicht wie eine Dame. Vielleicht suchte ich nach einem freundlichen Gesicht, einem Gesicht aus Sibiu, dem ich vertrauen konnte. Um was zu tun? Ich weiß es nicht. Ich war mir nicht einmal mehr sicher, ob ich überhaupt noch an Vertrauen glaubte.

Zehn Leute – ich zählte sie alle – kamen zum Henri Coanda Flughafen in Bukarest, um uns abzuholen. Sie hatten alle einen Roma-Hintergrund, einige Freunde von Ilie und einige Freunde von Ancuta, die in der Stadt lebten.

Wo ich stand, war ich nur vier Stunden Autofahrt von meiner Mutter entfernt. Ich war ihr so nah, wie ich es nicht mehr gewesen war, seit ich entführt worden war, doch ich wusste, wir hätten genauso gut drei Lichtjahre voneinander entfernt sein können.

Wir fuhren zu einem früheren Haus von Ancuta in Bukarest und gingen hinein. Ich wurde nichts gefragt, und ich sagte nichts. Hier begegnete ich einigen ihrer Freunde, Kontakte und Verwandten. Eine Frau konnte nur ihr Gesicht verziehen, wenn sie mich ansah, und sie sah mich ständig an. Sie blickte mich an, als wäre ich Scheiße.

Sie sah angewidert aus und sagte dann: »Sie lutscht zu viele Penisse.« Sie alle lachten über ihre Worte.

Sie aßen Suppe und plauderten über das Leben in Irland und darüber, was ein paar alte Freunde in der Gegend taten. Sie redeten über das Prostitutionsgeschäft, ohne Sex, Missbrauch oder Vergewaltigung zu erwähnen, als würden sie bloß über das Geschäft eines Zeitungsladens reden. Es war sehr deutlich, dass Geld aus Irland in dieses Netzwerk floss, und dass die meisten Leute dort irgendwann Zeit in Irland oder Großbritannien verbringen und Geld mit der sexuellen Versklavung anderer verdienen würden.

Sie reichten Brot herum und redeten über all das, während ich auf einem kleinen Sofa im hinteren Teil der Küche saß und die Suppe nicht aß, die mir gegeben worden war. Ich fühlte mich angeekelt. Mir war schlecht. Ich fühlte mich leer und voller Hass, Scham und Dummheit. Ich hätte mich übergeben müssen, wenn ich irgendetwas gegessen hätte.

Ancuta kam zu mir herüber, sagte mir, ich solle ihr aus dem Zimmer folgen. Sie brachte mich in einen anderen Raum im Untergeschoss, voller Bilder und Stapel von etwas, das wie Ramsch aussah, und wir standen vor dem Spiegel.

»Make-up«, sagte sie und reichte mir ihre kleine Tasche.

Und sie beobachtete, wie ich es auflegte, bevor sie mich mit Parfum besprühte, als wäre es ein Unkrautvernichter.

Dann stiegen ich, Ancuta, Ilie und eine Gruppe von anderen in ein Auto und fuhren zu irgendeinem beschissenen Nachtklub. Sie nahm mir die Brille ab, als wir ankamen. Einige Männer, unrasiert, unangenehm, warteten vor der Tür und rauchten Zigaretten. Ilie stieg als Erster aus, und sie schüttelten sich alle die Hände, klopften einander auf den Rücken. Er kannte sie von früher.

Er winkte, und Ancuta holte mich aus dem Auto und ging mit mir zu den Männern hinüber, während es leicht nieselte. Ihnen gefiel, was sie sahen, und Ilie drehte mich in einer 360-Grad-Drehung herum.

»Keine halbe Million«, lachte einer der Männer.

Und das war das erste Mal, dass ich diese Summe hörte. Eine halbe Million Euro. Sie wollten mich für eine halbe Million Euro verkaufen. Das war eine Wahnsinnssumme. Was dachten sie sich dabei?

»Sehr beliebt in Irland, und eine echte Expertin, mit echter Klasse«, sagte Ilie. »Und jung. Kann Telefondienst machen, spricht Englisch, Deutsch, alles.«

»Warum verkaufst du sie?«, sagte ein Mann.

»Das ist es, was ich jetzt tue«, sagte er.

Sie alle lachten.

Und dieser Teil war wahr. Ilie begann, die Form seines Unternehmens zu verändern, sich mehr darauf zu konzentrieren, Osteuropäerinnen im Zuge des Menschenhandels über Irland nach Großbritannien, nach Schweden, nach Deutschland und an andere Orte zu schaffen, wo er sich wertvolle Kontakte aufbaute.

Er hatte in Belfast viel gelernt, dass Nordirland eine leicht zu erreichende Hintertür nach Schottland, England und Wales war, weil es auch zu Großbritannien gehört. Großbritannien von Europa aus mit Frauen aus dem Menschenhandel zu versorgen, war nicht so einfach. Sie nach Irland zu bringen, dann nach Nordirland und dann übers Wasser, war einfacher.

Es war ihm wichtig, dass jene, die dort, wo alles begann, in Bukarest, in das Unternehmen involviert waren, erfuhren, dass er vorankam, aufstieg. Ich glaube, er wollte ihnen diese Botschaft übermitteln, indem er mich dorthin brachte und mich zu einem so hohen Preis anbot.

»Auf keinen Fall«, sagte der Mann. »Zu viel.«

Diese Männer sahen nicht reich aus, sie sahen nicht aus, als hätten sie auch nur eine halbe Million Euro, aber das Äußere kann täuschen. Dieser Handel mit Menschen, der Sexhandel, erstreckt sich weltweit, aber seine Wurzeln reichen in Rumänien besonders tief. Unzählige Tausende von Euro fließen über Europa und von weiter weg nach Bukarest, und das ganze Geld stammt aus dem Missbrauch von rumänischen Frauen, auf ausländischen Straßen, durch ausländische Arschlöchern.

Im Großen und Ganzen ist eine halbe Million Euro nicht zu viel für etwas, von dem sie glauben, dass es sich für sie rentieren wird. Doch trotz meiner Fähigkeiten glaube ich nicht, dass ich wie eine halbe Million Euro aussah.

Ich weiß nicht, ob bei diesem Geschäft der Käufer, oder jemand anders, in Vorleistung hätte gehen müssen, oder ob Ilie mich einfach eine Zeit lang bei ihm gelassen hätte, damit ich anfing, Geld zu verdienen und er sehen konnte, wie es läuft. All diese Zuhälter haben ihre eigenen Regeln und ihre eigene Art, die Dinge anzugehen.

Der Mann musterte mich wieder von oben bis unten.

Sie diskutierten noch ein wenig länger über meinen Körper. Ich hatte das Gefühl, dass Ilie mit dem Preis runtergehen würde, aber der Mann war nicht allzu interessiert.

Ich stand da, in der kalten Nachtluft, und wartete darauf,

dass sie sich auf meinen Preis einigten oder es sein ließen. Und bald griff Ancuta enttäuscht nach meinem Arm und schubste mich zurück zum Auto. Ich war nicht verkauft worden.

»Ilie hat einen viel zu hohen Preis für dich verlangt«, sagte sie zu mir. »Er ist dumm, albern.«

Ilie schüttelte erneut die Hände aller Männer, und sie unterhielten sich, rauchten und verabschiedeten sich und gingen.

In dieser Nacht blieben wir in Ancutas altem Haus. Ich übernachtete in einem Raum im Untergeschoss mit Ancuta, die am nächsten Morgen früh aufstand und wegging. Nur ein paar Tage später erzählte sie mir, sie habe ihren Sohn getroffen, sie habe an diesem Morgen eine Stunde mit ihm verbracht. Mehr weiß ich nicht darüber. Wir flogen an jenem Tag zurück nach Dublin, und sie sagte nichts mehr.

Es hatte SMS und Anrufe für Ilie und Ancuta gegeben, was sie erfuhren, als wir in Irland landeten. Sie stellten beide ihre Telefone an, und während wir das Flugzeug verließen, kamen viele Nachrichten herein.

Vali hatte sich betrunken und in Galway ein Chaos angerichtet. Er hatte Skinny und Lily verloren. Sie waren weg, waren aus dem Apartment abgehauen. Diese beiden waren nicht die Art von Mädchen, die ihre Zuhälter betrogen, aber sie hatten sich unterhalten und waren beide in einer schlechten Phase gewesen. Sie hatten beide, da die dominierenden Figuren Ancuta und Ilie weg waren, den Mut gefunden, etwas zu tun, aufzustehen, das Schicksal herauszufordern, Hoffnung zu schöpfen und um ihr Leben zu rennen.

»Du verfluchter Narr!«, brüllte ihn Ilie am Telefon an. »Wann sind sie gegangen? Was haben sie mitgenommen? Was haben sie an? Haben sie ein Telefon?«

All diese Fragen, all das, weil er das so schnell wie möglich wieder in Ordnung bringen wollte.

»Sieh an der Bushaltestelle und am Bahnhof in Galway nach, und wir werden dasselbe hier tun«, sagte er.

Sein Gedanke war, dass die Mädchen keinen Ort hatten, an den sie gehen konnten. Sie konnten so viel in Irland herumrennen, wie sie wollten, aber zwei angeschlagene rumänische Nutten auf der Flucht vor ihren Zuhältern sind nirgends wirklich willkommen. Sie stehen auf keiner Liste ganz oben, wenn es um die idealen Überraschungsgäste geht. Ihre einzigen echten Optionen waren erstens: die Polizei, und zweitens: der Flughafen.

Der Polizei würde gesagt werden, dass diese beiden verurteilten Prostituierten aus einem Bordell weggelaufen seien. Sie würden sofort Einzelheiten darüber wissen wollen, wer das Bordell betrieb, denn da kommt das Gesetz ins Spiel, dort liegt das Interesse der Polizei. Wie sehr viele Rumänen warnten sie ihre Erfahrungen und die Mundpropaganda, immer vorsichtig in Bezug auf die Polizei zu sein, ihnen nicht allzu sehr zu trauen. Und ihre Erfahrung in Irland sagte ihnen, dass es, wenn sie, als Frauen, die Opfer von Menschenhandel geworden waren, zur Polizei gingen, nicht unbedingt gut für sie ausgehen würde.

Ich kann mir nicht vorstellen, dass die beiden Mädchen sich sofort noch mehr Ärger mit Ilie hätten einhandeln wollen. Zwei Mädchen, die sich einverstanden erklärt hatten, nach Irland zu gehen, um »mit Webcams zu arbeiten«, die sich einverstanden erklärt hatten, für Ilie zu arbeiten, würden nur schnell das Land verlassen wollen. Diese beiden Mädchen sprachen gebrochenes Englisch und hatten keinerlei Beweise, dass Ilie ihnen jemals etwas angetan hatte, und auch keine Beweise, dass Ancuta ihnen jemals ein Haar gekrümmt hatte. Würden diese beiden verwirrten, missbrauchten, verängstigten Mädchen, deren Familien zu Hause in Gefahr waren, die Willensstärke und Geisteskraft haben, sich all dem auszusetzen?

Das glaube ich nicht.

Ihre andere ernsthafte Option war, einfach nach Hause zu kommen. Zu versuchen, es zum Flughafen zu schaffen, zu versuchen, einen Flug zurück in ihr Geburtsland zu bekommen, Freunde zu finden, die ihnen helfen würden und zu versuchen, neu anzufangen oder sich zumindest die Zeit dafür zu nehmen, eine Bestandsaufnahme von ihrem Leben in Rumänien zu machen.

In Wahrheit war keine der Optionen sehr vielversprechend, aber die Zweite war, obwohl es natürlich ein Risiko für ihre Lieben gab, besser als die Erste.

Und wenn ich das dachte, dann dachte Ilie das auch. Er kannte die Gedanken seiner Mädchen. Er kannte die Gedanken von verängstigten und einsamen Menschen, weil er die ganze Zeit verängstigte und einsame Menschen produzierte.

Er sah sich Flugzeiten, Buszeiten, Zugabfahrzeiten auf seinem Telefon an und wählte seinen nächsten Schritt.

Wir mussten nicht weit fahren. Es gibt eine Bushaltestelle am Flughafen von Dublin, wo der Bus aus Galway ankommt. Wir parkten in der Nähe, und Ilie ging nachsehen.

Er überprüfte die Zeiten und wartete. Sehr wenig wurde gesagt, und wir warteten, in leichtem Regen, darauf, dass die Nacht anbrach. Und wir warteten. Die ganze Zeit war es, als würde er erwarten – nicht hoffen – dass seine Mädchen auftauchten.

Und da waren sie, wie zwei scheue kleine Hunde, stiegen aus dem gerade angekommenen Bus mit ihren kleinen, albernen, dummen Hoffnungen, einen Flug zu einem Ort zu bekommen, wo ausgestreckte Arme sie erwarten und sie für immer in Sicherheit sein würden.

Ich muss dazu sagen, dass sie nicht einmal ihre Pässe dabeihatten.

Ilie ging zu ihnen, als sie ausstiegen, jede mit einer kleinen Tasche, und sie standen vor ihm, nickten mit den Köpfen, während er sprach, sofort genauso gehorsam wie immer. Er ging mit ihnen zurück zum Auto. Sie stiegen zu mir nach hinten, und wir alle fuhren zurück nach Galway.

Wir alle wussten, was später passieren würde.

Kapitel Zwanzig

Ilie redete mehr darüber, Mädchen zu verkaufen. Er sprach mit Leuten am Telefon, mit den Mädchen, mit Vali und Ancuta, und sagte, er werde mehr reisen müssen, um seinen neuen Arbeitsbereich auszubauen.

Hier war dieser Mann, der Mann, um den es ging, als die PSNI unser erstes Apartment in Belfast stürmte, und plante jede Menge Flüge von Stadt zu Stadt zu Stadt. Es war, als würde er von der Polizei gejagt werden, aber nur gelegentlich. Wussten sie, dass er wie ein reicher und freier Mann lebte? Interessierte es sie überhaupt?

Ilie erfuhr von seinen Kontakten, dass die besten Geschäfte im Mittleren Osten abgeschlossen werden konnten. Blasse, weiße Mädchen wurden in Saudi-Arabien zu riesigen Summen gehandelt, so glaubte er.

In Bukarest, so stellte er fest, gab es Leute, die gefälschte Visas beschaffen konnten, die den Zugang nach Saudi-Arabien ermöglichen würden. Seine Freunde in London erzählten ihm, mit den Visas habe es nie irgendwelche Probleme gegeben. Sie kamen von derselben organisierten Bande, zu der seine Leute Verbindungen hatten, eine von den Banden, die die Prostitution, das Betteln und die Drogen auf den Straßen von vielen Ländern kontrollierten. Ilie hatte vielleicht Feinde in diesem großen Netzwerk, aber es war ihm immer noch möglich, Visas von ihren Mitgliedern in London zu kaufen.

Es war zu dieser Zeit, als ich ihn, zum ersten Mal, offen

über Mädchen sprechen hörte, die in den Emiraten verschwunden waren. Er und Vali sprachen darüber, dass Mädchen manchmal unter der Bedingung dorthin verkauft wurden, dass nicht mehr nach ihnen gesucht wurde, dass sie bereits durch das Raster gefallen waren, dass niemand nach ihnen suchen oder kommen würde, um nach ihnen zu suchen.

Es war nicht direkt all das, was mich dazu brachte, meine Meinung zu ändern. Das war es teilweise, aber ich glaube, ich hätte meine Meinung ohnehin irgendwann geändert. Ich glaube, das musste ich, ich glaube, dass ich, um mein Schicksal zu wenden, um endlich anzufangen, mein Leben zu verändern, mein zerstörtes Leben wieder in Ordnung zu bringen, anfangen musste, ein Spiel zu spielen.

Kein Held würde hereingestürmt kommen, um mich zu retten, mich wegzubringen und mich und meine Mutter für immer zu beschützen. Kein Liam Neeson spürte mich auf, bewaffnete sich und machte sich bereit, die Leben von Ilie Ionut und Ancuta Schwarz und all ihren Leuten zu beenden. Kein geheimnisvoller Ex-Freund, dachte ich, würde wiederauftauchen, meine Probleme in Ordnung bringen und mir sagen, ich solle für immer mutig sein. Ich würde das allein machen müssen. Ich würde richtig nachdenken und anfangen müssen, die Dinge zu verändern. Wenn mein Leben so weitergehen würde wie bisher, wäre es nicht mehr mein Leben, ich wäre eine lebende Tote.

Es war im September 2011, sechs Monate, nachdem ich von diesen Leuten entführt worden war, als ich entschied, dass ich komplett und völlig, und zu allen Zeiten, mit ihnen kooperieren würde. Ich entschied, dass ich ihr Vertrauen gewinnen würde. Ich entschied, dass ich für sie arbeiten würde – nicht länger gegen sie – und Tag für Tag die Sorgen, die sie hatten, abbauen und ihnen das Leben leichter machen würde.

Ein solcher Schritt würde meinen Wert als Mitglied ihres Teams erhöhen und mir mehr Raum, Zeit, Optionen und Chancen geben, einen Plan auszuarbeiten. Etwas in mir sagte mir, dass man mich, wenn ich in den Mittleren Osten gebracht werden würde, nie wieder sehen würde.

Ich sagte Ancuta, mir gefiele es, Telefondienst zu machen.

»Mein Englisch ist das Beste«, sagte ich. »Ich denke, daran solltest du dich vielleicht erinnern.«

Sie sagte, sie möge es nicht, wenn ich Telefondienst machte, sie möge meine Art nicht, meine Einstellung, mein Gesicht, wenn ich Gespräche annähme.

»Ich werde das ändern«, sagte ich.

Sie vertraute mir überhaupt nicht, aber ich bot Hilfe an. Wenn es nicht funktionierte, konnte sie mich immer noch ein paar Mal auf den Kopf hauen.

Und so machte ich mich richtig an die Arbeit.

»Hi, Baby«, sagte ich glucksend, »Bitte komm mich bald besuchen.«

»Hallo, mein Lieber. Ich hoffe, du magst schöne, sexy Mädchen.«

»Hi, Schatz, bist du so scharf wie ich? Wenn du mich jetzt sehen könntest, wie ich mir die Lippen lecke.«

Ilie liebte es. Er liebte es so sehr, dass Ancuta das Gefühl bekam, übertrumpft zu werden, dass er gerade eine bessere Expertin für den Telefondienst gefunden hatte. Doch was wirklich zählte, war, dass sie mich, wenn es ihm gefiel, damit weitermachen lassen würden. Und es war eine gewisse Erleichterung für mich, zu denken, dass ich, je mehr ich diese Arbeit machte, desto weniger vergewaltigt werden würde.

Bald hatte ich die Verantwortung für fünf Telefone. Ich holte mir ein Sandwich und saß mit all meinen Handys da und nahm Anrufe zu allen Profilen entgegen.

Die Telefone lagen auf dem Tisch vor mir, und ich stellte sie auf stumm. Keine SMS, keine aufgezeichneten Nachrichten, nur Anrufe. Es durfte so wenige Spuren wie möglich geben. Auf diese Art handhabt man die Dinge, wenn man ein Krimineller ist.

Ich musste natürlich immer noch etwas verdienen, es war nicht so leicht, davon wegzukommen. Aber ich war in dieser Phase eher in der Lage, Dinge von mir wezusteuern, und auch von Skinny. Wir waren jetzt besser befreundet als vorher, und ich denke, wir erreichten vielleicht gerade einen Punkt, an dem sie nicht mehr zu Ilie oder Ancuta rennen und es ihnen erzählen würde, wenn ich etwas tat.

»Möchtest du, dass ich dir weniger Arschlöcher gebe, mit denen du dich rumschlagen musst?«, fragte ich sie.

Sie nickte. »Ja.«

»Okay«, sagte ich. »Aber erzähl es nicht, okay? Erzähl es niemandem.«

Und ich sagte Rena, es würde ein weiterer Mann zu ihr kommen, ich sagte Lily, ein weiterer Mann würde zu ihr kommen, Ich sagte Ancuta, ein Mann würde zu ihr kommen, der sich in sie verliebt hätte, nachdem er ihr Foto gesehen hatte.

Ich hielt die Dinge auf eine Weise am Laufen, die mich nicht in jeder Minute verrückt machte, und ich kam bei allen gerade so damit durch. Und dann bekam ich den Schlag auf den Hinterkopf.

»Du vögelst heute nicht genug«, sagte Ancuta dann.

»Okay«, sagte ich dann. »Es tut mir leid. Cami«, und benutzte damit den Namen, den ihre engsten Freunde benutzten.

Und ich traf auf noch mehr Arschlöcher.

Eines Tages, inmitten von all dem, sagte Ancuta mir, es gebe ein Problem.

»Du und Skinny«, sagte sie, »ihr müsst heute ganz viel verdienen.«

Wie viel?

Viertausendvierhundert Euro. Eine präzise Summe.

An einem Tag.

Entweder war da ein Notfall in Bezug auf das Geld, oder sie spielte sehr brutale Spiele auf unsere Kosten. Aber es gab nichts, was wir dagegen tun konnten. Sie bezahlte dafür, mehr Profile bei Escort Ireland einstellen zu können, organisierte mehr Arschlöcher über die Telefone und schickte sie zu uns.

Wenn jeder Tag die Hölle war, dann war dies das Zentrum der Hölle. Wenn jeder Tag Schmerz war, dann war das der Ort, an dem der Schmerz erschaffen wurde.

Ich erinnere mich daran, dass es in Belfast war. Es war an einem der Tage, als wir wieder in dieser Stadt waren und Ilie seine Verbindungen ausbaute und Pläne machte. Er wollte Dinge kaufen, Autos, Schmuck, Kleider, was auch immer. Vielleicht war das das, wofür wir es taten. Vielleicht bezahlten wir an jenem Tag für den blauen BMW, den er in Belfast kaufte. Ich weiß es nicht.

Ich wusste, dass er eine gute Verbindung zu einem Vermieter aufgebaut hatte, dem jede Menge Wohnungen gehörten, einem Mann, der keine sexuellen Dienstleistungen wollte. Der Mann konnte ihm helfen, sein Bedürfnis nach Wohnungen zu befriedigen, in denen er seine Mädchen unterbringen konnte, aber er wollte nur mit Bargeld bezahlt werden. Vielleicht war das der Grund, warum Skinny und ich an diesem Tag leiden mussten. Was auch immer es war, es war jemandes Entscheidung über den Preis von etwas, die Ilie dazu brachte, einfach zu denken: »Kein Problem.« Und er musste Ancuta ganz einfach gesagt haben, dass wir mehr verdienen mussten.

Ich zähle nicht nach. Ich habe nicht gezählt, und ich will es nicht wissen. Ich kann mich nicht daran erinnern. Aber ich und die kleine Skinny, wir waren beide nicht mehr in der Lage zu laufen, unfähig zu stehen. Ich weiß nicht, ob ich weinte, schlief, blutete oder halb am Sterben war, nach all dem. Es war unmenschlich.

Die Summen, die jede Woche an seine Leute in Bukarest überwiesen wurden, waren ein regulärer Betrag. Er wollte, auch wenn er etwas kaufte, in keiner Woche weniger einnehmen.

Ancuta flipfloppte den ganzen Tag lang zu mir und sagte: »Arbeite härter, mehr.«

Sie sagte mir, ich solle Telefonanrufe entgegennehmen, aber auch mehr, mehr, mehr vögeln.

Sie sagte: »Kein Essen heute, schnell, nur vögeln.«

Und als sie mich dabei erwischte, wie ich Brot und Butter holte, während ich die Telefonanrufe entgegennahm, sagte sie: »Das schreibe ich auf deine Rechnung. Mehr Schulden. Arbeite mehr. Iss nicht.«

Ich sagte: »Schreib es auf meine Rechnung. Schreib mehr auf meine Rechnung, Cami. Mehr und mehr. Füge noch mehr hinzu. Meine große Rechnung, mach sie noch größer.«

Sie ohrfeigte mich, sagte mir, ich sei »Dreck« und »blind«, und meine Mutter wüsste, dass ich »alle Männer in Irland vögele«.

Das war Routine für sie, die Beleidigungen, die Worte, von denen sie dachte, sie würden mich verletzen, die beliebigen Geldsummen, von denen sie sagte, ich würde sie ihr schulden.

»Du schuldest mir neuntausend Euro«, sagte sie manchmal, oder: »Du schuldest mir zehntausend Euro, und wann wirst du bezahlen?«

»Ich schulde dir zehntausend Euro?«, sagte ich dann. »Können wir zwanzigtausend daraus machen? Oder mach doch bitte gleich hunderttausend daraus.«

Das Einzige, was ich ihr schuldete, war Leid.

»Du kannst kein Essen mehr bekommen«, sagte sie.

»Warum tötest du mich dann nicht gleich?«

»Ich werde dich töten.«

»Ich will, dass du mich tötest.«

»Halt die Klappe, blinde Schlampe. Deine Mutter wird wegen dir heute Abend Schwierigkeiten bekommen.«

Und dann schlug sie mich, mit der Handfläche auf das Gesicht, ein Zerren an den Haaren, ein Schlag auf den unteren Rücken.

Es wurde zur Gewohnheit, ihre Gewalttätigkeit, bis zu dem Punkt, als ich absolut keine Angst mehr davor hatte und den Schmerz kaum noch spürte. Ich kannte die leichte

Verzerrung ihres Gesichts, ihrer Lippe, die in dem Augenblick vor sich ging, bevor sie ihre Hand hob. Ich wusste, wenn sie ihre Augen zusammenkniff, würde sie nach mir greifen, mich packen.

Sie schlug mich dann, richtete ihr Haar, wackelte mit den Zehen, um ihre Flip-Flops geradezurücken, brachte sich wieder in Ordnung und machte sich wieder zu einer schönen Dame. Sie packte mein Haar, kam mit ihrem Gesicht nah an meins heran und sagte mir, ich sei blind.

Ich wollte ihr sagen, dass ich nicht blind genug war, um nicht zu wissen, dass sie eine hässliche Schlampe war, innerlich und äußerlich, aber ich wusste, dass ich damit zu weit gegangen wäre. Sie hätte mich getötet. Ich gab Widerworte, aber ich sagte Ancuta nie, sie sei hässlich. Und ich schlug sie auch nie.

Ich erinnere mich daran, dass es in Galway, in der zweiten Wohnung, in der wir wohnten, eine Geburtstagsparty für Ancuta gab. Zuhälter und Puffmuttern von überall in der Stadt, Prostituierte und andere kamen, um zu feiern. Ich kannte sie damals noch nicht so gut, und ich erinnere mich deutlich daran, gedacht zu haben, wie überrascht ich war, wie viel sie von sich selbst, und wie wenig sie von allen anderen hielt.

Ich saß auf dem Sofa zwischen Männern, die manchmal meine Oberschenkel, Vagina und Brüste packten, und sie redete mit einem Gast nach dem anderen, und jedes Mal, wenn sie sich abwandte, nannte sie sie flüsternd Schweine und Bastarde. Sie hasste alle in diesem Raum, vielleicht sogar sich selbst. Sie blickte mich an jenem Abend an, als sie betrunken war, und erzählte mir, Ilie liebe sie. Ich reagierte nicht. Ilie erschien hinter ihr und lächelte mich an, umarmte Ancuta.

Und sofort ging sie in die Luft, nannte mich eine Schlampe und sagte, er müsse so blind wie ich sein, wenn er mich mochte, wenn er herumlief und mich so anlächelte. Er sagte, er möge mich nicht. Ancuta ohrfeigte mich. Ilie verlor den Halt und fiel neben mir hin. Er stand auf, und als er das tat, schoss sein Arm vor und schlug mich in den Magen, während ich dasaß, als würde er ihr zeigen wollen, dass ich ihm wirklich scheißegal war.

Andere Leute kamen herüber, die meisten high und betrunken, und sagten ihnen, sie sollten sich beruhigen, boten ihnen Drinks an und sagten, dies sei eine »Party«. Sie sagten, sie wüssten bereits, dass ich eine dreckige Schlampe aus Sibiu sei und sie sollten nicht zulassen, dass ich einen Keil zwischen sie treibe.

Später schlug mich Ilie mehrere Male, als ich in das Zimmer kam. Er war betrunken, fiel beinahe wieder auf den Boden und haute mich ins Gesicht.

Er flippte aus, sagte zu Ancuta: »Weißt du was, Cami, diese Schlampe ist besser als du.«

Und sie brüllte ihn an, voller Wut, die tief aus ihrem Inneren kam.

»Ich werde sie vögeln«, sagte Ilie. »Du wirst zusehen, und ich werde sie vor deinen Augen vögeln.«

Ancuta sagte mir, ich solle mich hinsetzen, und ohrfeigte mich und schlug mir auf den unteren Rücken, als ich das tat.

Ilie sagte zu ihr: »Du würdest für Geld sterben, nicht wahr?

Du und dein Sohn, ihr würdet für das Geld aus meinen Händen sterben.«

Und der Junge, über den er sprach, war sein eigener Junge, ihr eigener, gemeinsamer Sohn in Rumänien.

Das war vermutlich der schlimmste Zustand, in dem ich ihn je sah, der betrunkenste Zustand, in dem ich ihn je sah. Und es war der schlimmste Zustand, in dem ich Ancuta jemals sah.

Und doch kam sie später zu mir, lächelte, drückte meine Hand und sagte: »Es wird alles gut.«

Wir gingen immer öfter nach Belfast, da Ilie immer glücklicher über seine Verbindungen dort wurde. Er verfestigte nicht nur internationale Verbindungen, sondern er hatte das Gefühl, wirklich im Geschäft der Stadt mitzumischen. Er glaubte, das Sexgeschäft in Belfast wäre unterentwickelt und sah sich selbst zum Big Player werden, mit Fähigkeiten und Know-how, das er immer griffbereit hatte.

Doch trotzdem fuhren wir gelegentlich die gerade, schnelle Straße zum Flughafen von Dublin entlang, checkten in Hotels ein und warben mit Frischfleisch, das zum Verkauf stand.

Manchmal kehrten wir auch in die Stadt zurück, besonders wenn etwas los war, wenn ein großes Sportereignis oder Konzert stattfand, und der Ort voller trinkender Besucher war.

Die Hotels – von der Innenstadt bis zum Kai, vom Flughafen in Norddublin bis zu den gehobenen Gegenden im Süden der Stadt – wussten, wer wir waren. Sie können eine Gruppe wie unsere sofort erkennen. Es gab eine Zeit, in der sie protestierten, uns davor warnten, dass Zeit in einem Zimmer zu vergeben, um Sex zu verkaufen, illegal sei, aber das gab sich bald. Es gab nichts, was sie sagen konnten, nicht mehr. Und außerdem gehörten wir für sie zum Geschäft.

Als wir das nächste Mal nach Belfast zurückkehrten, war es in den reicheren Teil der Stadt, in den Süden, in das Gebiet um die Malone Road. Zuerst wohnten wir dort in einem Hotel und zogen dann in ein Apartment am Windsor Park um, von dem Ilie sagte, es werde gut fürs Geschäft sein. Ich weiß, dass meine Papiere benutzt wurden, um die Wohnung zu mieten und ein Formular wurde unterschrieben – nicht von mir –, um das Geschäft zu besiegeln.

Vali und Ilie sprachen die Profile durch, und mehr Fotos wurden gemacht, mehr Profile hochgeladen, mehr und mehr Mädchen aus den sechs Mädchen gemacht, die zu der Zeit dort waren. Ilie sagte mir, ich würde mehr Telefondienst machen müssen, dass es mehr Anrufe als jemals zuvor geben würde, und dass er sich keinen davon entgehen lassen wolle.

»Nimm jeden Anruf an«, sagte er. »Baby, Baby, Baby«, und fügte hinzu, dass Ancuta dasselbe tun würde.

Lily, von der ich bereits erzählt habe, war, wie alle anderen, die nichts auf der Welt mehr wollten, als von diesem Geschäft wegzukommen. Doch sie sagte mir, sie wolle mehr Männer, so viele, wie sie kriegen könne, damit sie schneller die Schulden abbezahlen könne, die sie bei Ancuta und Ilie habe.

»Verschaff mir mehr Männer«, sagte sie ruhig.

Sie glaubte, wenn sie das Ziel erreichte, würde sie bald frei sein, um wegzugehen und ihr eigenes Leben in Irland oder Großbritannien anzufangen. Ich bin nicht jemand, der sicher ist, dass es jemals so einfach funktionieren kann. Aber ich werde Ihnen sagen, dass ich sagte: »Okay, kein Problem.«

Zu der Zeit war eine weitere Frau, Ella, dort, die mit einem anderen Zuhälter angekommen war. Sie wollte ebenfalls mehr.

»Gib mir alle Männer«, sagte sie.

Doch bei Skinny war es anders. Jedes Mal, wenn sie missbraucht wurde, fühlte sie sich missbraucht, jedes Mal, wenn sie gebucht wurde, wurde sie gebucht, um vergewaltigt zu werden. Viele der Arschlöcher mochten sie, weil sie so jung, zerbrechlich, dünn und schwach aussah, weil sie wie ein hilfloses Kind war. Und viele Male wurde sie immer wieder von Arschlöchern missbraucht, die Pädophile waren und sich vorstellten, sie wäre ein kleines Mädchen, das keine andere Wahl hatte, als sich ihnen zu unterwerfen.

Ich sprach wieder mit ihr über ihre Arbeit, und sehr ruhig einigten wir uns darauf, dass ich, da ich jetzt mehr Telefondienst machte, die Männer von ihr weglenken würde, aber es würde nicht leicht sein. Und was mich betraf, hatte ich ebenfalls vor, mich so wenig wie möglich missbrauchen zu lassen.

Ilie war bald beeindruckt, zeigte noch mehr Vertrauen in mich, fragte mich, ob ich ein paar nette Schuhe, nette Unterwäsche brauche, um besser telefonieren zu können. Ich traf auf weniger Arschlöcher, und es fühlte sich an, als würde ich etwas erreichen, als würde ich anfangen, mich von den schlimmsten Dingen zu trennen. Nach ein paar Tagen hatte ich sechzehn Telefone, die alle Ilie vor mich hingelegt hatte, alle mit Nummern, die online beworben wurden.

Ich fragte mich, ob darin Möglichkeiten steckten, Wege, um wertvolle Informationen herauszufinden, die mich irgendwann in der Zukunft beschützen könnten, meine Mutter beschützen könnten. Ich fragte mich, wann ich in der Vorstellung von Ilie, wenn nicht sogar von Ancuta, jemand werden würde, der ein wenig Freiheit haben sollte, ein wenig Geld, der ein wenig von seiner eigenen Identität zurückbekommen sollte.

Und die Anrufe kamen weiter herein.

»Ich will dreißig Minuten mit Lucy«, sagten sie.

»Oh, sie ist so hübsch«, sagte ich.

»O ja«, sagten sie. »Sie ist ein Model.«

»Das ist kein Problem, Baby.«

Und immer wieder: »Ich will die magere kleine Lola für eine Stunde heute Abend buchen.«

»Oh, sie ist heute Abend nicht hier, Baby, aber weißt du, sie hat eine beste Freundin, die im selben Alter ist und nachher wirklich jemanden treffen will.«

»Ja, das ist okay.«

Dann, eines Tages, kam ein ungewöhnlicher Anruf.

Ein Mann rief an und sagte mir, er habe vorher schon ein paar Mal angerufen. »Ich will«, sagte er, »Melanie, Sabrina, Reka, Isabela, Yasmin und Alice buchen.«

Einige von diesen Mädchen waren dieselbe Person, also war das nicht möglich, aber das konnte ich ihm nicht sagen.

Also sagte ich: »Okay, Baby, das ist vielleicht nicht möglich, weil sie sehr beschäftigt sind.«

Und ich hatte das Gefühl, er würde mich auf die Probe stellen.

»Und was ist mit Eva, Mya und Coco?«, sagte er, und sie waren alle dieselbe Person.

»Tja, Baby«, sagte ich, »kannst du mir einfach sagen, wie viele Mädchen du willst?«

Er wartete einen Augenblick, dann lachte er.

»Ist schon okay«, sagte er. »Ich hatte nicht erwartet, dass sie alle zur selben Zeit verfügbar sein würden.«

»Okay, Schatz«, sagte ich.

Er sagte: »Vielleicht kann ich mich mit dir treffen.«

»Oh, danke, Baby«, sagte ich. »Ich bin sehr beschäftigt, aber ich kenne…«

»Komm schon«, sagte er. »Warum kann ich dich nicht buchen? Wie wäre es mit einem Nachmittag?«

Ein Nachmittag? Das war etwas, das ich vorher noch nie getan hatte. Ich war in Hotels gewesen, aber nicht auf Hausbesuchen, und ich hatte nie einen ganzen Nachmittag mit jemandem verbracht.

»Einen Nachmittag?«

Der Mann sagte: »Ja. Vier bis fünf Stunden. Kannst du zu mir kommen?«

Ancuta konnte sehen, dass ich mit einem Mann länger als normal redete. Ich erzählte es ihr, als sie fragte. Ich sagte, der Mann wolle mich für den Nachmittag buchen.

Sie nahm das Telefon und sagte: »Sie ist mein bestes Mädchen. Ich kann sie keinen ganzen Nachmittag entbehren.«

Der Mann sagte, er werde tausend Pfund für bis zu fünf Stunden an diesem Tag zahlen.

Also sagte Ancuta: »Das ist okay, Baby. Ich werde sie zu dir bringen.«

Das war der Anfang vom Ende.

Kapitel Einundzwanzig

Wir überließen die Telefone Lily und Ella, und Ancuta bat Vali um seine Autoschlüssel. Sie bat mich zu fahren, und das war etwas, was ich seit vielen Monaten nicht mehr getan hatte.

Sie beschrieb mir den Weg mithilfe ihres Telefons, und wir landeten in Belfasts Kathedralviertel. Es ist ein Teil der Stadt, der im Kommen ist, mit jeder Menge neuer Apartments und Läden, Cafés und Restaurants. Ancuta gefiel der Gedanke, dass ein Kunde hier lebte, jemand, der vielleicht eine Menge Geld hatte.

»Weißt du, wer dieses Arschloch ist?«, fragte sie mich, als ich gegenüber von den Apartments an der Straße parkte.

»Nein.«

»Er hat besser die tausend Pfund parat.«

Wir gingen über einen Innenhof und zu der äußeren Haupttür. Sie drückte auf die Klingel und er ließ uns herein. Wir nahmen den Aufzug bis zu seinem Stockwerk, gingen zu seiner Tür und Ancuta klopfte.

»Hallo, Baby«, sagte sie lächelnd. »Das ist Natalia.«

»Du bist die, mit der ich gesprochen habe?«, fragte er.

»Ja.«

Er nickte.

»Das ist großartig«, sagte er.

Ancuta sagte, sie würde draußen warten, und ich zuckte die Achseln. Sie blickte den Mann an und nickte.

»Vier, vielleicht fünf Stunden«, sagte sie.

»Ja«, sagte er, ging wieder in das Apartment, kam zurück und händigte ihr das Bargeld aus.

ging weg, während sie ihr geliebtes G Sie überprüfte es, sah zufrieden aus, wandte sich ab und eld in ihre Tasche steckte.

»Komm herein«, sagte er.

Der Mann war in den Dreißigern und sein Name war Andy. Er sah durchschnittlich aus, ein nordirischer Mann mit kurzen, dunklen Haaren und einem jungenhaften Gesicht. Er trug Jeans und ein T-Shirt. Er trug keine Schuhe und sah nicht reich aus.

Wir gingen ins Wohnzimmer, und vier andere Männer saßen dort, warteten darauf, dass ich durch die Tür kam. Mir sank das Herz noch mehr. So würde es also sein. Fünf Männer, den ganzen Nachmittag. Sie konnten keine fünf Mädchen bekommen, also würden sie stattdessen mich bestrafen, indem sie nur ein Mädchen nahmen und es sie mit fünf Männern vier Stunden lang machen ließen.

Mein Kopf war gesenkt, aber ich hatte keine Angst. Es würde sein, wie es sein würde. Was auch immer es war, es würde mich wahrscheinlich nicht umbringen. Das hoffte ich zumindest.

Andy ging um mich herum und sah sich meine Kleidung an. Ich trug ein Hoodie über einem kleinen Top und darunter einen Minirock. Ich denke, ich sah wie die übliche Prostituierte aus.

Er fing an, mir mein Kapuzenshirt auszuziehen, sah es sich an, tastete darin herum. Die anderen sahen zu. Er sah sie an, und sie zuckten die Achseln.

Andy blickte wieder zu mir und sagte: »Zieh deiner Kleider aus.«

Ich zog mein Top und meinen Rock aus, dann meine Unterwäsche und blieb stehen, wo ich war.

Die Männer musterten mich von oben bis unten.

»Scheiße«, sagte einer.

»Was zur Hölle ist mir dir passiert?«, sagte ein anderer.

Zuerst war ich verwirrt, aber dann sah ich mich mit ihren Augen. Ich war mit blauen Flecken übersät. Meine Haut hatte alle möglichen Farben, von den Oberschenkeln, über meine Brüste bis zu meinem Hals. Einige blaue Flecke waren seit langer Zeit da, einige kamen und verschwanden schnell. Ich hatte keine Ahnung, wie schlimm es war, wie mein derzeitiger Zustand war, weil ich so daran gewöhnt war, geschlagen, verletzt, gedrückt und geohrfeigt zu werden, dass es für mich nichts gab, wonach ich hätte suchen können. Ich hatte nichts, um auf dem Laufenden zu bleiben, weil die Flecke immer wieder erschienen und verschwanden und erneut erschienen. Wir standen in einem hellen Raum, das Sonnenlicht, das durch die großen Fenster schien, war überall, und sie konnten jeden Zentimeter von mir deutlich sehen.

»Du bist eindeutig ein Opfer von Menschenhandel geworden«, sagte Andy, »oder?«

Ich zuckte die Achseln und sagte: »Was wollt ihr?«

»Nichts«, sagte er. »Wir überprüfen nur etwas. Wir sind paranoid.«

Die anderen lachten.

Ich wusste nicht, was er meinte.

Er durchsuchte meine Kleidung, dann reichte er sie mir wieder.

»Zieh sie wieder an«, sagte er.

Ich war überrascht, vielleicht sogar geschockt. Ich erwartete alles, aber nicht das. Sie alle sahen zu, während ich mich vor ihnen anzog. Es war nichts, woran ich gewöhnt war.

»Du gehst an neun oder zehn verschiedene Telefone«, sagte Andy.

»Was wollt ihr?«

»Nur reden«, sagte er.

Ich sagte nichts.

»Es ist nicht dein Geschäft, richtig? Arbeitest du für Zuhälter?«

»Es ist nicht mein Geschäft, nein«, sagte ich.

»Du bist ihr Geschäft, und sie behandeln dich so?«, sagte er und deutete auf meinen Körper, meine roten Hände und Handgelenke.

Ich zuckte die Achseln.

»Willst du sie denn nicht verlassen?«

Sie alle beobachteten mich, warteten darauf, dass ich ihnen Dinge erzählte.

»Du kannst reden«, sagte er. »Es bleibt unter uns. Wir sind an dem Geschäft interessiert, das ist alles.«

»Ich verlasse sie nicht«, sagte ich und meinte, dass ich bisher nicht in der Lage gewesen war, sie zu verlassen, nicht, dass ich sie nicht verlassen wollte, aber ich überließ es ihrer Interpretation. Ich war immer noch nicht sicher, was hier vor sich ging.

»Willst du sie nicht verlassen?«, sagte er.

Ich sah ihn an, sie alle.

Das Schweigen dehnte sich aus. Jemand musste etwas sagen. Alle sahen sie mich an. Also sagte ich etwas.

»Denkt ihr, ich will bei ihnen bleiben?«, sagte ich. »Denkt ihr, ich will hier vor euch stehen?«

Und er nickte, sie alle nickten. Natürlich wollte ich nicht bei ihnen bleiben. Nachdem ich einen Augenblick über die Situation nachgedacht hatte, war es völlig offensichtlich. Kein Mädchen, das noch bei Sinnen war, würde in dieses Zimmer mit fünf unbekannten Männern darin gehen wollen, die auf sie warteten, und sich befehlen lassen, was immer sie sagten. Kein Mensch auf der Welt, der im Besitz eines Gehirns ist, würde das wollen.

»Wir haben uns euer Geschäft angesehen, weil wir einen Freund haben, der in demselben Geschäft ist«, sagte Andy.

Das Geschäft seines Freundes war mir scheißegal. Es war mir scheißegal, was sie wollten. Ich hatte das Gefühl, das alles würde nur zu Schwierigkeiten führen.

Doch ich war nicht diejenige, die redete.

Also erzählte mir Andy von seinem Freund, dass er zwei Mädchen habe, die für ihn arbeiteten und sie nicht aus dem Menschenhandel kämen, dass er aber viel von Frauen in Belfast gehört hätte, die Opfer von Menschenhandel geworden seien. Er sagte, sein Freund habe es nicht geschafft, viele Kunden zu gewinnen, und sie hätten durch das Anrufen von verschiedenen Unternehmen und das Buchen von Escorts erfahren, dass es Wege gebe, sich ein Geschäft aufzubauen. Sie sagten, sie seien sicher, dass ich als Mädchen aus vielen verschiedenen Ländern ans Telefon gegangen sei, und dass ich eine organisatorische Rolle dabei gespielt hätte, das Geschäft für meine Zuhälter auszubauen.

Von all dem war ich schockiert. Es war, als würden sie mich um geschäftliche Ratschläge bitten.

»Wir mussten überprüfen, ob du nicht irgendwie verkabelt bist«, sagte er. »Wir sprechen hier drin offen über alle möglichen Sachen.«

Zuerst hatte ich gedacht, er hätte eine Art Missbildung an einem seiner Fußknöchel, aber dann konnte ich es deutlicher erkennen, und mir wurde klar, dass es ein Tag war, eine elektronische Fußfessel aus Plastik, eines von diesen Dingern, die Leute angelegt bekommen, die vor Gericht gewesen sind und vielleicht immer noch ins Gefängnis mussten.

»Weißt du, wer wir sind?«, fragte er mich.

»Ich habe keine Ahnung, und es ist mir egal«, sagte ich.

Er bat mich, mich hinzusetzen. Ein paar Männer standen auf, gingen in die Küche, zündeten sich Zigaretten an, gaben mir eine. Ich nahm sie. Andy kam näher.

»Du kannst im Geheimen mit uns sprechen«, sagte er. »Und wenn du uns hilfst, können wir dir helfen.«

»Wie kann ich euch helfen? Was weiß ich denn schon? Ich weiß nichts.«

»Du weißt mehr, als du denkst«, sagte er. »Du weißt, wer wer ist, wer was tut und wie sie es tun. Und wenn ich mir deinen Körper so ansehe, schätze ich, dass du ihnen keine Gefallen schuldest. Und für mich sieht es so aus, als könntest du selbst ein kleines bisschen Hilfe gebrauchen.«

Ich zuckte wieder die Achseln.

Er sagte: »Was ich sagen will, ist, dass dies unser Territorium ist. Wir haben hier Geschäftsinteressen, und wir sind an eurem Geschäft interessiert und was es direkt hier bei zu suchen hat, verstehst du?«

»Nein.«

»Sieh mal«, sagte er. »Du solltest offen mit mir reden. Wir sind ziemlich gefährliche Leute, verstehst du? Wir haben kein Problem mit dir, aber wir könnten ein Problem mit Leuten haben, die du kennst.«

»Schön.« Das klang für mich wie dummer Machomüll.

»Okay.« Er lachte. Er sagte: »Okay, du bist ein toughes Mädchen, ich verstehe.«

Es herrschte wieder Schweigen.

»Weißt du«, sagte ich, »die Leute, von denen du sprichst, würden nicht sagen, dass das eure Stadt ist, verstehst du? Sie würden sagen, dass sie jetzt einen Anteil hier haben, wenn es um dieses Geschäft geht. Sie machen hier jede Menge Umsatz, und sie schaffen Verbindungen mit so vielen Leuten, also ist es jetzt vielleicht auch ihre Stadt. Vielleicht genauso sehr, wie es eure Stadt ist. Vielleicht werdet ihr eure Stadt ein wenig mehr teilen müssen.«

Woher das kam, weiß ich nicht. Aber es war, als hätte ich eine Kugel auf diese Männer abgeschossen. Es war, als wäre eine Bombe hochgegangen. Zwei oder drei von ihnen sahen mich an, als hätte ich etwas Schreckliches gesagt. Alles, was ich gesagt hatte, war, dass Ilie diese Stadt zu einer Basis für sich machte und es gut für ihn lief. Ich meinte nichts anderes, aber ich schätze, es klang, als würde ich versuchen, ihn zu verärgern. Sein männlicher Mist beeindruckte mich nicht. Es war sowieso nicht seine Stadt; in jeder Stadt gibt es viele Kriminelle, viele Leute, die denken, es wäre ihre Stadt. Ich hatte für den Rest meines Lebens genug Männer genug Mist reden gehört. Vielleicht hatte ich ihm unterbewusst gesagt, er solle sich eine Socke in den Mund stopfen.

Andy lehnte sich zurück. Er sagte: »Nun, das ist eine interessante Art, es zu betrachten.«

Ich zuckte die Achseln.

»Das ist es, was sie sagen«, sagte ich. »Sie sagen, es ist ihre Stadt in Bezug auf Mädchen, dass sie mehr haben, die für sie arbeiten, als sonst jemand hier.«

Er nickte und lächelte.

»Sie führen ihr Geschäft in ganz Irland«, sagte ich. »Es sind Leute mit einer Menge Freunde.«

Er sagte: »Wir ebenfalls.«

Ich zuckte die Achseln.

Er sagte, ihm gefiele der »Trick« mit all den Profilen, dass dasselbe Mädchen unter so vielen verschiedenen Namen, verschiedenen Nationalitäten firmiere.

»Was haben sie dir sonst noch beigebracht?«, sagte er.

»Nichts«, sagte ich. »Ich mache nichts davon.«

Jemand brachte Kokain aus der Küche mit, und es wurde herumgereicht. Ich sagte Nein. Ich sagte immer Nein. Es gefiel mir nicht. Mir gefiel diese Situation überhaupt nicht, und ich würde nicht anfangen, jetzt Party zu machen.

Nachdem sie alle eine Linie hochgezogen hatten – es war nicht die erste an dem Tag – beschleunigte sich ihre Unterhaltung, wurde dümmer. Er sagte, sein Freund würde eine Art High-End-Geschäft betreiben, Männer dazu bringen, für schön gekleidete Frauen zu zahlen, die Dienstleistungen anböten. Ich denke, er wollte mir vielleicht sagen, es würde eine nette Art von Prostitution geben, was okay ist. Seine Meinung darüber interessiert mich nicht. Die Meinung des Lesers darüber interessiert mich nicht.

Ich sagte ihm, ich hätte keinen Rat für ihn. Ich sagte, ich würde sehr oft mit Zahnschmerzen und manchmal Blut in meinem Mund dasitzen. Ich sagte, mein Körper schmerze die ganze Zeit und ich würde keine schönen Kleider tragen.

Ich sagte, ich sei daran gewöhnt, auf die Vagina geschlagen, angespuckt und auf den Hinterkopf geschlagen zu werden. Ich sagte, mein Haar sei hinten dünner, weil es so häufig ausgerissen werde.

»Du denkst, ich weiß jede Menge über das Geschäft?«, sagte ich. »Ich bin das Produkt, das zum Verkauf steht, nicht die Managerin.«

Sie wussten nicht, was sie dazu sagen sollten. Für eine Zeit wurde ich gebeten, in einem anderen Zimmer zu warten, während sie sich unterhielten. Es hatte einen schönen Ausblick, aber das ist es nicht, woran ich mich am meisten erinnere. Da war eine Tasche in dem Zimmer, eine Tasche mit Bargeld darin. Ich sah es sehr deutlich, sie stand an einer Seitenwand. Sie war wie eine kleine Sporttasche, die sich leicht tragen lässt. Ich konnte im oberen Bereich Geld sehen. Ich hatte keine Ahnung, wie viel darin war, aber es war eine Menge.

War das eine Falle? Gab es eine Kamera in diesem Zimmer oder einen Alarm an der Tasche? Oder hatten sie sie vergessen, nicht an sie gedacht, als sie mich in das Zimmer schickten?

Ich ging nicht in die Nähe der Tasche. So viel an diesem Ort fühlte sich seltsam an, beunruhigend, verwirrend, dass ich mich darauf freute, zu gehen. Ich freute mich nicht darauf, Ancuta wiederzusehen, natürlich nicht, und doch wollte ich, dass sie sagten: »Danke, Natalia, du kannst jetzt gehen.«

Es ist wie in dem Sprichwort »Besser das Übel, das man schon kennt.« Das ist die Denkweise, die man hat, wenn man seine Perspektive ändert, wenn man mehr Angst vor dem unbekannten Neuen hat, als vor der Furcht, an die man gewöhnt ist. Das war der Grund, warum ich zurück in mein Dasein als Sklavin wollte, wenn ich mich nicht in meiner gewohnten Umgebung befand.

Ich könnte von den Zeiten erzählen, als ich Gelegenheiten hatte, mögliche kleine Chancen, zu entkommen, es so einzurichten, dass ich Zeit mit Männern verbringen konnte, ohne dass Ancuta oder Ilie in der Nähe waren, und von dort hätte ausbrechen können. Ich könnte auch von den Zeiten erzählen, in denen mir die Gefühle, die man hat, wenn man kurz davorsteht, so etwas zu tun, zu viel wurden. Ich hatte manchmal, wenn ich nur an den Versuch dachte, zu entkommen, das Gefühl, dass meine Gedanken erfüllt waren von der Art von Wut, die meine Entführer empfinden würden. Ich hatte das Gefühl, ich würde einfach zusammenbrechen, wenn ich mich tatsächlich befreien würde, dass es sinnlos wäre, eine Angst zu verlassen, um in einen Ozean von noch mehr Angst einzutauchen. Ich kann diese Dinge erzählen, kann Beispiele geben, aber ich kann sie nicht erklären, ich kann nicht sie nicht verstehen.

Andy sprach wieder mit mir, von Nahem. Er sagte mir, ich müsse nicht leiden.

»Mir gefällt das nicht«, sagte er und zeigte auf meinen Körper, auf die blauen Flecken. »Wir machen hier so was nicht, und du musst dir das von niemandem hier gefallen lassen. Okay?«

Ich zuckte die Achseln. Was hätte ich tun sollen?

»Wenn du für uns arbeiten willst, für unseren Freund, dann ist das okay«, sagte er.

Es war wahrscheinlich nett von ihm, das zu sagen, aber ich glaube nicht, dass er meine Situation verstand. Und wie auch immer, er war high und sagte das Erste, was ihm in den Sinn kam. Ich sagte nichts zu ihm, nickte vielleicht nur ein bisschen.

»Wir sind sowieso immer hier, falls du uns brauchst«, sagte er.

»Okay«, sagte ich. »Danke. Dealt ihr mit Drogen?«

Er lachte. »Kein Kommentar«, sagte er.

»Okay«, sagte ich. »Was ist das für ein Ding an deinem Bein? Eine Fußfessel von der Polizei?«

»Ja«, sagte er. »Ich war ein böser Junge. Ich muss jede Nacht um Mitternacht zu Hause sein. Ist das nicht schrecklich?«

»Weil du mit Drogen gedealt hast?«

Er lächelte. »Ich kann es nicht sagen.«

Dreieinhalb Stunden waren vergangen. Es war ein seltsamer Nachmittag gewesen. Mir war Hilfe von Drogendealern angeboten worden, und ich war gebeten worden, Drogendealern zu helfen. Wie war ich in diese Situation geraten?

Aber es gab keinen Sex, keinen Missbrauch.

Ich ging, und Ancuta wartete im Wagen, mit herabgelassenem Fenster, und rauchte eine Zigarette.

Sie dirigierte mich zur Fahrerseite und sagte: »Und?«

Und ich sagte ihr, es sei alles gut gelaufen.

Ich war nur ein ganz kleines Bisschen besorgt, dass ihr zu Ohren kommen könnte, was dort drin passiert war, was ich gesagt hatte, aber mein Instinkt sagte, mir, dass es ein Geheimnis bleiben würde.

Es waren Einkaufstaschen in dem Auto. Ancuta hatte sich mit den tausend Pfund amüsiert.

Kapitel Zweiundzwanzig

Wir verbrachten einige Zeit in Dublin und Galway. Ilie hatte weitere Abschlüsse am Laufen und wollte mehr Mädchen in Belfast in Umlauf bringen, sie in seinem Bordell dort anschaffen lassen, ein weiteres eröffnen, und danach noch eins. Er wollte mehr Leute einbeziehen und sicherstellen, dass er derjenige war, der ein Stück des Kuchens von allen bekam, die dort Geld verdienten.

Als wir wieder in Galway ankamen, machten wir in der Wohnung über den Buchmachern halt. Sie wurde immer noch benutzt, ein Verwandter von Ilie betrieb sie, und sein Partner war dort jetzt die Puffmutter.

Skinny und ich gingen nicht hinein. Ich hatte kein Interesse daran. Wenn es ein altes Haus gewesen wäre, eine frühere Wohnung, in der ich aus freiem Willen gelebt hätte, wäre es vielleicht anders gewesen, aber es war ein Ort, an den ich keine einzige gute Erinnerung hatte. Ich hatte das Gefühl, es würde mir schon Unglück bringen, wenn ich auch nur durch die Tür ginge. Wenn ich es getan hätte, wenn ich hineingegangen, die Treppe hinauf und in dieses Wohnzimmer gegangen wäre, wäre ich nur eins von diesen Mädchen, eins von den vielen Mädchen gewesen, die mit einem Zuhälter auf der Durchreise dort halt machten, wie all jene, die das taten, als ich an diesem Ort lebte. Ich hätte vielleicht irgendein Mädchen gesehen, das versuchte, sich in einer Ecke zu verstecken, und ich hätte sie vermutlich, so wie es mir widerfahren ist, ignoriert.

Skinny und ich saßen in dem Auto, während Ancuta uns von ihrem Sohn in Rumänien erzählte, er sei der hübscheste Junge auf der Welt und sie hoffe, sicherstellen zu können, dass er ein gutes Leben haben und sie ihm bald wiedersehen würde.

Wir fuhren zu einem anderen Ort, wo Skinny und mir ein Schlafzimmer gegeben wurde. Ein Profil wurde geändert, Telefone fingen an zu klingeln und Arschlöcher begannen einzutreffen.

»Du bist schön«, sagten die Männer.
»Okay«, sagte ich.
»Kann ich auf dein Gesicht abspritzen?«
»Okay?«
»Wirst du meinen Hintern befingern?«
»Okay.«
»Ich liebe dich.«
»Okay.«

Es war vielleicht vier Wochen später, und wir waren wieder zurück in Belfast, wieder in Windsor Park. Vali war die ganze Zeit dortgeblieben und schien zufrieden mit den Dingen zu sein. Einige andere Mädchen und Zuhälter waren da gewesen und wieder gegangen. Es waren ein paar Mädchen dort zu der Zeit, die ich noch nie gesehen hatte. Oder vielleicht hatte ich sie auch schon gesehen und konnte mich nur nicht mehr daran erinnern. So wurde es. Es gab keine Freunde, keine alten Kumpels von früher. Es waren nur Leute, die durch Scheiße wateten und dabei aneinander vorbeikamen.

Ich kümmerte mich wieder um die Telefone, steuerte

noch einmal den dummen Handel, die furchtbaren Leute, die zu allen Zeiten des Tages anriefen und wollten, dass ihre Träume wahr wurden.

Andy rief wieder an.

»Hi, Natalia«, sagte er, und er hätte jeden Namen sagen können.

»Hi, Baby«, sagte ich.

»Hier ist noch einmal Andy«, sagte er mit einem Glucksen in der Stimme.

»Oh, hi, Andy.«

»Können wir dich für den Nachmittag buchen?«

»Warum?«

»Weil wir uns ein bisschen mehr mit dir unterhalten wollen, ist das okay?«

»Ich weiß nicht. Ich denke, vielleicht …«

»Du warst weg, und jetzt bist du zurück. Das weiß ich, weil ich die Website beobachte, weißt du?«

»Was wollt ihr von mir?«

»Nur reden. Dasselbe wie letztes Mal.«

Ancuta war nicht glücklich über dieses Gespräch. Ich sah sie an, erklärte, dass derselbe Mann mich wieder für einen Nachmittag buchen wolle. Sie schüttelte den Kopf. Das gefiel ihr nicht. Sie mochte es nicht, wenn die Dinge persönlich wurden, mochte die Vorstellung nicht, dass ein Mädchen zu viele Stunden mit demselben Mann verbrachte.

Ihre Füße klatschen, als sie herüberkam und das Telefon nahm: »Ich habe noch andere Mädchen.«

»Nein«, sagte er. »Ich will Natalia. Dasselbe Arrangement. Schick sie her.«

»Warum nur Natalia? Magst du andere Mädchen nicht?«

»Wirst du sie herschicken?«

»Nein, sie bedient meine Telefone«, sagte sie. »Ich brauche Natalia hier.«

»Und ich brauche sie hier«, sagte er.

Was sollte ich tun?

Ancuta sagte: »Nein«, und legte auf. Ihr Gehirn arbeitete, beschäftigte sich mit der Sache, während sie dort stand. Sie dachte offensichtlich: »Was würde ein Mann so viele Stunden mit einem Mädchen machen? Wie viel würden sie sich unterhalten? War er von der Polizei oder jemand, der sich zu sehr in sie verliebt hatte? Stellte er zu viele Fragen?«

Ihr Puffmutterinstinkt sagte ihr, dass hier etwas anders war.

Doch Andy war hartnäckig. Ein Freund fuhr ihn zu unserem Apartment. Er klingelte und wurde hereingelassen. Er klopfte an der Tür und schob sich herein, als sie geöffnet wurde.

»Ich bin gekommen, um Natalia für den Nachmittag abzuholen«, sagte er.

Ancuta war perplex, entsetzt.

»Ich habe bereits am Telefon Nein gesagt!«

Wir konnten alle sehen, dass Andy high war, vielleicht auch betrunken, aber er war penetrant, entschlossen und dickköpfig.

»Sie kommt mit mir«, sagte er. »Ist das ein Problem?«

Er blickte sich um, suchte nach jemandem, der ihn aufhalten würde. Ilie und Vali waren nicht da. Ich weiß nicht, was sie getan hätten, wenn sie da gewesen wären.

»Warum willst du sie?«, fragte Ancuta.

Er wandte sich ihr zu, blickte ihr direkt ins Gesicht, hielt seine beiden Fäuste hoch, als würde er Motorrad fahren, streckte seinen Schritt vor und zog seine Fäuste in Richtung seines Körpers.

»Weil«, sagte er, »ICH SIE GERNE VÖGELE!«

Er lachte, vielleicht weil er etwas wirr war vom Kokain.

Mit Ancuta war seit langer Zeit nicht mehr so gesprochen worden.

»Den ganzen Nachmittag?«

»Ja.«

Und dann fügte er hinzu: »Wir sind zu fünft, ist das okay?«

Der Groschen fiel.

»Ah ja«, sagte Ancuta. »Fünf.«

»Ja«, sagte er. »Wir werden sie alle vögeln.«

»Okay«, sagte Ancuta und nickte mir zu. »Fünf.«

Er nahm das Geld aus seiner Tasche, und sie nahm es sofort von ihm entgegen.

Er nahm mich, ohne Make-up, in T-Shirt und Jogginghose, mit nach unten und in das Auto. Der Fahrer war einer der Männer, denen ich bereits begegnet war. Er brachte uns zu der Wohnung. Einige von den Männern waren da, die beim letzten Mal da gewesen waren. Da war auch eine Frau, Andys Freundin, und sie schüttelte mir die Hand, sagte, sie habe von mir gehört.

Dieses Mal gab es keine sofortige Befragung, kein Ausziehen und kein Versuch, mich auszuquetschen. Es war, als hätte man mich direkt in eine Art geselliges Beisammensein gebracht, vielleicht gar eine kleine Party.

Mir wurde eine Flasche Bier gegeben, und Andy fragte, wo ich gewesen sei, was los gewesen sei, wie es Ilie und

Ancuta ginge. Ich hatte sehr wenig zu sagen. Ich war so verwirrt.

Ein Mann kam herüber, und Andy stellte ihn mir vor. Er sagte, ich sähe gut aus, und ich sagte: »Okay.«

Er sagte: »Bedrohen sie deine Familie?«

Ich nickte. »Ja, meine Mutter.«

»Das passiert häufig«, sagte Andy. Er nickte seinem Freund zu und sagte: »Wenn du mit diesem Kerl arbeiten und ihm einen Anteil an dem geben würdest, was du verdienst, wäre es einfacher für dich. Keine Drohungen, keine Schläge.«

»Okay«, sagte ich. Und wieder wollte ich lautstark verkünden, dass ich damit aufhören wollte, für Sex verkauft zu werden.

Andys Freundin wollte mit mir reden. Sie war so nett, so freundlich. Sie hatte Interesse an meiner Situation, aber ich konnte ihr nicht viel sagen. Und das verstand sie.

»Was ist passiert?«, sagte sie, und wollte nur, dass ich ihr eine Vorstellung davon vermittelte, wie ich überhaupt in diesen Schlamassel geraten war.

»Sie haben mich entführt«, sagte ich. »Sie haben mich ausgesucht und entführt, weil sie es konnten.«

»Mein Gott«, sagte sie. »Warum zum Teufel bist du dann immer noch bei ihnen?«

Ich zuckte die Achseln. Es war die vernünftigste, direkteste Frage von allen, und es war eine, die ich nicht beantworten konnte. Ich konnte sie nicht in einem Stück beantworten. Ich konnte sie nicht in einer Minute oder einer Stunde beantworten. Vielleicht beantworte ich sie mit dieser Geschichte, die ich hier erzähle, und das muss der Leser entscheiden, aber es ist eine Frage, die Angst und Gefahr, Drohung und Risiko, Bequemlichkeit und Kontrolle, Gewohnheit und Entbehrung auslotet, und die Antwort ist lang und scheint keinen Sinn zu ergeben. Wie eine dumme geschlagene Ehefrau, wie ein dummer Häftling, der sich immer wieder einsperren lässt, hatte ich es irgendwie geschafft, neun Monate lang an etwa hundert Orten zu leben, an denen ich nie hatte sein wollen. Also musste ich ihr beantworten, warum zum Teufel ich immer noch dort war. Ich war peinlich berührt, stumm, beschämt und mir fehlten die Worte.

»Weil ich Angst habe«, sagte ich.
Und sie legte ihre Arme um mich.
Ich weinte nicht.

Später beobachtete Ancuta mich beim Gehen, sah sich meine Körpersprache an, meinen Körper, nur um zu sehen, ob sie feststellen konnte, wie sehr der Nachmittag mich strapaziert hatte.

Mehr als drei Stunden mit fünf Männern – sie hatte vermutlich ein professionelles Interesse daran, zu erfahren, ob ich das zweimal oder mehrere Male am Tag machen konnte. Doch wieder hatte es keinen Sex gegeben. Ich war bei einer Party mit einigen Leuten gewesen, von denen ich wusste, dass ich sie mögen könnte. Es war verrückt.

In den folgenden Tagen hörte ich nichts mehr von Andy, nur mehr Bockmist von Ilie darüber, wie er sogar noch mehr Geld verdienen könne. Eine ganze Menge Bargeld war, wie immer, nach Rumänien geschickt worden, und das schien sein Ansehen unter den Anführern der Bande, mit der er verbündet war, zu erhöhen. Und er war in Schweden gewesen, hatte einige Typen getroffen, seine Verbindungen in Stockholm gefestigt, und er hatte das Gefühl, er hätte bereits eine sichere Route für den Menschenhandel in Planung. Er war so zufrieden mit sich selbst, dass es widerlich war.

Ancuta trank viel, nervte ihn, nervte alle, und versaute einige der Buchungen an den Telefonen. Sie redete mehr und mehr über sich selbst und sagte mir die ganze Zeit, sie müsse in Italien leben, in den schönsten Gegenden dort, und ihr Leben in Designerbadeanzügen neben dem Pool verbringen.

Als ihr klar wurde, dass ich einen Kunden von Skinny zu einem anderen Mädchen weggelenkt hatte, brüllte sie mich an. Ein Schlag kam aus dem Nichts und warf mich beinahe von meinem Stuhl. Sie hatte einen Drink in einer Hand und, obwohl sie mich so heftig geschlagen hatte, hatte sie keinen Tropfen verschüttet. Sie packte mein Haar, als ich aufstand, riss hinten daran.

»Verfluchte kleine Schlampe«, sagte sie. »Keiner kann einer blinden Schlampe aus Sibiu trauen.«

Sie erzählte mir, sie habe meine Mutter angerufen und lachte darüber. Sie sagte, sie habe sie ein paar Mal angerufen, wenn sie zu viel getrunken hatte, weil es so einen Spaß mache. Ich wedelte sie weg und ging zurück zu den Telefonen.

Einen Tag später, wieder mal betrunken, ging sie zu mir, während sie am Telefon sprach.

Sie kam nah heran und sagte: »Ja, Anna, Ihre Tochter, vögelt immer noch mit allen Männern in Irland. Sie vögelt jetzt gerade mit einem.«

Ich konnte nicht glauben, was sie da tat, mehr Bockmist von dieser Bockmist-Frau. Doch als ich nur einen kleinen Teil eines Wortes hörte, ein winziges Geräusch aus dem Telefon, das sie an ihrem Ohr hatte, wusste ich, dass es wirklich meine Mutter war.

Ich keuchte.

Hier war die Frau, die mich auf die Welt gebracht hatte, und hier war ich, und machte, was ich bisher aus meinem Leben gemacht hatte, war am Telefon mit einem Mann, der für Sex bezahlen wollte. Ich schwieg. Ich hatte nichts zu ihr zu sagen, zu dem Mann, zu irgendjemandem. Ich hatte Angst. Ich wollte nicht mit meiner Mutter sprechen. Vielleicht wollte ich nicht, dass sie wusste, dass ich eine solche Sache an einem solchen Ort tun konnte.

Ancuta beendete den Anruf, lächelte, schlug mich so fest, wie sie konnte. Sie brüllte: »Du denkst, ich lüge dich wegen deiner Schlampe von einer Mutter an? ICH LIEBE ES, deine Mutter anzurufen und ihr von ihrer blinden Schlampe zu erzählen!«

Sie brüllte so laut, dass Lily in die Küche kam und »Schhh« machte. Unsere kostbaren Kunden wären sonst in der Lage gewesen, zu hören, was los war.

Ancuta flüsterte: »Wir haben eine Einladung für dich, in Dubai zu arbeiten, Anna. Du wirst dorthin fliegen, und dann kannst du so viel um deine Mutter weinen, wie du willst, blinde Schlampe.«

Tränen traten mir in die Augen. Telefone summten. Arschlöcher wollten mit mir darüber reden, Mädchen zu bumsen, und in mir stieg Angst hoch und mir brach das Herz.

An diesem Tag wusste ich, dass ich in kurzer Zeit diesen Ort, Ilie und Ancuta, verlassen würde.

Kapitel Dreiundzwanzig

An diesem Abend ging ich zum letzten Mal weg.

Die Stimmung war den ganzen Tag lang schlecht gewesen, da Ancuta jeden schlug, böse anstarrte und sich bei jedem und über jeden beklagte. Sie hatte früh zu trinken angefangen, vielleicht so um vierzehn Uhr, und war bald betrunken. Sie trank immer viel, aber manchmal war es, als wäre sie nicht betrunken, sie wurde nie unvorsichtig oder nachlässig. Doch an diesem Tag lallte sie, nannte Ilie einen »Bastard« und überprüfte immer wieder im Spiegel ihr Aussehen. »Er ist der Bastard, nicht ich«, sagte sie zu sich selbst, während sie am Tisch saß und in einen Handspiegel blickte.

Skinny hatte einen neuen blauen Fleck auf der Schulter, und Ilie kam und ging und sagte, er wolle am liebsten einen von seinen neuen schwedischen Kontakten am Hals packen.

»Zu viele Lügner in dieser Welt«, sagte er zu Ancuta, aber sie knurrte nur.

Um meiner selbst willen, aus tausend Gründen, musste ich gehen. An jenem Tag hatte ich zwei Dinge, die ich vorher nicht gehabt hatte: Hoffnung und Mut. Sie prallten aufeinander, vereinigten sich in jenen Stunden, und ich konnte dieses Gefühl nicht einfach vorbeiziehen lassen. Ich war stark und wusste nicht, wie lange das anhalten würde.

Um achtzehn oder neunzehn Uhr war es in der Wohnung in Südbelfast ruhig. Die Nach-der-Arbeit-Arschlöcher waren schon da gewesen, um sich zu vergnügen, und es gab eine Flaute, bevor die nächsten Arschlöcher sich melden würden.

Ich ging ins Badezimmer, dann ins Schlafzimmer. Ich holte den roten Hoodie und die graue Jogginghose, die Ilie mir gebracht hatte, unter dem Bett hervor. Ich nahm sie mit ins Badezimmer. Mein Herz schlug ein wenig heftiger, als ich meinen Morgenmantel auszog und die Kleider anzog. Es schlug heftiger, aber es zu spüren, ließ mich mich ein bisschen lebendiger fühlen, als ich es seit langer Zeit getan hatte. Ich zog den Morgenmantel über die Kleidung.

Ancuta brüllte etwas, vielleicht brüllte sie jemanden am Telefon an, und ich wusste, dass sie jeden Augenblick nach mir rufen würde.

Da standen Flip-Flops, das Paar, in dem sie immer durch die Gegend flipfloppte, neben der Duschkabine. Ich zog sie an, womit ich eines ihrer liebsten Dinge stahl. Ich atmete sehr tief durch und ging in den Flur.

Ich hörte sie mit Vali sprechen, wie sie etwas darüber sagte, dass jemandem eine Lektion erteilt werden müsse.

Er antwortete ihr. Ilie war, so hoffte ich, auch immer noch dort drin, trank seinen Whisky, dachte an jemanden, abgelenkt von seinem Ärger, seiner Gier oder seinem Ehrgeiz.

Ich stand an der Tür und wusste, wenn ich sie öffnete, würde das Geräusch innerhalb von einer Sekunde bemerkt werden. Ancuta konnte so betrunken sein wie eine ganze Bar, aber sie konnte, wie eine Katze, immer noch die Geräusche hören, die sie hören musste. Es war eine schwere, braune Tür, eine stabile Wohnungstür, und das Geräusch, wenn sie sich öffnete und schloss, war das Geräusch ihres Geschäfts.

Sie lachte über irgendwas, und Ilie lachte. Vali sprach lauter, als würde er ihr Lachen übertönen wollen.

Und ich drückte den Türgriff, zog die Tür ein bisschen auf und schlüpfte hinaus. Ich schloss sie nicht wieder.

Ich ging in meinen roten Morgenmantel die Stufen hinunter und machte mir Sorgen, dass ich in ihren Flip-Flops stolpern könnte.

Ich brauchte vielleicht eine Minute, um nach unten zu gelangen, die Tür nach draußen zu öffnen. Ein Mann kam herein, und ich denke, als er mich sah, muss ich erschrocken ausgesehen haben. Ich war wie gelähmt, nur für eine Sekunde, vor Angst, dass er einer der Zuhälter sein könnte, oder irgendein Freund von Ilie, oder jemand, der mich kannte und wusste, wo ich sein sollte. Ich hatte Angst, dass er mich einfach am Hals oder an meinen Haaren packen und wissen wollen würde, wohin ich gehe und wer gesagt habe, ich könne weggehen und etwas unternehmen.

Doch er lächelte nur, dachte vielleicht, es wäre witzig, dass ich einen Morgenmantel trug.

»Hi«, sagte er.

»Hi«, sagte ich.

Und das war es.

Die Tür schloss sich, und ich stand vor dem Gebäude und blickte in die Dunkelheit des Novemberabends und den Nieselregen.

Meine nächste Angst war natürlich, dass sie mich, wenn ihnen nicht bereits klar geworden war, dass ich weg war, auf der Straße sehen könnten. Die Jalousien am Fenster waren fast immer heruntergezogen, aber was war, wenn sie sie hochgezogen hatten? Das Fenster ging direkt auf die Straße hinaus, wo ich stand, und sie würden mich sofort erkennen. Und wenn sie bereits bemerkt hatten, dass ich weg war, würden die Jalousien natürlich definitiv hochgezogen sein.

Ich zog, wo ich stand, den Morgenmantel aus und nahm dann meine Brille ab. Ich steckte die Brille in die Tasche meines Hoodies und rollte den Morgenmantel zusammen. Ich klemmte ihn mir unter den Arm, als wäre es eine Tasche. Ich wusste nicht, was ich sonst damit tun sollte. Ich zog mir die Kapuze über, senkte den Kopf und ging von der Tür weg, in Richtung des Straßenendes und auf die Lisburn Road.

Meine Ohren waren von der Kapuze bedeckt, daher dachte ich, dass ich es vielleicht nicht so gut hören würde, wenn jemand hinter mir her gerannt käme. Ich zog sie ein wenig zurück, hinter meine Ohren, nur um hören zu können, was nötig war.

Ich weiß nicht, was ich getan hätte, wenn jemand angerannt gekommen wäre und gerufen hätte: »He, Blinde!« Vielleicht wäre ich an Ort und Stelle erstarrt, oder vielleicht wäre ich wie der Wind gerannt. Ich wusste jedoch nicht, ob ich rennen konnte, da ich so etwas lange nicht mehr getan hatte. Ich war seit vielen Monaten nicht mehr gerannt, hatte meine Beine nicht mehr ausreichend gestreckt und all meine Muskeln benutzt. Ich glaube nicht, dass ich überhaupt wusste, wie viele Monate es gewesen waren. Doch hier war ich, ging schnell, rannte sogar ein bisschen, zum ersten Mal nach all der Zeit. Der kalte Wind und der Regen wehten mir ins Gesicht, und ich bewegte mich vorwärts. Ich muss sagen, dass es genauso beängstigend wie aufregend war. So normal es auch für alle anderen war, so völlig verrückt war es für mich.

Also, wohin ging ich? Ich ging ins Stadtzentrum, und ich kannte den Weg. Ich warf den Morgenmantel in einen Mülleimer und setzte meine Brille auf. Ich war sicher, dass ich die Straßen kannte, die belebten Bereiche, wo die Ampeln waren, und nicht falsch abbiegen würde. Ich ging schnell an einigen der Orte vorbei, an denen ich bereits vorbeigefahren war – einer großen Bar, einem Subway-Sandwichladen, einem chinesischen Bringdienst und einer Schule. Es beunruhigte mich, dass ich auf der Hauptstraße war, aber es beunruhigte mich auch, dass ich mich, falls ich von der Hauptstraße in einige kleinere Straßen abbog, verlaufen könnte. Ein Mädchen, dass sich verirrt hat, fällt Zuhältern, die jede Einzelheit von ihr kennen, auch auf eine Entfernung von Kilometern auf, wie ein bunter Hund. Ich wollte nicht, dass Ilie versuchte, herauszufinden, wo ich sein könnte, weil ich wusste, wie gut er in so etwas war.

Ich wischte immer wieder meine Brille ab, da der Regen meine Gläser nass machte. Ich wollte sicher sein, dass ich den richtigen Weg nahm, dass ich nicht irgendwelche Straßen verpasste, die ich nicht verpassen sollte. Die Scheinwerfer der Autos waren an, manche fuhren langsam, manche schneller, und ich konnte in keines der Fenster blicken. Ich wusste nicht, ob in irgendeinem der Autos jemand saß, den ich nicht sehen wollte. Also senkte ich meinen Kopf, so tief ich konnte, und ging schnell weiter, mit so viel Entschlossenheit, wie nie zuvor in meinem Leben.

Ich gelangte ins Stadtzentrum, auf die Great Victoria Street und ging Richtung Rathaus. Es war ziemlich geschäftig dort, aber ich hatte immer noch das Gefühl, aufzufallen, das rumänische Flip-Flop-Mädchen in Rot, das schnell ging, rannte und niemanden ansah.

Es war, meinem Gefühl nach, geschäftig genug, dass es nicht auffallen würde, wenn mich jemand packen würde. Ich fragte mich, ob mir Leute zu Hilfe kommen würden oder ob die Leute an diesem Ort nur zusehen und sich wundern würden, wenn ein Mädchen in ein Auto gezerrt, geohrfeigt und geschlagen werden würde. Ich wusste es nicht, und ich wollte es auch nicht herausfinden.

Weiter ging ich, überquerte Straßen an piependen Ampeln und rannte weiter in Richtung der Gerichtsgebäude. Ich bog links ab, genau dort, wo all die Autos links abbogen, und rannte weiter in Richtung des Kathedralviertels.

Und hier, so nah an dem Ort, an den ich wollte, drehte ich mich – wie ich mich erinnere – zum ersten Mal um, um zu sehen, ob mich jemand beobachtete, mir folgte. Und da waren nur einige Leute, die Lichter des Verkehrs und Schirme, und niemand hatte irgendein Interesse an mir. Ein Auto, das vorbeifuhr, war ein Polizeiwagen, weiß und orange, helle Farben, und ich erinnere mich, dass ich schnell wegblickte und wieder meinen Kopf senkte. Ich weiß nicht, warum. Vielleicht weil die Polizei ein Teil der Welt war, die ich zu verlassen versuchte, vielleicht weil die Polizei mir nie geholfen hatte, vielleicht weil die Welt besser für sie sein würde, wenn ich kein vermisstes Mädchen wäre, sondern ein Mädchen, das bei Leuten war, bei denen sie sein sollte – den Zuhältern und den Arschlöchern. Ich glaube aber, dass ich mich vor allem deshalb von der Polizei abwandte, weil ich natürlich eine Kriminelle war.

Ich kam zu Andys Wohnung und blickte hoch, aber ich konnte nichts sehen – kein Licht, kein Leben. Aber andererseits suchte ich vielleicht nicht am richtigen Ort. Ich wusste es nicht mit Sicherheit. Aber ich freute mich, dass ich es bis an den Ort geschafft hatte, an den ich gewollt hatte. Um das nächste Problem konnte ich mich kümmern, wenn es auftrat, aber fürs Erste hatte ich ein großes Etappenziel erreicht.

Ich drückte auf die Klingel und niemand reagierte.

Es war etwa neunzehn oder zwanzig Uhr. Ich wusste es nicht. Aber eine Sache wusste ich. Er musste bis Mitternacht wieder in seiner Wohnung sein, weil er eine Fußfessel an seinem Knöchel hatte, die ihm keine Wahl ließ. Wenn es hochkam, musste ich vier oder fünf Stunden warten. Ich würde einfach warten müssen. Ich hätte zwanzig, vierzig oder hundert Stunden gewartet, solange es nur Warten war. Ich wartete nicht darauf, vergewaltigt zu werden, also war es auf gewisse Weise einfach, nur dazusitzen, nichts zu tun und nichts zu sagen.

Ich ging ein bisschen herum und dachte über die Dinge nach. Falls sie hier nach mir suchen kamen, musste ich sie zuerst sehen, dachte ich. Da gibt es eine große Kirche, St. Anne's Cathedral, und gegenüber von ihr liegt ein Platz, der sich Writer's Square nennt. Falls sie im Kathedralviertel nach mir suchten, würden sie irgendwann an diesem Ort sein oder an diesem Ort vorbeikommen.

Also ging ich zu dem Platz, zu dem Teil des Platzes, wo es kleine Mauern gab, und daneben führte eine winzige Straße auf die nächste Straße. Dort blieb ich für lange Zeit und beobachtete alles um mich herum. Ich war so gut in der Dunkelheit versteckt, wie ich es von der Straße aus sein konnte, meine Blicke schossen von einem Auto zum nächsten, mein Kopf sagte mir, dass dieses Auto sicher war, dass in diesem Auto weder Ancuta, noch Ilie, noch Vali saß.

In meiner Tasche spielten meine Finger mit SIM-Karten,

drehten sie immer wieder um, bewegten sie in meinen Händen, wie kleine Spielzeuge. Das waren die Karten, die ich aus vielen Telefonen genommen hatte, der Beweis für das, was vor sich gegangen war, die Spur, die ich hinterlassen wollte.

Ich saß auf dieser kleinen Mauer und versuchte, wie niemand auszusehen, wie nichts, und niemand kam zu mir herüber.

Während die Zeit verging, waren immer weniger Leute dort. Ich sah einige, die vielleicht Alkoholiker waren, über den Platz gehen, brüllen und sich gegenseitig schubsen, aber keiner von ihnen störte mich auch nur im Geringsten. Fremde waren nicht die Leute, die mir in dieser Nacht Sorgen bereiteten.

Ich sah weder Ancuta, noch Vali, noch Ilie. Ich sah nicht einmal jemanden, der so aussah wie sie. Ich hatte befürchtet, dass mein Gehirn mir einen Streich spielen und mir sagen würde: »Da ist sie«, oder: »Lauf weg, sofort!«, aber das tat es nicht. Ich war vorsichtig und mich beunruhigte kein Auto, das langsam fuhr und kein Fremder, der mir ins Gesicht blickte.

Wissen Sie, was ich dachte? Was für eine Närrin ich gewesen war. Ich war zu impulsiv gewesen, zu schnell. Warum hatte ich nicht Bargeld mitgenommen? Ich dachte: »Ich hätte früher am Tag vielleicht ein paar hundert Pfund vom Tisch nehmen können, wenn ich schlau und mutig genug gewesen wäre.«

Und das hätte es leichter gemacht, hätte es besser für mich gemacht, in Bezug auf Essen oder eine Unterkunft oder auch in Bezug auf ein Gespräch mit Andy, aber das hatte ich nicht getan. Ich war mit nichts als SIM-Karten gegangen. Ich hatte ein Vermögen für sie verdient, war ihr Million-Dollar-Mädchen gewesen und hatte nichts als Schaden dafür bekommen.

Es war vielleicht zwei Stunden später, als ich das erste Mal zurück zu Andys Apartment ging und klingelte, aber wieder gab es keine Antwort.

Und es dauerte vielleicht eine weitere Stunde, bis ich zurückging, vor seiner Tür stand und wieder klingelte.

Die Aufregung hatte mich verlassen. Die Realität, nichts zu haben, und nirgendwo hinzukönnen, drang jetzt zu mir durch. Mittlerweile würde Ancuta, das wusste ich, meinen Namen fauchen und drohen, mir die Kehle durchzuschneiden. Ich wusste, dass sie vermutlich meine Mutter angerufen und ihr gesagt hatte, was für eine »blinde Schlampe« ich sei. Ich wusste mittlerweile, dass Ancuta, falls sie mich fand, mich so hart schlagen würde, wie sie mit ihren harten Fäusten überhaupt schlagen konnte.

In dieser Phase blieb ich näher an den Wohnungen, mein Rücken an eine Wand gelehnt, in einer Ecke stehend, beobachtete die ganze Zeit alles um mich herum und mir entging nichts. Ich war mittlerweile durchnässt, höllisch hungrig, fror und war besorgt. Und ich wurde immer besorgter. Ich wusste nicht, was als Nächstes passieren würde, und das war an sich schon beängstigend.

Es vergingen vielleicht zwanzig oder dreißig Minuten, und ich hörte glückliche Stimmen von Männern und Frauen auf mich zukommen.

Ich konnte sie im Licht sehen, wie sie Taschen mit Getränken trugen und lachten, etwa fünf oder sechs Leute, die alle eine gute Zeit hatten. Ich sah Andy dort und wusste, dass er zurückgekommen war, um seine Ausgangssperre einzuhalten.

Aber ich hatte keine Ahnung, was er zu mir sagen würde, oder ob er sich überhaupt daran erinnern würde, wer ich war. Ich hatte ihn seit Wochen nicht mehr gesehen, und ich war nur ein Mädchen, nur eine angeschlagene Prostituierte, die er im Zuge seiner Arbeit getroffen hatte.

Ich ging auf sie zu, und sie sahen mich alle an, als wäre ich ein nasser, trauriger Fall.

Andy sagte: »Himmel, was tust du denn hier?«

Ich sagte: »Erinnerst du dich an mich?«

Er sagte: »Ja, natürlich. Natalia. Natürlich erinnere ich mich an dich. Geht es dir gut?«

Ich sah auch einen der anderen Männer dort. Er nickte, erkannte mich ebenfalls.

Ich weiß, dass ich weinte, als ich sagte: »Ich brauche Hilfe. Kann ich dich um Hilfe bitten?«

Und Andy sagte: »Natürlich, kein Problem. Komm mit nach oben, und dann werden wir weitersehen.«

»Okay«, sagte ich, und mein Gesicht war nass von den Tränen und dem Regen.

Was mich zum Lächeln bringt, ist, dass eine Party in seinem Apartment stattfand. Es waren bereits Leute dort, die tranken, tanzten und sangen, als wir alle ankamen. Ich hatte stundenlang draußen gestanden und keine Ahnung davon gehabt. Niemand hatte auf mein Klingeln reagiert oder sich an den Fenstern gezeigt. Aber hinter den schwarzen Rollos gab es Fröhlichkeit, Freude und Freiheit.

Und es war so warm, als würde man in einen großen, hellen Ofen treten. Es war warm, die Atmosphäre glücklich und die Leute lachten.

Viele Leute nahmen Drogen. Ich muss sagen, dass nichts Diskretes daran war, wie die Leute offen Kokain von Tischen oder der Oberfläche des Soundsystems schnupften. Manche Leute, die tanzten, hatten weit aufgerissene Augen, als wären sie auf Ecstasy. Und jetzt waren die anderen zurückgekommen, einschließlich mir, und sie holten alle Getränke heraus, stellten weitere in den Kühlschrank und fingen an, selber Drogen zu nehmen.

»Geht es dir gut?«, sagte Andy zu mir.

Ich sagte: »Ja, ich musste von dort wegkommen, und ich weiß nicht wohin, ich kenne niemanden. Ich kann niemandem trauen.«

»Nun«, sagte er. »Du kannst uns trauen. Mach dir keine Sorgen.«

Es standen Chips und einige Sorten Party Food auf den Tischen.

Er sagte: »Willst du einen Drink? Willst du etwas zu essen? Es ist ein wenig chaotisch im Moment, aber wir können uns bestimmt später noch unterhalten. Entspann dich einfach, Natalia, okay? Zieh deine nasse Jacke aus und häng sie über die Heizung oder so was.«

Und ich sagte, das würde ich tun.

Ich sagte: »Mein Name ist Anna.«

»Anna?«

»Ja, aus Rumänien.«

»Okay«, sagte er. »Nett, dich kennenzulernen, Anna.«

Ich nahm mir ein bisschen von dem Essen und versuchte, nicht wie ein hungriger Flüchtling auszusehen. Ich wollte meine Kleider auszuziehen, aber ich hatte nur blaue Flecke und Unterwäsche darunter, und all das wollte ich nicht zeigen. Also nahm ich meine kleinen Essensportionen und fragte mich, ob ich ein Zimmer finden könnte.

Ein Mädchen sprach mich an, Andys Freundin, und ich erinnerte mich daran, dass wir uns bereits getroffen hatten. Sie sagte mir, ihr Name sei Fiona. Sie sagte, ich solle meine nassen Sachen ausziehen, und ich sagte, das würde ich.

Sie sagte, sie würde meine Zuhälter nicht mögen, von dem, was sie gehört hatte, und dann sagte sie: »Es gibt überall gefährliche Leute.«

Und ich sagte, ich wisse, dass das wahr sei. Und ich wusste, dass es, nur weil es an diesem Ort gerade warm und freundlich war, nicht bedeutete, dass die Situation sich nicht verändern und kalt und unangenehm werden konnte. In dieser Welt kann man das einfach nicht wissen.

Die zwei Schlafzimmer waren mit Leuten belegt, die damit beschäftigt waren, zu vögeln, zu singen und Drogen zu nehmen. Ich ging ins Badezimmer und aß ein wenig, aber meinem Magen gefiel das nicht. Er war leer, aber voller Schmetterlinge, und er war so daran gewöhnt, nur sehr wenig zu essen zu bekommen, dass mir schlecht wurde, als ich versuchte, etwas zu essen.

Ich fand keine Ruhe, weil ständig Leute kamen und gingen, also setzte ich mich in einen Flur und vermied Blickkontakt mit allen. Nach einer Weile stand ich wieder auf, ging zurück ins Badezimmer und verschloss die Tür. Eines der Schlafzimmer hatte ein angeschlossenes Badezimmer, und die Leute benutzte das ebenfalls. Ich würde diesen Raum einfach für mich in Beschlag nehmen.

Ich stieg in die Wanne und legte mich hin. Der Lärm war ein wenig gedämpfter darin. Ich hörte Musik und Lachen, und manchmal versuchten Leute, die Klinke herunterzudrücken und hereinzukommen. Aber ich hatte das Licht ausgestellt, und nach einer Weile war ich in der Lage, zu schlafen, obwohl ich ständig an gefährliche Fremde denken musste.

Es war das erste Mal seit neun Monaten, dass ich in einer Badewanne lag. Ich liebe Bäder, und ich dachte, dass es wunderbar gewesen wäre, in der Wanne zu liegen, während sie voll mit heißem Wasser war. Doch ich war zu müde, um vernünftige Dinge zu denken und lag einfach nur in meinen nassen, kalten Klamotten darin.

All das war ein großes Wagnis gewesen, ein Risiko, dass ich spontan eingegangen war, mit Leuten, die ich nicht kannte. Doch ich hatte die schlimmsten Leute der Welt hinter mir gelassen, also war es um Längen besser als das, was ich vorher gehabt hatte.

Es war vielleicht sechs Uhr morgens, als ich aufwachte, und das war ein guter langer Schlaf für meine Verhältnisse. Es war ruhiger, aber es waren immer noch Leute wach, und es spielte immer noch leise Musik.

Ich ging in den Flur und hatte wirklich das Bedürfnis, mich umzuziehen. Meine Kleidung roch und war immer noch nass, und dadurch fühlte ich mich krank.

Andy war nicht da, jedenfalls konnte ich ihn nirgends sehen, und ich ging in den Küchenbereich. Jemand sagte »Hallo« und ich sagte dasselbe. Ich blickte in den Kühlschrank, und darin war nichts außer Bier.

Ein Typ fing an, mit mir über irgendetwas zu reden, an

das ich mich nicht mehr erinnere, und fragte mich dann: »Hast du Hunger?«

Ich sagte, den hätte ich. Er sagte mir, ich könne chinesisches Essen bestellen, dass er einen Bringdienst kenne, der um diese Zeit liefern würde.

Ich sagte, das wäre großartig. Er fragte, was ich wolle, und ich erzählte ihm, was ich ihm erzählen musste, dass ich überhaupt kein Geld hätte.

Er sagte: »Kein Problem, Liebes, wir bestellen einen ganzen Stapel Zeug und das können wir ohnehin teilen.«

»Okay«, sagte ich. »Danke. Ich nehme, was auch immer da ist.«

Ich ging zurück in das Badezimmer und schaute in die Schränke, auf der Suche nach etwas zum Anziehen. Es gab nichts. Und als ich ein wenig später in der Küche saß, bevor das Essen eintraf, kam Fiona, Andys Freundin, wieder zu mir.

»Du bist noch hier?«, sagte sie, als würde sie das freuen.

»Ja, ich habe ein wenig im Badezimmer geschlafen.«

»Oh mein Gott«, sagte sie. »Brauchst du etwas zum Anziehen? Du hast das die ganze Nacht angehabt.«

Und sie holte etwas für mich, ein gelbes T-Shirt und ein Paar Jeans, und wie ein armer Flüchtling ging ich mich umziehen.

Danach setzte ich mich auf einen Stuhl, lächelte, irgendwie froh und irgendwie beschämt, und wartete auf das Essen.

Ich hatte die Dessous, die einzige Unterwäsche, die ich besaß, in den Mülleimer geworfen.

Kapitel Vierundzwanzig

Als der neue Tag begann, als mir klar wurde, dass ich mich wirklich in einer neuen Situation befand, verspürte ich das Bedürfnis, mit meiner Mutter zu sprechen. Um mich waren jede Menge Leute aus Belfast, und ich hatte Schwierigkeiten, zu verstehen, was gesagt wurde. Der Akzent ist stark, und sie reden schnell. Manchmal sahen mich Leute an und sagten etwas über mich oder zu mir, und ich bekam nicht mit, was es war. Ich fand das beängstigend.

Andy war gekommen und gegangen, und schien mich vergessen zu haben, bis er mich in den Kleidern seiner Freundin auf seinem Sofa sitzen sah.

»Anna«, sagte er. »Wie läuft es bei dir?«

Ich fragte, ob wir uns unterhalten könnten, und er sagte, das sei kein Problem.

Die Leute, die mich im Menschenhandel erworben hatten, sagte ich, seien immer noch in Belfast und würden immer noch tun, was sie taten, doch ich hätte sie verlassen. Ich sagte, ich könne dort nicht länger leben.

Wir tranken Kaffee auf Barhockern, und er fragte mich mehr über sie, über Ilie, Ancuta und Vali, über die Leute, die kamen und gingen, über ihre Verbindungen und Kontakte. Und ich erzählte es ihm. Mir war jetzt klar, was ich vorher schon vermutet hatte, dass er und seine Leute ein Problem mit ihnen hatten.

»Was willst du tun?«

Ich wusste nicht, was er meinte. Ich dachte, er hätte einen Plan, dass er einfach nur Informationen von mir wollte.

Also erzählte ich ihm, alles, was ich wirklich wolle, sei, in Sicherheit zu sein, dass ich mir Sorgen mache, dass es mir leidtue, das alles in sein Leben zu tragen, ich aber das Gefühl hätte, nirgends anders hinzukönnen.

Und dann sagte ich: »Aber, weißt du, ich will meine Mutter anrufen.«

»Natürlich«, sagte er.

Er reichte mir ein Telefon, sagte mir, ich solle anrufen, wen immer ich anrufen müsse.

Ich ging mit dem Telefon zu einem Fenster, blickte auf die Straße und die Dächer hinaus, und rief bei meiner Mutter zu Hause über Festnetz an. Ich kannte ihre Handynummer nicht. In Rumänien war es jetzt vielleicht um die Mittagszeit, und ich wusste nicht, ob sie vielleicht arbeitete.

Das Klingeln des Telefons versetzte mich in Aufregung, gab mir das Gefühl, als wäre es das letzte Geräusch, das ich hörte, bevor etwas Gutes und Schönes passieren würde. Ich hatte viele Probleme mit meiner Familie, mit meiner Mutter, mit Petre, aber in diesem Augenblick war das alles nicht von Bedeutung, dies war etwas anderes. Ich wusste nicht, was ich sagen sollte, weil ich zu viel zu sagen hatte, aber einfach nur ihre Stimme zu hören, hätte mir schon gereicht.

Doch es war Petre, der abnahm.

»Was ist passiert?«, sagte er. »Wen hast du verärgert?«

Ich fragte ihn, was er meine.

Er sagte, bei der Familie seien in der Nacht Telefonanrufe

angekommen, von Leuten, die sagten, falls ich mich meldete, sollten sie wissen, dass ich viele Probleme verursacht hätte.

»Wir bekommen all diese Anrufe über dich«, sagte er, »und die Bilder von dir, auf denen du diese Dinge tust.«

Ich sagte ihm, er wisse nicht, worüber er rede und bat ihn, mit meiner Mutter sprechen zu können.

»Deine Mutter ist entsetzt«, sagte er. »Diese Leute haben unser Glück zerstört, mit ihren ständigen Anrufen und dem Schicken dieser Fotos. Was hast du getan? Bist du auf Drogen? Warum hast du deine Mutter nicht angerufen?«

Ich war so ärgerlich, so wütend, dass ich ein Loch ins Fenster hätte schlagen können. Dieser Mann war nicht mein Vater, nicht einmal ein Verwandter.

»Ich will mit meiner Mutter sprechen«, sagte ich. »Hol jetzt meine Mutter.«

»Sie will nicht mit dir sprechen«, sagte er. »Sie ist gerade erst eingeschlafen, nachdem sie die ganze Nacht lang Anrufe und Drohungen bekommen hat.«

Er fragte mich, wo ich sei, und ich sagte: »In Irland.«

Und er sagte: »Ah ja, sie sagen, dass du alle irischen Männer für Geld gevögelt hast. Bist du eine gute Prostituierte? Ist es das, was du bist? Hast du Rumänien verlassen, um Prostituierte zu werden?«

Ich sagte ihm, ich würde wieder anrufen, um mit meiner Mutter zu sprechen, und er sagte, das solle ich nicht tun. »Lass sie in Ruhe«, sagte er. »Sie hat deinetwegen Angst um ihr und mein Leben. Du bist tot für uns, verstehst du? Du bist tot.«

Ich erinnere mich nicht mehr, wer von uns den Anruf beendete.

Tränen liefen aus meinen Augen. Es war vermutlich der härteste Schlag ins Gesicht, den ich jemals bekommen hatte.

Während all der Zeit hatten die Zuhälter mich in der Vorstellung der Leute am Leben erhalten, ein Bild von mir gezeichnet, eine Geschichte von mir erzählt, die mein wahres Ich nicht einbezog. Es war eine Geschichte, in der es darum ging, dass ich für alle verloren war, in der ich freiwillig alle Kontakte abgebrochen hatte, einschließlich dem mit meiner Mutter, um mich für Sex zu verkaufen. Es war eine Geschichte, in der ich nicht vermisst wurde, nicht entführt worden war, nicht verschwunden war, sondern lebte, arbeitete und in Irland herumreiste, um eine Fantasie für irische Männer zu sein. Und sie hatten Fotos, um es zu beweisen, meinen Ausweis, um es zu beweisen. In ihrer Geschichte war ich kein vermisstes Mädchen, kein Mädchen, das Opfer von Menschenhandel geworden war, ich war nur ein Mädchen, das sich entschieden hatte, Prostituierte zu werden. Ich musste feststellen, dass ich mich am schrecklichen Ende eines Streits über mein Leben wiederfand, den ich nicht angefangen hatte. Ich würde argumentieren müssen, dass ich keine Prostituierte war, und doch war ich neun Monate lang nichts anderes gewesen. Ich glaube, ich wusste von Anfang an, dass das passieren würde, dass es eine Geschichte geben würde, dass eine Spur gelegt werden würde, die eine Fabel erzählte, die nicht wahr war. Und ich fühlte mich schuldig wegen dem, zu was ich geworden war, hatte zum ersten Mal richtige Schuldgefühle.

Andy sagte mir, ich könne eine Weile bleiben, wenn ich wolle. Ich könne, sagte er, auf dem Sofa schlafen und essen und trinken, was ich wolle. Er sagte, er wisse, dass ich verstünde, dass er ein Geschäftsmann und immer beschäftigt sei, aber dass er eine Weile sicherstellen würde, dass es mir gut ginge, wenn es das war, was ich brauchte.

Er erzählte mir, er würde einigen Leuten, einigen seiner engsten Freunde sagen, ich sei mit ihm zusammen, ich sei so etwas wie seine Freundin, und das würden sie verstehen. Er sagte, er hätte ein paar Freundinnen und dass niemand irgendwelche Fragen stellen würde, weil er mit ihnen zusammen sei. Wenn ich nur irgendein Mädchen wäre, das aufgetaucht war und dablieb, sagte er, würde es Fragen geben und es würde chaotisch werden.

»Du bist mit mir zusammen, okay?«, sagte er.

»Okay«, sagte ich.

Fiona sprach später mit mir und bot mir weitere Kleidungsstücke an.

Sie sagte mir, ich sei so mager, als wäre das etwas, worauf ich stolz sein müsste. Ich erklärte ihr, dass ich aufgrund der Umstände, als Opfer von Menschenhandel, jede Menge Gewicht verloren hätte. Ich sei monatelang hungrig gewesen.

»Tut mir leid«, sagte sie.

»Ist schon gut«, sagte ich.

Aber es war eine unbehagliche Situation.

Ich war zwei Tage lang dort, verwirrt und ruhig, bevor wir alle weiterziehen mussten. Andy hatte irgendwelche Probleme mit dem Vermieter, und die drei oder vier Leute, die dort wohnten, mich eingeschlossen, mussten alle gehen.

An dem Abend, bevor wir gingen, schien es, als würde Fiona Streit mit mir anfangen wollen. Ich verstand es nicht.

Sie sagte, ich könne nicht einfach so lange bleiben, wie ich wolle, und ich solle weiterziehen.

Ich sagte ihr, ich wolle weiterziehen. Sie sagte, sie wisse, dass ich nicht mehr draußen gewesen sei, seit dem Augenblick, als ich in die Wohnung kam, und ich sagte, ich hätte nicht den Mut, nach draußen zu gehen.

»Ich habe Ärger mit den Leuten, von denen ich dir erzählt habe«, sagte ich.

»Tja, das ist nicht unser Problem, oder?«

»Ich weiß nicht, wo ich hingehen soll«, sagte ich.

»Steig in ein Flugzeug, flieg nach Hause«, sagte sie.

»Ich habe zu viel Angst. Ich habe dort keinen Ort, an den ich gehen kann«, sagte ich. »Ich habe nicht einmal meinen Pass.«

Sie war betrunken, und unangenehm, und vielleicht, dachte ich, fürchtete sie, ich wäre eine Prostituierte, die aufgetaucht war, um zu versuchen, ihren Freund ins Bett zu kriegen, wenn sie nicht da war. Das war nicht Teil meines Plans. Ich wollte überhaupt keinen Sex mehr.

Alles, was ich tun wollte, war, Fuß zu fassen, meinen ganzen Mut zusammenzunehmen, ein Gefühl dafür zu bekommen, was passierte, und dann wollte ich weiterziehen. Diese Unterhaltung mit Petre hatte mich so tief verletzt, dass ich das Gefühl hatte, wie gelähmt und kaum in der Lage zu sein, über irgendetwas anderes nachdenken zu können. Wenn ich in einen kleinen Raum abseits von der Welt hätte kriechen können, hätte ich eine sehr lange Zeit darin verbracht.

Ich rief noch ein- oder zweimal im Haus meiner Mutter an, aber es ging niemand dran. Ich erinnere mich, dass ich, als wir alle in die neue Wohnung in der Nähe des College Square zogen, wieder anrief und wieder Petre abnahm.

Ich bat wieder darum, mit meiner Mutter sprechen zu können, und er sagte, sie könne nicht reden. Er sagte, ich solle nicht mehr anrufen und legte auf.

Ich benutzte Andys Laptop, um mein Facebook-Konto aufzurufen, und sah, dass es stillgelegt worden war, nachdem der User – aber ich war es nicht gewesen – pornografische Bilder gepostet hatte. Ich schickte ihnen eine E-Mail und erklärte die Sache, und beantragte, dass es wieder freigegeben wurde, und das passierte bald darauf.

Wer hatte das getan? Ilie natürlich. Wie war er an mein Passwort gekommen? Ich weiß es nicht. Aber ich kann sagen, dass ich, als ich entführt wurde, einen Laptop in meinem Zimmer in London zurückließ, in dem Marco wohnte. Und auf diesem Laptop war mein Facebook-Passwort gespeichert.

Viele meiner Online-Freunde hatten aufgehört, mir zu folgen, und es gab Messages, die sagten, ich müsse verrückt geworden sein. Meine alte Freundin Mirela war einer von zwei Menschen, die auf Facebook fragten, ob es mir gut gehe. Der andere war meine Mutter.

Ich schickte beiden Mitteilungen und sagte, ich würde mich freuen, sie bald zu sehen, dass ich später alles erklären würde. Ich sagte, es tue mir leid, falls es wegen mir irgendwelche Probleme gegeben hätte.

Meine Mutter antwortete mir und schrieb, sie fürchte um meine geistige und körperliche Gesundheit, und sie würde nicht einmal wagen, darüber nachzudenken, wo ich schließlich gelandet sei, nachdem ich in London zu einer Art Junkie geworden sei. Ich würde ihr mitteilen müssen, schrieb sie, wer all die Leute seien, die sie und Petre töten wollen, und ob sie es ernst meinten. Sie sagte mir, sie würden ihre Nummer ändern, da die Anrufe die ganze Zeit kämen.

Ich schrieb ihr, ich würde sie jetzt anrufen, und sie nahm ab. Es war das erste Mal seit neun Monaten, dass ich ihre Stimme richtig hörte.

Ich konnte sie atmen hören, und mir kamen die Tränen.

»Es tut mir leid«, sagte ich. »Ich muss dir sagen, dass du nicht glauben wirst, was mir passiert ist, und ich will zu dir nach Hause kommen.«

Sie sagte, das sei keine gute Idee, Petre habe mehr über die Leute herausgefunden, die sie angerufen hatten und er fürchte, sie könnten richtige Mörder sein.

»Das ist der nächste Schritt nach den Telefonanrufen«, sagte sie. »Dass sie kommen und einen töten, wenn die eigene Tochter sie betrogen hat.«

In diesem Augenblick verließ mich die Traurigkeit; sie verwandelte sich einfach in Wut.

Ich sagte: »Dann sag diesen Leuten, ich sei tot. Erzähl allen, ich sei tot. Sag Petre, ich sei tot. Und für dich bin ich tot. Das ist es ja offensichtlich, was ihr alle wollt. Dann kannst du mich vergessen und mit deinem Leben weitermachen.«

Ich legte auf, brüllte und weinte, und wollte dieses tote Mädchen sein. Ich hatte kein Geld und niemanden. Alles, was ich in der Welt hatte, war die Unterstützung eines Drogendealers in Belfast, dessen Freundin anfing, mich zu hassen.

Was sollte ich tun?

Mir wurde gesagt, ich könne in der neuen Wohnung auf dem Sofa schlafen, und es würde mich nichts kosten. Andy sagte, er hoffe, ich könne die Dinge in der Zwischenzeit in Ordnung bringen, und er verstünde, dass mein Leben kompliziert sei. Er sagte, er würde mir nicht noch mehr Probleme bereiten wollen.

»Aber du kannst mir helfen, wenn du magst«, sagte er.

Mit was?

»Du kannst doch Auto fahren, oder? Du bist mit deiner Zuhälterin zweimal zu meiner letzten Wohnung gefahren«, sagte er.

Ich sagte ihm, das sei wahr, ich könne fahren.

»Ich brauche jemanden, der mich ein wenig herumfährt«, sagte er.

»Kein Problem«, sagte ich. Was sonst hätte ich sagen sollen?

Doch nichts passierte. Ein Tag, vielleicht zwei Tage, vergingen, und ich war immer noch die ganze Zeit drinnen, wartete auf nichts, auf etwas. Fiona kam und ging, und wir fingen an, ein wenig miteinander zu sprechen. Sie sagte mir, sie sei betrunken gewesen und hätte mir nicht drohen wollen. Sie sagte, sie habe eine harte Zeit durchgemacht.

Ein anderer Typ kam und ging, und ein weiteres Mädchen fragte mich aus heiterem Himmel, ob ich mit ihr einen Kaffee trinken gehen wolle. Und das schien mir die normalste Sache der Welt, eine gute Möglichkeit, um vielleicht eine Freundschaft zu schließen und einfach in der Stadt zu entspannen, aber etwas in mir war nicht mutig genug. Ich fürchtete mich davor, rauszugehen. Ich hasste es, drinnen zu sein, hatte aber Angst vor der Außenwelt. Ich hatte es bis zu diesem Moment nicht gewusst: Ich konnte nicht mir ihr gehen.

Dann bat Andy mich, ihn irgendwo hinzufahren, zu einer Adresse in den Außenbezirken von Belfast. Er sagte mir, er kenne den Weg, er werde mich vom Beifahrersitz aus dirigieren.

Wir gingen hinunter zu seinem Wagen, einem Ford, der draußen auf dem Pflaster parkte. Wir befanden uns direkt im Stadtzentrum, obwohl die Wohnungen ein bisschen von den Hauptstraßen zurückgesetzt standen. Aber ich sah mich die ganze Zeit auf den Straßen um, sah die Leute an, die dort entlanggingen oder sich trafen, weil ich die ganze Zeit an die Gesichter von Ilie, Vali und Ancuta denken musste.

Andy hatte eine Tasche, einen kleinen Rucksack, in seiner Hand. Ich sah nicht, was darin war oder fragte mich auch nicht, was es war. Ich dachte mir meinen Teil.

Denken Sie, es wäre klug für mich gewesen, zu fragen?

Nein, natürlich nicht. Wenn Sie die Wahrheit wissen wollen: Es war mir völlig egal, was in dieser Tasche war. Ich hatte andere Dinge, über die ich nachdenken musste. Ich fragte ihn nicht einmal, ob er denn nicht selber fahren wolle oder könne, und er gab mir keine Erklärung. Insgesamt gesehen, wusste ich zu der Zeit, dass es gut für mich war, etwas Nützliches für ihn zu tun.

Ich fuhr ihn zu einem Haus, und er stieg mit seinem Rucksack aus, sagte mir, ich solle warten. Ich saß in dem Wagen, in einer ruhigen Straße und blickte in die Spiegel, überprüfte die Lage, stellte sicher, dass niemand sich mir näherte. Es dauerte vielleicht zwanzig Minuten, bis er allein mit seinem kleinen Rucksack zurückkam.

Er stieg wieder ein und sagte, er wolle zu einer weiteren Adresse fahren, wo, wie er sagte, ein Freund von ihm wohne. Es war auf der anderen Seite der Stadt.

»Es wäre zu viel Aufwand gewesen, dafür den Bus zu nehmen«, sagte er, und dann: »Danke, Anna.«

Ich sagte: »Das ist kein Problem. Das einzige Problem für mich ist, auf der anderen Seite der Straße zu fahren.«

»Ach ja«, sagte er. »Nun, du machst das gut.«

Er sagte, seine Freunde hätten Ilie und Ancuta beobachtet. Er sagte, er sei immer noch in Kontakt mit ihrer Branche und sehr an ihnen interessiert.

»Mehr als jemals zuvor«, sagte er.

»Warum?«, sagte ich. »Willst du Geschäfte mit diesen Leuten machen?«

»Nein«, sagte er. »Wir wollen sie davon abhalten, hier ihre Geschäfte zu betreiben.«

»Okay«, sagte ich.

»Du kannst helfen«, sagte er.

Am nächsten Tag, oder dem Tag danach, ging ich mit einem von seinen Freunden in einen Laden. Der Freund nannte sich Mark. Andy hatte mir fünfzig Pfund gegeben und gesagt, ich solle mir ein neues Top oder ein Paar Schuhe kaufen, und ich fuhr mit Mark zum Victoria-Square-Einkaufszentrum. Ich hatte gesagt, ich wolle nicht allein gehen, und er sagte, Mark werde mich mitnehmen.

Er fragte mich: »Seid ihr zusammen, du und Andy?«

Ich wusste nicht, was ich sagen sollte, nach dem Andy mir gesagt hatte, er werde den Leuten erzählen, wir stünden uns nahe.

Ich sagte: »Ich möchte nicht darüber sprechen.«

Er sagte: »Das ist okay. Ich verstehe das.«

Ein paar Stunden später nahm Andy Kokain und bot mir auch welches an, aber ich sagte Nein. Er schüttelte den Kopf über mich, sagte mir, er denke, ich sei ein seltsamer Mensch. »Ziehst du dir denn nie etwas rein?«

»Nein«, sagte ich. »Ich denke nicht, dass das gut für mich wäre.«

»Nicht gut, damit du dich entspannst, ein wenig von der Spannung abbaust, die dir ins Gesicht geschrieben steht?«

»Aber es baut keine Spannung ab«, sagte ich. »Du musst verstehen, dass ich keine Drogen will. Vielleicht eines Tages, aber nicht heute.«

»Kein Problem«, sagte er. Dann dachte er kurz nach, redete mit irgendeinem Kerl, wandte sich mir zu.

»Ich habe deine Zuhälter gefunden«, sagte er. »Sie sind im Ibis Hotel.«

Ich zuckte die Achseln. Ich wusste nicht, wo das war. Er zeigte zum Fenster.

»Geh und schau nach«, sagte er. Und das tat ich. Und ja, natürlich war das Ibis Hotel in der Castle Street gerade noch so von seiner Wohnung aus zu sehen.

Die Zuhälter – die Männer – hatten vermutlich ein oder zwei Zimmer genommen, und die Mädchen – und Ancuta – würden in einem anderen Hotel ihr Lager aufgeschlagen haben, irgendwo nicht allzu weit entfernt. In diesem Fall waren Ancuta und die Mädchen von Windsor Park in das Malone Lodge Hotel gezogen, das nicht weit entfernt liegt. Ilie, Vali und wer auch immer mit ihnen arbeitete, hatten in das Ibis eingecheckt und gingen dort die ganze Zeit ein und aus.

Andy sagte: »Sie wechseln ihren Standort alle zwei oder drei Tage, aber sie sind immer noch in Belfast. Ist das normal?«

Ich zuckte die Achseln. »Vielleicht«, sagte ich. »Man weiß nie, wie das Muster sein wird. Ilie war glücklich, dass er sein Geschäft in Nordirland aufbauen konnte und dass es gut lief. Er hat sich Verbindungen in Belfast und Schweden aufgebaut, und vielleicht bleibt er länger hier als vorher.«

»Oder vielleicht«, sagte Andy, »hofft er, herauszufinden, wo du bist, damit er dich zurückholen kann, bevor er Belfast verlässt.«

Wieder zuckte ich die Achseln.

»Vielleicht, aber das glaube ich nicht«, sagte ich. »Er würde nicht zu viel Zeit darauf verwenden. Wenn ich weg bin, bin ich weg. Ich bin keine Bedrohung für ihn.«

Andy nickte mir zu und lächelte.

Er sagte: »Tja, ich verdammt noch mal schon.«

Es war eine Mischung aus Geld, Stolz und irgendeiner Art von Rache.

Das mit dem Geld war eine klare Sache, denn Andy und seine Freunde mussten herausgefunden haben, dass die Zuhälter zu gewissen Zeiten Tausende in Bargeld bei sich haben mussten. Sie fanden heraus, dass sie, oft mit einer der Mädchen, zu Western Union und anderen Dienstleistern fuhren, um an zwei oder drei Tagen in der Woche Geld nach Rumänien oder Schweden zu überweisen.

Und sie fanden heraus, dass sie, wenn sie sie alle zusammen erwischten, und es so timten, dass sie seit zwei Tagen oder länger nicht mehr bei Western Union gewesen waren, jede Menge Bargeld bei sich haben würden.

Das Bargeld würde – natürlich – nur aus gebrauchten Scheinen bestehen, und die Leute, die das Bargeld in ihrem Besitz hatten, würden – natürlich – nicht zur Polizei rennen, falls es ihnen weggenommen wurde.

Es ging auch um Stolz, denn ich kann Ihnen sagen, dass Andy die Vorstellung von diesen Männern, die Frauen schlugen und die sich in Belfast festgesetzt hatten und versuchten, ihren Machtbereich zu erweitern, so gut sie konnten, wirklich nicht gefiel. Er hatte es gehasst, als ich sagte, Ilie gefiele es, damit zu prahlen, dass er dabei war, einen Teil von Belfast zu besitzen, und ich denke, das konnte er nicht zulassen, weil das seinen Stolz herausforderte.

Und es ging auch ein kleines bisschen um Rache, weil er gesehen hatte, was Ilie, Ancuta und Vali einem Mädchen angetan hatten, das Opfer von Menschenhandel geworden war, und er wollte ihnen eine Lektion erteilen. Es war vielleicht ein bisschen so, dass er mich beschützen wollte, ich ihm leidtat und dass das die Art war, wie er das zeigte.

Was das Interesse seines eigenen Freundes angeht, mit Luxusnutten zu arbeiten, kann ich nichts weiter darüber sagen. Was auch immer aus all dem wurde, es wurde mir nie erzählt.

Er fragte mich, ob ich wolle, dass sie irgendwas zu Ilie oder den anderen Männern sagten.

»Was denn?«, sagte ich. Ich hatte keine Ahnung.

»Irgendwas, was wir ihnen von dir sagen sollen, ihnen antun sollen?«

»Nein«, sagte ich. »Was habt ihr denn vor?«

»Sie von hier zu entfernen«, sagte er. »Wenn du willst,

dass wir ihnen – Ilie – etwas Spezielles antun, sag es einfach und es wird getan.«

Ich schüttelte den Kopf. Ich konnte nicht klar denken. Würden er und seine Leute Ilie und seine Leute angreifen? Ja, das würden sie. Mir fiel letzten Endes nichts ein, was ich für mich wollte. Doch was ich dachte, war, dass ich hoffte, dass Ilie, Vali und, wenn sie es erfuhr, Ancuta, und alle ihre bösen Freunde eine sehr unangenehme Erfahrung machen würden.

Am Abend kamen zwei oder drei von Andys Freunden vorbei, und sie redeten, diskutierten, nahmen ein bisschen Kokain und gingen.

Sie trafen sich mit einigen anderen, Leuten, mit denen sie telefonierten, hatten, bevor sie weggingen, auf der Straße. Ich sah, wie sie alle in zwei Autos stiegen und zu dem Hotel fuhren.

Alle Männer, es waren vielleicht sechs, gingen zu dem Hotelzimmer im Ibis und klopften an der Tür. Sie versicherten sich, dass sie Ilie, Vali und einen anderen rumänischen Zuhälter, der gerade mit ihnen arbeitete, vor sich hatten. Sie sagten ihnen, sie sollten ihnen alles aushändigen, was sie hatten: Bargeld, Waffen und alle Telefone bis auf eins, und sie nahmen sie mit. Dann sagten sie Ilie, er solle einen letzten Anruf machen, Ancuta anrufen, um ihr zu sagen, dass es vorbei sei, dass Belfast kein Ort mehr sei, an dem sie noch arbeiten konnten. Dann nahmen sie auch dieses Telefon. Sie gingen mit ihnen nach unten, nach draußen und zu den zwei geparkten Wagen.

Sie fuhren sie durch das Stadtzentrum und auf die Straße Ormeau Embankment, und hielten in einem kleinen Park an, wo man Halt machen und sich den Fluss Lagan ansehen kann, der dort vorbeifließt. Sie holten sie aus den Autos und zwangen sie, sich mit dem Gesicht nach unten auf den Boden zu legen. Sie traten sie, schlugen sie und bohrten ihre Hacken in sie. Sie zogen sie an ihren Haaren hoch und knallten ihre Gesichter auf den Asphalt. Sie zwangen diese Männer, dort zu liegen und alles über sich ergehen zu lassen, und es blieb ihnen nichts anderes übrig.

Mir ist von jemandem gesagt worden, einer aus Andys Bande habe eine Nadel gehabt, eine Spritze mit Heroin, und er habe sie in die Rückseite von Ilies Bein gerammt und ihm die Droge verabreicht, bevor sie wegfuhren.

Das wäre ein verrückter Anblick gewesen, falls es wahr war. Ilie, wie er herumtorkelte und Rumänisch sprach, an Leuten vorbeikam, die mit ihren Hunden Gassi gingen, während Blut über sein Gesicht strömte. Es dürfte nach all dem sehr schwirig für Ilie gewesen zu sein, wieder einen klaren Kopf zu bekommen. Aber ich weiß nicht, ob das wirklich passiert ist. Ich denke jedoch manchmal ganz gerne daran.

Ich kenne die Reihenfolge der Ereignisse danach nicht, welche Schritte Ancuta und Ilie danach unternahmen. Doch ich weiß, dass es nicht lange dauerte, bis sie ihren Stützpunkt nach Schweden verlegten, und dass Ilie nicht länger gedacht haben kann, er wäre so ein wichtiger Mann in Belfast.

Kapitel Fünfundzwanzig

Andy sagte, ich könne seinen Ford, ein riesiges Ungetüm mit dem Namen Galaxy, in vollem Umfang nutzen, solange ich für ihn arbeite. Er erzählte mir, es sei einfacher, wenn er nicht fahre und stattdessen einen vertrauenswürdigen Fahrer habe. Ich fragte ihn nicht warum.

Es gab keine richtigen Partys in seiner Wohnung, aber an den Abenden kamen ein paar Leute vorbei, sahen fern, unterhielten sich, tranken und nahmen manchmal Kokain. Ich wurde zu so etwas wie einem Teil der Einrichtung dort, saß Tag für Tag dort herum, weil ich nirgends anders hinkonnte.

Meine Freundin Mirela und ich unterhielten uns jetzt auf Facebook. Ich musste sie fragen, ob sie das Gefühl habe, das was passiert war, sei meine Schuld, ob sie denke, all die Dinge, die sie gehört hatte, seien wahr, und sie sagte: »Natürlich nicht.« Es war wunderbar, das zu hören.

Wissen Sie was? Nachdem ich entführt worden war, war meine Freundin Mirela der einzige Mensch, der meine Mutter kontaktierte, um zu fragen, wo ich sei.

Sie kontaktierte alle, einschließlich Marco, um zu fragen, ob mich jemand gesehen habe. Marco hatte gesagt, ich würde zu merkwürdigen Zeiten an seltsamen Orten arbeiten, und er habe kein Recht, zu wissen, wo ich sei oder was ich tue. Doch Mirela blieb misstrauisch und glaubte nie, dass die Geschichte so einfach wäre. Dafür liebe ich sie bis heute.

»Wir müssen uns treffen«, sagte ich.

»Ja«, sagte sie. »Ich kann es kaum abwarten, dich wiederzusehen.«

Irgendwann würde ich nach Hause kommen müssen. Zu Weihnachten sprach ich mit meiner Mutter, und sie sagte, es sei keine gute Zeit dafür. Sie sagte, die Drohungen seien jetzt nicht mehr so häufig, doch Petre wolle mir nicht vergeben. Ich sagte, ich würde bald etwas in die Wege leiten müssen. Sie fragte mich, ob ich denn überhaupt Geld dafür hätte, und ich musste ihr die Wahrheit sagen.

»Ich habe nichts«, sagte ich.

Andy fing an, mich für das Fahren zu bezahlen. Hin und wieder reichte er mir im Auto Geld, zwanzig Pfund hier und dreißig Pfund dort. Ich sagte dann: »Danke«, und er sagte nichts.

Er machte mit seiner Freundin Schluss, hatte eine andere und machte dann auch mit ihr Schluss, alles innerhalb von kurzer Zeit. Die Mädchen kamen und gingen in seinem Apartment, und die Männer kamen und saßen herum, redeten über Fußball und Leute, die sie mochten oder hassten, und nahmen Drogen.

Die Tage waren okay, hatten wenig Bedeutung, aber ich war nie wirklich glücklich. Ich wusste, dass das Leben viel schlimmer sein konnte. Der tägliche Druck, der stündliche Stress, unter dem ich gestanden hatte, hatte sich aufgelöst. Die Dinge, die ich jetzt tun musste, waren ganz andere. Ich bewegte mich langsam und vorsichtig, und es war, als würde ich mich ausruhen.

»Anna«, hörte ich zu jeder Tageszeit, »kannst du mich zur Lisburn bringen?«

»Anna«, sagte er um halb drei Uhr morgens. »Ich brauche dich, damit du mich kurz nach Ballymena fährst.«

»Anna«, um sieben Uhr morgens. »Wir müssen nach Nord-Belfast und dann nach Derry, okay?«

»Anna«, sagte er an Sonntagen. »Ich muss zu meiner Mum.«

Und jedes Mal sagte ich: »Okay.«

Ich putzte meine Zähne, zog einen Pullover und Jeans an – ich hatte mir eine kleine Kleiderkollektion aufgebaut – und dann fuhren wir los.

Ich wusste, er war nicht das, was der Leser vielleicht einen wirklich guten Menschen nennen würde. Ich war sicher, dass er viele Drogen verkaufte und kaufte, und sich mit Leuten traf, die nicht gerade die besten Menschen auf der Welt waren, aber ich mochte ihn. Er versuchte nie, sich mir in irgendeiner sexuellen Weise zu nähern, und er fragte mich nie Dinge, von denen er wusste, dass ich nicht darüber reden wollte. Einige seiner Freunde waren verrückt, so verrückt, wie man nur sein kann, aber er bewahrte einen kühlen Kopf, und ich glaube, sie sahen ihn als ihren Anführer, weil er immer Ideen hatte und gut mit Leuten umgehen konnte.

Ich hatte keine Ahnung, ob er ein eher großer oder kleiner Fisch in seiner Welt war, aber für mich war er kein Hai, kein böser Mensch. War er gefährlich? Da bin ich mir sicher. Abgrundtief böse? Nein. Er war einer der nettesten Männer, die ich seit langer Zeit getroffen hatte. Ich bekam zu essen, mir wurde Geld gegeben und ich fühlte mich beschützt. Wenn man diese Dinge nicht hat, dann, glauben Sie mir, wird man den Menschen mögen, der sie einem gibt.

Er sagte mir, die Polizei könne jeden Augenblick auftauchen, und er wusste, dass mich das beunruhigte.

»Mach dir keine Sorgen«, sagte er. »Stell nur sicher, dass

du nichts gesehen oder gehört hast, und dass dein Englisch selbstverständlich ohnehin schlecht ist, also was könntest du schon gehört haben.«

Nach einer Weile nahm meine Furcht vor der Außenwelt zu, und mein Schlafrhythmus wurde immer unregelmäßiger. Er war lange Zeit nicht regelmäßig, und es wurde nicht besser. Doch ich denke, der Hauptgrund, warum er so war, war, dass ich einfach zu viel Angst hatte. Ich hatte Angst vor meinem eigenen Schatten. Mein einst so starkes Herz war klein geworden, war zur Größe eines Steins zusammengeschrumpft.

Die Erinnerungen waren überall um mich herum. Ich hatte einiges von dem, was ich hinter mir gelassen hatte, mitgenommen. Ich bewegte mich von meinem früheren Leben weg, aber ich hatte immer noch gelegentlich schmerzende Zähne und Blut im Mund. Ich fühlte mich manchmal ohne ersichtlichen Grund aggressiv, als würde mich etwas plagen, obwohl ich nicht genau sagen konnte, was, als würde mir immer eine Mücke um den Kopf fliegen und mich jeden Augenblick dazu bringen, nach ihr zu schlagen und wütend zu werden. Ich war ein Mensch ohne Hoffnung und ohne irgendjemanden, und jemand, der versuchte, all das in seiner Vorstellung annehmbar klingen zu lassen, weil ich nicht an jedem Tag meines Lebens immer und immer wieder vergewaltigt wurde.

Ich war ein Mensch, der auf dem Sofa in der Wohnung eines Drogendealers schlief. Ich war ein Mensch, der Trainingsanzüge trug und zu allen Zeiten des Tages und der Nacht in Städte fuhr, von denen er noch nie gehört hatte, und jemand, der Angst hatte, einkaufen zu gehen.

Eine Freundin von Andy fragte mich nach meinen Zähnen, fragte mich, warum ich Blut auf meinen Lippen hätte. Ich erzählte ihr, mein Kopf sei in einer Tür eingeklemmt worden, dass ich viel auf den Mund geschlagen worden sei. Ich sagte, ich hätte gelernt, nicht im hinteren Teil meines Mundes zu kauen, dass der Schmerz kam und ging und damit zu leben.

»O mein Gott«, sagte sie. »Bist du wahnsinnig? Du musst zum Zahnarzt.«

Aber ich wusste nichts darüber, wie man in Irland zu einem Zahnarzt kam, und ich wusste nicht, ob ich Geld, einen Pass oder sonst was dazu brauchte. Ich wusste nicht, ob, wenn ich einen Zahnarzt anrief, nicht die Polizei vor der Tür stehen und mich, Andy und alle anderen verhaften würde. Ich hatte diese Bedenken, die vielleicht nicht vernünftig klingen, aber sie waren real für mich, für einen Menschen, der nicht nach draußen gehen kann.

Sie besorgte mir ein paar Antibiotika, um die Probleme in meinem Mund anzugehen. Es ist ekelig, aber es waren eine Weile lang Eiter und gelbe Flüssigkeit aus meinen Zähnen gekommen. Ich putzte sie, putzte um den Schmerz herum, aber ich wusste immer, dass sich die Probleme nur verschlimmern würden.

Aber mein ganzer Körper war ruiniert worden, also dachte ich, dass schlechte Backenzähne mir nicht das Herz brechen würden. Ich sah ganz okay aus, denke ich, aber mein Geist war angeschlagen, und mein Körper hatte sich verändert.

Mein unterer Rücken schmerzte immer noch sehr, und tut es bis heute. Ich wurde dorthin immer und immer wieder getreten, geschlagen, geschubst. Ich wurde dort immer wieder gedrückt, gedreht und trug Gewicht dort. Ich wurde dort geschlagen und gepeitscht. Wenn mich jemand bittet, aufzustehen, ist das Erste, was ich wissen will, wie lange es dauern wird, bis ich mich wieder hinsetzen kann. Wenn man mich bittet, spazieren zu gehen, muss ich wissen, wie weit.

Mein Kopf schmerzt, hinten, am Schädel, wo Tausende von Malen an meinem Haar gezogen wurde. Ich trage heutzutage so oft einen Pferdeschwanz, um das verminderte Wachstum dort zu verbergen. Meine Knie sind die Knie einer alten Frau. Sie quietschen und knarren, weil sie so oft unter so viel Druck gesetzt wurden. Muss ich sagen warum? Der Leser kann es sich denken.

Und innen, in meiner Vagina, in meinem Hintern, funktioniert nicht alles so, wie es sollte. Es ist nicht so, als hätte ich noch die gute Gesundheit, die ich einst hatte, weil es dort tief gehende Schäden gibt, tief liegende Schmerzen, die zu vergessen ich wahrscheinlich den Rest meiner Tage versuchen werde.

Meine Brüste wurden so oft gezerrt, geschlagen und geboxt, dass ich, so glaube ich, kein Gefühl mehr habe, wo es einst eine süße Empfindsamkeit gab. Und mein Magen ist niemals wieder zu seinem normalen Selbst geworden, krampft sich öfter zusammen als jemals zuvor und lässt Übelkeit in mir aufsteigen, wenn es keinen Grund dafür gibt.

Und wissen Sie, ich kann es immer riechen, die Bleiche, den Schweiß, das Sperma, den Atem, die Achselhöhlen, die Hosen, die Arschlöcher.

Bis heute habe ich Probleme mit den Straßen, damit, in

der Öffentlichkeit zu sein, allein auf einer Straße zu sein, sogar wenn Unmengen von Menschen um mich sind. Und bis heute bleibt mein Schlaf gestört, unruhig und unbefriedigend.

Ich hatte vielleicht sechs Wochen bei Andy gelebt, als ich Tom traf. Es war in der Bar des Ramada Encore Hotels, und ich war dort mit Andy und einigen seiner Freunde. Es war um die Weihnachtszeit, und es herrschte eine nette Atmosphäre an dem Ort. Ich war zur Bar gegangen, um ein paar Drinks zu bestellen, und ich war in ziemlich guter Stimmung, weil alle in ziemlich guter Stimmung zu sein schienen.

Er fragte mich, dieser Mann in seinem eleganten Anzug und mit dem freundlichen Gesicht, ob ich mich amüsieren würde. Ich sagte, das täte ich, und fragte, ob er das auch tue. Er sagte, er würde sich amüsieren, und er fände es immer schön, Menschen kennenzulernen, sich mit Menschen zu unterhalten, besonders mit Menschen, die nicht aus der Gegend seien.

»Was bringt Sie nach Belfast?«, sagte er, und er hatte dieses nette Lächeln und eine nette und höfliche Art, sich auszudrücken, die mir das Gefühl gab, dass er wirklich die Antwort wissen wollte. Kein Mann will wirklich die Antwort wissen, zumindest nicht jene, die dafür bezahlen, mit einem zusammen zu sein.

Ich sagte: »Sie wollen nicht wissen, was mich hierher verschlagen hat, glauben Sie mir.«

Er lachte und sagte, er glaube mir, und sagte, es sei zu früh für mich zu denken, dass ich ihn gut genug kennen würde, um zu wissen, was er vielleicht wissen wollen würde.

»Wollen Sie es mir nicht sagen?«, sagte er.

»Nein«, sagte ich. »Vielleicht ein anderes Mal.«

»Das würde ich gut finden«, sagte er. Er gab mir seine Karte und sagte, er arbeite in der Medienbranche, und er höre immer gerne interessante Geschichten von interessanten Leuten.

»Danke«, sagte ich. »Das ist sehr freundlich von Ihnen.« Ich mochte ihn, aber ich ging trotzdem weg.

Zwei Wochen später fuhr ich mit Andy im Auto von Derry zurück. Es war kalt, nass, und wir sprachen über Sachen, die man gut an schrecklichen Tagen essen kann. Ich sagte, Toast sei einer meiner Favoriten, und ich würde Butter mehr lieben, als alles andere, die echte irische Butter, müsse die Beste der Welt sein. Er sagte, das sei wahr, er liebe das auch, er liebe den Geruch von heißem Toast mit Butter.

Mir wurde klar, dass wir nur noch sehr wenig Benzin hatten und uns eine Tankstelle würden suchen müssen. Er sagte, da sei eine, ein paar Meilen weiter, am Fuß des großen Hügels, der sich der Glenshane Pass nenne, und ich sagte, ich würde mich daran erinnern.

Kurz danach, bevor wir den Fuß des großen Hügels erreichten, fuhr ein Polizeiwagen hinter uns und ließ sein Blaulicht aufblitzen. Ich fuhr heran.

»Nur Mut«, sagte er, als zwei Polizeibeamte ausstiegen und zu unserem Auto kamen. Ich wurde nach meinem Namen gefragt, und ob ich den Namen meines Beifahrers kenne, wo ich gewesen sei und wo ich hinfahren würde. Ich antwortete so gut ich konnte, in einem Englisch, das plötzlich so gebrochen war, dass keiner es verstehen konnte.

Aber der Polizeibeamte war nicht an mir interessiert. Er überprüfte mich nur der Form halber. Das Hauptziel der Polizei war es, Andy zu verhaften, was sie zwanzig Sekunden später auch taten. Er öffnete seine Tür, und sie legten ihm am Straßenrand Handschellen an.

»Verstoß gegen die Kautionsauflagen«, sagten sie zu ihm, und er fluchte.

Sie durchsuchten den Wagen, durchsuchten ihn und durchsuchten mich, bevor sie ihn in ihr Auto brachten und wegfuhren. Er nickte mir zu, ich glaube, er hat vielleicht die Achseln gezuckt, als er wieder zurück ins Gefängnis gebracht wurde. Ich erfuhr später, dass ihm ein Prozess wegen Drogendelikten bevorstand. Er würde eine lange Zeit nicht wieder rauskommen.

Und wieder einmal hatte sich für mich eine schwierige Situation ergeben. Ich war allein an einer Hauptstraße ohne Geld, und mit einem Auto, das beinahe kein Benzin mehr hatte. Aber ich hatte ein Telefon.

Ich rief einen von Andys Freunden an und sagte, er sei von der Polizei weggebracht worden. Er und ein anderer Mann fuhren von Belfast her, um mich abzuholen.

»Was ist mit dem Auto?«, sagte ich.

»Vergiss es«, sagten sie. »Die Bullen kennen es sicher, und es ist ohnehin nur noch ein Haufen Schrott.«

Wir ließen es einfach dort am Straßenrand zurück.

Wieder in Belfast, fühlte ich mich unsicher, unglücklich über das, was passiert war. Ich wollte mit Andy reden, um festzustellen, ob ich gehen oder bleiben sollte, ob es irgendetwas gab, was ich tun konnte, um ihm zu helfen.

Ein Freund fragte, ob ich bleiben oder gehen würde, da Andy ja nicht mehr da sei.

Ich sagte, ich wüsste es nicht.

Ich weinte deswegen, weil er ins Gefängnis musste, weil mein Leben wieder auf den Kopf gestellt worden war. Keinen seiner Freunde schien es im Geringsten zu kümmern. Am nächsten Tag war eine Gruppe von ihnen in seiner Wohnung, Leute kamen und gingen, und sie sagten, sie würden sein Zeug wegbringen. Sie sagten mir, da ich Andys Mädchen sei, müsse ich die Dinge neu überdenken. Ich fühlte mich verloren.

Später an jenem Tag erreichte ich einen wirklich üblen Tiefpunkt, als ein Tropfen das Fass zum Überlaufen brachte. Ich ließ mein Handy in die Toilette fallen, und dadurch fühlte ich mich so traurig und depressiv, dass ich nicht wusste, was ich tun sollte. Als ich später versuchte, es wieder in Ordnung zu bringen, in der Küche saß und es trocknete, während Leute kamen und gingen und mich ignorierten, dachte ich mir, dass ich versuchen sollte, Hilfe zu bekommen.

Tom hatte mir erzählt, er arbeite in der Medienbranche, er werde sich meine Geschichte anhören, wenn ich sie ihm erzählen wolle. Es traf mich wie ein Blitz, der Gedanke, dass er – vielleicht – ein Mann war, der es verstehen und mir vielleicht sogar helfen könnte, meine Situation anderen zu erklären. Alles, was ich tun wollte, war, in der Lage zu sein, es zu erklären. Ich platzte fast vor Schuldgefühlen, vor Scham, obwohl ich wusste, dass ich keinen echten Grund hatte, mich so zu fühlen.

Kapitel Sechsundzwanzig

Es ist seltsam, jemanden anzurufen, den man nicht kennt, in der Hoffnung, dass er vielleicht alles über einen wissen will. Für mich war es zu der Zeit, als würde ich mich in einem perfekten Sturm befinden. Ich war gefangen, verkauft, vergewaltigt und geschädigt worden. Ich war zu einer Kriminellen geworden. Ich hatte keinen Ausweis mehr. Ich war bisher nicht in der Lage gewesen, alles, – wie ich mich selbst verloren hatte, die Online-Fotos von mir in Unterwäsche – meiner depressiven Mutter in Rumänien zu erklären. Ich hatte nicht das Gefühl, zur Polizei gehen zu können. Ich hatte nicht das Gefühl, irgendwo hingehen zu können. Und jetzt war der einzige Mensch, dem ich vertraute, ein Drogendealer, nicht mehr da.

Hatte ich vor, all das bei einem völlig Fremden abzuladen? Ich denke, das hatte ich. Ich glaube, das musste ich. Die einzige Art, irgendetwas von meiner Situation zu verstehen, war, alles zu erklären. Ich brauchte jemanden, der mehr wusste, in der sehr schwachen Hoffnung, dass er mir vielleicht einen Rat geben konnte.

Ich rief Tom an und fragte, ob er sich an mich erinnere.

»Ja, natürlich«, sagte er.

»Sie sagten, wenn ich reden wolle, solle ich Sie anrufen«, sagte ich.

»Ja«, sagte er. »Wollen Sie das?«

»Ja«, sagte ich. »Können wir uns treffen?«

»Natürlich«, sagte er. »Nennen Sie mir den Ort.«

Ich war nervös, nicht nur, weil ich mich mit ihm treffen würde, sondern weil ich ihn allein treffen würde. Am Tag zuvor hatte ich Andys Wohnung verlassen und in einem Hotel, einem Premier Inn, eingecheckt und angefangen, die zweihundert Pfund auszugeben, die ich mit dem Fahren verdient und beiseitegelegt hatte.

Ich glaube, ich zitterte ein wenig, als wir uns auf einen Kaffee im Stadtzentrum von Belfast trafen. Wir redeten darüber, dass es ein kalter Tag war. Er fragte mich nach Rumänien und was ich von Belfast halten würde. Ich hatte nicht viel zu sagen und fragte mich, wie viel ich diesem Mann sagen konnte, der sonst jemand hätte sein können.

»Sie fühlen sich unbehaglich«, sagte er. »Ich würde sogar so weit gehen zu sagen, dass Sie ein wenig Angst haben.«

»Ich habe keine Angst«, sagte ich.

»Vor was?«

»Vor allem«, sagte ich. »Ich habe Angst vor der nächsten Minute, dem nächsten Menschen, dem nächsten Ereignis in meinem Leben, was auch immer das sein mag.«

»Gibt es irgendwas, was ich tun kann, um Ihnen zu helfen?«, sagte er, und ich sah ihn an. Ich erinnere mich, dass das Nächste, was ich zu ihm sagte, in schlechtem Englisch herauskam, doch er verstand es.

»Ich habe keine angenehme Situation.«

»Was ist los?«

Und ich begann, es ihm zu erklären. Ich sagte ihm, ich bräuchte jemanden, der mir half, weil ich alles verloren hätte, einschließlich meines Stolzes, meiner Würde. Ich sagte, ich sei von einigen Leuten entführt worden, und ich sei verkauft worden. Ich sagte, ich sei vor Gericht gewesen, ich sei entkommen und ich sei schließlich bei einem Drogendealer gelandet, den ich gefahren hätte, und es gebe keinen Teil meines Lebens mehr, der noch sauber, intakt sei.

Ich sagte: »Wissen Sie, es gibt nicht einmal eine rumänische Botschaft in Nordirland. Ich würde gerne mit ihnen über meinen Pass reden, aber jetzt bin ich eine Kriminelle. Und ich weiß nicht einmal, ob ich in Rumänien in Gefahr wäre. Ich weiß nicht einmal, ob ich meine Mutter überhaupt wiedersehen will. Ich weiß gar nichts mehr.«

Tom sagte: »Wenn Sie die Dinge genau so haben könnten, wie Sie sie wollten, was würden Sie wollen?«

»Ich würde meine Papiere wollen, ich würde keine Kriminelle sein wollen, ich würde nicht in Gefahr sein wollen, ich würde ein Leben haben wollen, ich würde studieren, ich würde geliebt werden, ich würde gesund sein und ich würde meinen Kopf nicht voller dunkler Dinge haben wollen«, sagte ich zu ihm.

Wir saßen dort eine lange Zeit. Er fragte mich nach mehr Einzelheiten, bat mich, am Anfang anzufangen, zu erklären, wo ich gewesen sei. Ich erzählte, ich sei eine Sexsklavin gewesen, eine im Menschenhandel erworbene Prostituierte, und ich sei von Tausenden von Männern gevögelt worden, habe aber nie auch nur mit einem einzigen von ihnen zusammen sein wollen.

Er lehnte sich zurück und sagte: »Das kann nicht wahr sein.«

Ich sagte: »Was?«

Er sagte: »Ich kann das nicht glauben. Hier – in Belfast? Das ist hier passiert?«

Und ich sagte: »Ja, es passiert jetzt gerade, während wir

hier sitzen, anderen Frauen, die Opfer von Menschenhandel geworden sind, in dieser Stadt. Verstehen Sie das nicht?«

Er schüttelte den Kopf.

»Ich hätte nie gedacht ... hier, genau hier?«

»Ja«, sagte ich.

»Sie müssen zur Polizei gehen«, sagte er.

»Nein.«

»Warum nicht?«

»Weil es der Polizei egal ist«, sagte ich. »Denken Sie, es interessiert sie, wenn es doch in jeder Stadt passiert? Sie wollen nur gelegentlich einen größeren Zuhälter verhaften, die Mädchen sind ihnen egal. Was würde ich der Polizei sagen? Ich würde sagen: ›Oh, hallo, ich war eine Hostess in Belfast, ich wurde von Zuhältern geschlagen, ich habe auch ein Vorstrafenregister, kein Geld oder einen Pass, wurde aus London entführt und ich bin mit einem Drogendealer befreundet, den Sie ins Gefängnis gesteckt haben, also können Sie mir helfen?‹ Was würden sie dann tun?«

Er sagte: »Sie würden vielleicht die Zuhälter verfolgen.«

Und ich sagte: »Und die Zuhälter würden dann mich verfolgen. Sie verstehen es nicht. Ich bin gefangen. Sie bauen Fallen, aus denen die Leute nicht mehr herauskommen können. Ich bin in Gefahr. Es gibt nichts, was ich tun kann.«

Er sagte: »Wenn Sie sich mit all dem auseinandersetzen wollen, wenn Sie erklären wollen, wie all das jemandem passieren konnte, müssen Sie es der Polizei sagen. Die Leute würden Ihnen sonst vielleicht nicht glauben. Es würde mir leichter fallen, es zu glauben, wenn Sie zur Polizei gingen.«

Und das war ein wirklich starkes Argument. Es würde

eine der wichtigsten Sachen sein, die jemals jemand zu mir gesagt hatte.

Wir trafen uns am nächsten Tag wieder und redeten weiter. Er sagte mir, er wolle helfen, er habe einige Anrufe gemacht und sehe sich die Situation näher an. Er sagte, er wolle für mich die nächste Nacht im Hotel bezahlen, aber ich lehnte ab. Doch er sagte, er wolle das nur vorübergehend tun, weil er, so sagte er mir, in der Lage sein würde, eine Wohnung für mich zu finden, in der ich bleiben konnte, allein und sicher. Er versprach es mir. Und ich muss sagen, dass das Gefühl von Erleichterung wunderbar war.

»Aber Sie müssen zur Polizei gehen«, sagte er.

»Ich habe Ihnen gesagt, dass ich das nicht will.«

»Sie müssen«, sagte er. »Denken Sie noch einmal darüber nach. Ich kann all das nicht glauben, bis Sie gehen und es ihnen erzählen, es offiziell machen, und eine Untersuchung in Gang bringen. Sie haben nichts zu verlieren. Sie sind das Opfer von entsetzlichen Verbrechen geworden, und andere sind Opfer derselben Kriminellen. Sie müssen zur Polizei gehen. Ich glaube daran, dass Sie die Pflicht haben, das zu tun.«

Ich sagte zu ihm: »Ich bin eine Kriminelle.«

»Nein«, sagte er. »Sie sind durcheinander. Sie sind ein Opfer von Menschenhandel.«

Ich sagte: »Ich traue der Polizei nicht.«

»Vielleicht«, sagte er, »trauen Sie der Polizei in Ihrem Heimatland nicht, vielleicht hatten Sie einen schlechten Tag in Galway mit der Polizei, aber wenn Sie sich freiwillig mit Informationen über diese Leute melden, über das, was Ihnen passiert ist, dann wird es gut laufen. Ich gehe mit Ihnen. Klingt das okay?«

Das tat es nicht, aber mir wurde immer klarer, dass er nicht ganz Unrecht hatte. Seine Worte, er glaube mir nicht, waren bedeutungsvoll. Ich wusste, dass ich vorwärts gehen musste, etwas tun musste, um die Dinge für mich, meine Zukunft, meine geistige Gesundheit in Gang zu bringen.

Tom hatte einen Freund, der mir für eine kurze Zeit eine Wohnung kostenlos überlassen konnte, und das war eine wunderbare Neuigkeit. Ich glaube, als ich eingezogen war, was ganze zwei Minuten dauerte, fühlte ich mich bereits stärker. Ein Treffen war organisiert worden, mit den Leuten, die beim PSNI für Menschenhandel zuständig waren. Als es stattfand, war ich bereits zuversichtlicher. Ich war zum ersten Mal allein durch das Stadtzentrum gegangen. Das waren eigentlich kleine Schritte, aber große Schritte für mich. Ich glaube, dass Hoffnung etwas ist, das mehr Hoffnung gibt. Aber wissen Sie, in Wahrheit wusste ich nicht mit Sicherheit, worauf ich hoffte.

Wir trafen die Polizei im California Coffee in der Nähe des Rathauses von Belfast, Tom saß neben mir am Tisch. Zwei Detectives in Zivilbekleidung stießen zu uns. Einer von ihnen war zu der Zeit Leiter der Einheit, und, so sagte mir Tom, würde mehr als jeder andere wissen, wovon ich sprach. Sein Name war Philip Marshall.

Tom ging kurz durch, was ich ihm erzählt hatte. Mr Marshall hörte sich alles an und sah dann mich an. Er fragte mich nach meinem Namen, woher ich komme und einige andere Dinge. Ich war mir nicht sicher, ob er interessiert war. Er fragte mich, ob ich die Namen der Zuhälter kenne, und ich sagte, das tue ich. Er holte einen Stift hervor und schob ihn mir über den Tisch zu. Er schob mir auch eine kleine Serviette zu, die neben unseren Kaffeetassen auf dem Tisch lag.

»Können Sie bitte die Namen der Leute aufschreiben, über die Sie reden?«, sagte er.

Ich nahm den Stift und schrieb die Namen Ilie Ionut und Ancuta Schwarz auf. Ich schob die Serviette zu ihm zurück. Er blickte darauf, dann zu mir. Er blickte noch einmal darauf und dann zurück zu mir. Er war fassungslos. Irgendwie hatten die Namen ihn innerlich berührt. Es war deutlich, dass er sie kannte. Ich wusste, dass die Polizei von Ilie wusste, weil sie ein Haus – das Margarita Plaza – in Belfast mit einem Foto von ihm in ihren Händen einer Razzia unterzogen hatten.

»Okay«, sagte er. »In Ordnung.«

Tom und ich warteten darauf, dass er etwas sagte, das Sinn ergab.

»In Ordnung«, sagte er und wandte sich an seinen Kollegen. »Wir müssen das untersuchen.«

Er sah mich an und nickte. »Okay«, sagte er. »Wir kennen sie. Wir kennen sie definitiv. Was ich jetzt brauche, ist, alle Informationen upzudaten, die wir haben, das ganze System upzudaten. Können Sie mir folgen? Wir müssen Sie einbestellen und mit Ihnen reden. Wir haben viel, über das wir reden müssen. Sie müssen mir alles erzählen.«

Danach gab es ein weiteres Treffen, und vielleicht noch weitere zwei, bevor wir uns offiziell zu den Befragungen trafen. Die anderen Treffen fanden im Ten Square Hotel im Stadtzentrum von Belfast statt. Andere Abteilungen der Polizei, die Menschenhandel und das organisierte Verbrechen untersuchten, waren jedes Mal dabei. Sie gingen meine Geschichten eingehender durch, sagten, sie würden jeden einzelnen Teil davon untersuchen. Sie sagten, ich sei berechtigt, ein Zertifikat von der Strafverfolgungsbehörde zur Bekämpfung der organisierten Kriminalität zu bekommen, das belegte, dass ich ein Opfer von Menschenhandel war. Ich wurde in die nationale Datenbank aufgenommen und mir wurde gesagt, wenn das Zertifikat erteilt sei, würde ich einbestellt werden, um meine Zeugenaussage zu machen.

»Okay«, sagte ich. »Und was passiert dann?«

Mir wurde gesagt, falls alles gut laufe, würden die Zuhälter, die mein Leben zerstört hatten, die so viele Leben zerstört hatten, aufgespürt, verhaftet, verurteilt und eingesperrt werden.

Ich sagte: »Ich glaube nicht einmal, dass sie noch im Land sind.«

Und ein Mann sagte: »Das macht nichts. Sie sind Teil eines internationalen Verbrechernetzwerks. Wir brauchen nur jemanden, irgendwo, der gegen sie aussagt.«

Es dauerte drei Monate, bis das Zertifikat ausgestellt war. Sein Wert lag darin, dass ich ernst genommen wurde, dass ich in den Augen des PSNI keine Kriminelle war. Das bedeutete mir viel.

Im Juni, als die Befragungen begannen, sagten sie mir, dies sei jetzt Teil der Operation Burgrave. Es sei, sagten sie, ein langer, fortlaufender Plan, das paneuropäische Sexhandelsunternehmen zu Fall zu bringen, das eine Zeit lang seinen Stützpunkt in Nordirland gehabt hatte. Burgrave ist ein altes deutsches Wort für einen militärischen Herrscher. Ich habe keine Ahnung, warum er für dieses Geschäft benutzt wurde.

Die Befragungen waren eine weitere neue Reise für mich. Ich kam zum ersten Mal dorthin und sprach über mich selbst, von wo ich war, warum ich nach London gezogen war, wen ich dort getroffen hatte und was an dem Tag passierte, an dem ich entführt und nach Galway geflogen wurde. Es waren detailreiche Informationen, ein Gesicht nach dem anderen, ein Name nach dem anderen. Es dauerte Stunden und erschöpfte mich, aber es war gut, weil sie es ernst meinten. Sie verbrachten den größten Teil des Tages mit mir. Und sie baten mich, in drei Tagen wiederzukommen, und danach zwei Tage später, und dann in der nächsten Woche, der Woche danach und wieder der nächsten.

Mittlerweile war ich bei Tom eingezogen. Wir teilten uns eine Wohnung, seine Wohnung, und unsere Beziehung war eng geworden. Den größten Teil unserer Zeit recherchierten wir Fälle von Sexhandel, die Gesetze, Fakten und Medienberichte zu dem Thema. Wir prüften, wie mit diesem Thema überall auf der Welt umgegangen wurde, und stellten immer wieder fest, wie wenig gegen ein Problem getan wurde, das so groß ist, und immer größer wird.

Tom passte auf mich auf, kümmerte sich um mich, aber ich wollte arbeiten. Ich wollte wieder hinaus in die Welt gehen und ein wenig Geld verdienen, ein legaler, ehrlicher, existierender Mensch sein, mit einem Namen und Freunden, einem Leben und einer Zukunft. Aber ich konnte keine einfachen Antworten darauf finden, was für Rechte ich als Rumänin hatte.

Eines Tages ging ich in eine Arztpraxis in Ostbelfast und fragte, ob ich Patientin bei ihnen werden könne. Sie fragten, was für Ausweispapiere ich hätte, und ich zeigte ihnen das Zertifikat. Ich sagte, ich arbeite mit der Polizei zusammen. Sie sahen mich an, als wäre ich verrückt.

»Es ist der einzige Ausweis, den ich habe«, sagte ich.

»Was ist das?«, fragte die Dame.

»Es beweist, dass ich hier eine juristische Person bin.«

»Wir können das nicht benutzen«, sagte sie. »Das ist kein Ausweis. Das ist eine Polizeisache. Haben Sie denn keinen anderen Ausweis?«

Es war mir so peinlich. Ich fühlte mich wie eine Betrügerin, wie ein Dummkopf. Ich ging mit gesenktem Kopf von dort weg.

Eine wichtige Sache für mich war, auf Krankheiten untersucht zu werden, auf HIV untersucht zu werden, weil ich keine Ahnung hatte, womit ich mich vielleicht angesteckt hatte. Nach einer Zeit war ich in der Lage, das an einer anonymen Klinik in Belfast feststellen zu lassen, wo sie die Menschen auf sexuelle Krankheiten untersuchen. Ich habe kein HIV.

Tom arbeitete sehr viel für seine Firma, aber wir fingen an, zusammen eine Menge Arbeit in Bezug auf meine Situation zu leisten. Es stellte sich heraus, dass ich sicherstellen musste, dass bei mir alles mit den Steuern in Ordnung war, damit ich mich wieder registrieren lassen und anfangen konnte, Steuern zu zahlen.

Ich war im Jahr 2010 in London in den Büchern aufgetaucht, wo ich meine Steuern für die Reinigungsarbeiten gezahlt hatte, aber dann war ich verschwunden. Sie teilten mir mit, ich könne nichts tun, bis ich mein Konto ausgeglichen hätte. Dann schickten sie mir eine Rechnung über zweitausendfünfhundert Pfund. Sie sagten mir, ich hätte mein Konto für 2011 nicht ausgeglichen, und jetzt sei 2012 und das sei der Betrag, der noch offen sei. Ich konnte nicht arbeiten oder auch nur irgendetwas beantragen.

Ein weiteres Problem.

Ich fuhr nach Dublin, zur dortigen rumänischen Botschaft, und sagte, ich hoffe, dort meine Papiere zu bekommen. Ich sagte, mein Pass sei gestohlen worden und ich plane, meine Steuern zu bezahlen und legal in Nordirland zu arbeiten.

Sie sagten mir, wenn ich hundertzwanzig Euro bezahlen würde, könnten sie mir ein Reisedokument ausstellen, das mir erlaubte, nach Rumänien zu reisen, und wenn ich dort sei, könne ich einen neuen Pass beantragen.

»Sie leben nicht in Nordirland«, sagten sie zu mir, »also gibt es nicht viel, was wir tun können.«

Es war einfach nur eine dumme bürokratische Hürde nach der anderen.

Etwas an dieser Situation fühlte sich, obwohl es jetzt so viel Hoffnung gab, gleichzeitig so hoffnungslos an. Ich weiß nicht, ob das Gefühl aus meinem Kopf kam oder in meinem Körper anfing, aber ich fühlte, dass ich wieder schwächer wurde. Mein Rücken – der immer schmerzte – wurde schlimmer, und mein Schlaf, der sich vorher verbessert hatte, war jetzt plötzlich auch wieder schlechter. Ich wollte zu einem Arzt wegen Schlaftabletten, ich wollte einen Zahnarzt, der sich meine blutenden Zähne ansah und sich für diese Dinge anzumelden, dauerte zu lange.

Bis August hatte ich Toms Familie kennengelernt. Es waren gute Leute, sie waren gut zu mir und so verständnisvoll angesichts all dessen, was ich durchgemacht hatte. Es war seine Mutter, die sagte, ich müsse einen Besuch in meinem Heimatland machen. Sie sagte, es würde auf die eine oder andere Weise immer ein Risiko geben, aber ich sei unsicher, unpässlich und stehe unter Druck wegen der Treffen, die ich mit der Polizei hatte.

»Fahr nach Hause und triff deine Mutter«, sagte sie. »Es ist schon zu lange her.«

Und ich wusste, dass sie Recht hatte.

Die Polizei wollte alle Einzelheiten über meine Reise nach Rumänien. Sie sprachen mit den Flughafenleuten in Bukarest und in Belfast, und Toms Mutter bezahlte mir freundlicherweise den Flug, für einen fünftägigen Trip.

Polizeibeamte kamen mit mir zum internationalen Flughafen Belfast und warteten, bis ich die Abflughalle verließ. Als das Flugzeug abhob, rutschte mir das Herz in die Hose. Als ich das letzte Mal in meinem Land gewesen war, war ich von Ancuta und Ilie mitgenommen worden, und ich war mitgenommen worden, um verkauft zu werden. Und ich hatte es nicht geschafft, meine Mutter zu sehen. Dieses Mal wartete meine Mutter auf mich.

Mein Herz explodierte beinahe, als ich sie am Flughafen sah, wie sie mit Tränen in den Augen dastand. Sie hatte ein kleines Geschenk für mich in ihren Händen, einen kleinen Spielzeugaffen für ein kleines Mädchen, und ich konnte nicht aufhören zu weinen, als ich zu ihr ging. Wir umarmten uns und lachten und umarmten uns, und sagten nichts.

Der Mann, der bei ihr war, war ein Arzt aus dem Krankenhaus, in dem sie arbeitete. Er sagte, er habe von mir gehört, und hoffe, es gehe mir gut. Ich sagte, es gehe mir nicht gut. Er sagte, er habe gehört, dass ich Probleme hätte, und meine Mutter habe ihn gebeten, dabei zu sein. Es war sehr nett von ihr, dass sie das arrangiert hatte. Es war, als wüsste sie, was mich am meisten beschäftigte.

Ich fragte sie: »Was sagen denn die Leute?«

Und sie sagte zu mir: »Vielleicht willst du das lieber nicht wissen, Anna. Es gibt Leute in Rumänien, die es zu ihrer Angelegenheit machen, immer und immer wieder ihre Meinung über andere Leute zu sagen.«

Wie kam es, dass mein Name immer wieder von Leuten verdammt wurde, die ich nicht kannte? Konnten es Leute im selben Geschäft sein, Vergewaltiger, Menschenhändler und Drogendealer aus Sibiu mit Freunden in Bukarest, in London und Irland und überall sonst? Ja, natürlich. Das bezweifle ich nicht. Für Kriminelle sind alle Frauen, die Opfer von Menschenhandel geworden und entkommen sind oder darüber sprechen, illoyale Lügnerinnen, Schlampen, Drogenabhängige, Freaks.

Der Arzt untersuchte mich und sagte mir, ich würde mit ordnungsgemäßen Dosen von Schmerzmitteln anfangen müssen. Ich würde meinen Körper nicht richtig bewegen, sagte er, und würde damit die Dinge für mich nur noch schlimmer machen. Er sagte, es sei deutlich, dass ich Schäden davongetragen hätte, die schlimmsten an meinem unteren Rücken, möglicherweise um mein Becken herum. Ich müsse mich stretchen und Yoga machen, und sicherstellen, dass ich alle Muskeln bewegen und dafür sorgen würde, dass sie alle wieder stark wurden.

Ich ging zu einem Zahnarzt in Sibiu, ein weiterer Termin, der von meiner Mutter organisiert worden war. Ich hatte ihr bei einem Telefonat erzählt, dass ich gebrochene Zähne hatte. Wissen Sie, was er tat? Er zog vier von meinen Zähnen auf einmal.

»Sie müssen raus, weil sie Sie sonst vergiften«, sagte er, und war wirklich verblüfft darüber, wie ich mir so viele Zähne hatten brechen können, und dass ich so lange nichts unternommen hatte. Er erzählte mir, dass er eigentlich nicht so viele Zähne bei einer Sitzung ziehen sollte, jedoch in meiner Situation keine Wahl habe. Ich dankte ihm danach mehrmals, obwohl mein Mund sich anfühlte, als sei eine Bombe darin explodiert.

»Sie müssen noch mehr ziehen lassen«, sagte er zu mir.

Ich konnte nicht einmal daran denken.

Es gab keine herzliche Aussprache mit meiner Mutter. Wir fuhren zu ihrem Haus, und Petre war dort, musterte mich von oben bis unten, als wäre ich ein Eindringling, und machte deutlich, dass er nicht glücklich war, mich zu sehen. Meine Mutter machte weiter wie bisher, redete über einige Leute, die wir kannten, und was los gewesen war und blickte mir kaum in die Augen. Ich weinte in der ersten Nacht, in der ich dort war, weinte einen großen Teil der Nacht und konnte nicht schlafen.

Petre ging während des Tages aus, und meine Mutter ging zur Arbeit. Sie sagte, sie habe so viel zu tun mit ihrer Arbeit im Krankenhaus, dass sie keine Wahl habe. Ich ging nicht aus, weil ich Angst hatte, Leute aus meiner Vergangenheit zu sehen, Leute, die dachten, ich wäre freiwillig Prostituierte geworden und würde mich Leuten überall auf der Welt hingeben.

Ich hätte mich geschämt, wäre aber auch wütend gewesen, wenn ich Menschen begegnet wäre, die das dachten.

Schließlich kam ich nach den fünf Tage unglücklicher zurück, als ich abgeflogen war. Es war ein enttäuschender Besuch. Er endete damit, dass Petre mir sagte, ich hätte ihm einmal gesagt, ich würde sie nicht mehr belästigen. Ich sagte meiner Mutter, wir bräuchten Zeit und Raum und dass ich mit der Polizei zusammenarbeiten würde, um dabei zu helfen, einige große Zuhälter zu erwischen, die Leute, die mein Leben zerstört hatten, aber sie wollte es nicht hören.

»Das sind alles furchtbare Dinge«, sagte sie. »Ich bin so traurig, dass die Dinge so für dich gelaufen sind.«

Jedes Mal, wenn wir uns unterhielten, wollte ich mit ihr über das sprechen, was passiert war, aber dann stiegen ihr Tränen in die Augen und sie wandte sich ab und sagte, sie habe so viel zu tun und so viel habe sich verändert und die Dinge seien jetzt ganz anders.

Ich verabschiedete mich nicht von Petre, aber ich umarmte meine Mutter. »Ich habe dir so viel zu sagen«, sagte ich wieder, und sie sagte, sie liebe mich und hoffe, die Sache mit der Polizei werde funktionieren.

Ich weiß jetzt, dass viele böse Menschen, viele gemeine, schändliche Leute so viele Dinge sagten, dass es meiner Mutter das Leben zur Hölle machte, und dass Petre wirklich hoffte, ich würde für immer verschwinden.

Sie brachte mich zum Flughafen und ich sagte ihr, das nächste Mal würde ich hoffentlich mehr mit ihr sprechen können und würde nicht vier Zähne an einem Tag ziehen lassen müssen.

»Ich wurde entführt, gestohlen von diesen Leuten, und

ich wurde monatelang vergewaltigt«, sagte ich. »Du weißt das, du weißt, dass ich dich nicht kontaktiert habe, weil ich es nicht konnte, das weißt du doch, oder? Jetzt versuche ich, mein Leben wiederaufzubauen, warum können wir nicht wieder Mutter und Tochter sein?«

Sie sagte mir, Petre sei Teil ihres Problems, es gebe Probleme in der Ehe.

»Du wirst von ihm kontrolliert«, sagte ich. »Siehst du nicht, wie schlecht er für dich ist? Verstehst du das nicht?«

Sie sagte: »Ich weiß, dass du die Wahrheit sagst, Anna, über dich, über Petre. Ich komme damit nur einfach nicht klar.«

Kapitel Siebenundzwanzig

Ich arbeitete zwei Jahre lang mit der Polizei zusammen, von 2012 bis 2014. Wir trafen uns jede Woche in der Polizeistation Garnerville in Ostbelfast, und ich erzählte meine Geschichte. Ich sprach Hunderte von Stunden, sagte zu allen Verbrechen aus, von denen ich wusste, dass Ancuta und Ilie sie begangen hatten.

Der PSNI begann, mit der Metropolitan Police in London, mit Europol und EuroJust und der rumänischen Polizei zusammenzuarbeiten. Stück für Stück bewegten sie sich vorwärts, und jedes Stück davon, war ein Stück von mir.

Es gibt Dinge, die ich gesehen habe und die ich durchgemacht habe, über die ich nicht reden kann, aber ich musste darüber reden. Ich weinte und war natürlich verängstigt, und ich war die meiste Zeit über allein. Es war ein schwieriger Prozess, doch ich wusste immer, dass es das Richtige war, aber ich kann nicht sagen, dass das zu wissen, irgendetwas davon leichter machte.

Ich weine nicht gerne, ich bin kein Mädchen, das leicht weint, aber die Dinge, die sie wissen mussten, kamen oft nur mit äußersten Schwierigkeiten aus mir heraus und unter Tränen.

Manchmal, wenn ich Glück hatte, war Tom bei mir, und manchmal war seine Mutter da. Sie redete einmal mit der Polizei, nachdem die Soziologin, die mit ihnen arbeitete, und einige Einzelheiten über den Fall zusammenstellte, sich durch das, was ich sagte, tief verstört fühlte. Die Soziologin hatte zu mir gesagt, sie würde den Wunsch verspüren, die Leute töten zu wollen, die mir das angetan hatten.

Toms Mutter fragte die Polizei, ob sie dabei helfen könnten, die Dinge mit dem Sozialamt leichter für mich zu machen, und die Polizei sagte, sie könnten es nicht. Sie sagte, meine Geschichte sei so belastend, dass sogar die Soziologin darüber empört sei, also warum könnten sie nicht vorsichtiger mit meinen Gefühlen umgehen?

Sie sagten, sie müssten vorankommen, müssten alles herausholen, egal wie schwierig das sei, dass es ihr Job sei, die Beweise zu beschaffen, die sie brauchten.

Sie sagte: »Niemand kümmert sich um dieses Mädchen. Sie verlangen ihr alles ab, und sie bleibt weinend hier zurück.«

Sie sagten, es tue ihnen leid, aber sie hätten keine Wahl, und empfahlen einige Wohltätigkeitsorganisationen, mit denen ich sprechen könne.

Aber, fragte sie, könnten sie nicht wenigstens jemanden finden, der sich nach jeder Sitzung für eine halbe Stunde zu mir setzte? Jemand Professionelles, der mir die Sachen sagen konnte, die ich hören musste?

Das konnten sie nicht. Sie sagten mir, sie wüssten, dass dies sehr schwierig sei, aber dass Menschen in Fällen von Menschenhandel in der Lage seien, in so vielen Bereichen des Verbrechens zu helfen. Es sei alles verbunden, sagten sie, Drogen und Menschenhandel, Geldwäsche und organisiertes Verbrechen.

Die Polizei brachte mich in Kontakt mit einer Wohltätigkeitsorganisation, die weiblichen Opfern hilft, aber es funktionierte nicht für mich. Sie erzählten mir, ich hätte ein sehr hohes Trauma- und Missbrauchsniveau, und ich sagte, das wüsste ich. Ich fürchte, es war kein gutes Treffen. Ich glaube, ich habe die Dame traumatisiert, mit der ich sprach. Sie sagte mir, eines meiner vielen Probleme sei, dass ich nicht gerettet worden sei, dass ich nicht von der Polizei gerettet worden sei, dass ich meinem Leben im Sexhandel entkommen sei.

»Es gibt ein gesetzlich vorgeschriebenes Verfahren für gerettete Opfer«, sagte sie. »Ich verstehe jedoch durchaus, dass Sie in einer entsetzlichen Situation gewesen sind.«

Sie riet mir, mit jemanden bei einer Wohltätigkeitsorganisation zu sprechen, die sich mit sexuellem Missbrauch unter dem Aspekt einiger meiner Probleme beschäftigte, und ich ging auch dorthin. Sie schienen verwirrt über meinen Fall zu sein, und ich sagte ihnen, sie verstünden anscheinend nicht, was Sexhandel war. Sie sagten, sie hätten vorher noch nie mit so etwas zu tun gehabt.

Auch diese Organisation verließ ich mit dem Gefühl, die Leute dort traumatisiert zu haben.

Später brachte die Polizei die Aussicht zur Sprache, dass ich, irgendwann in der Zukunft, in ein Zeugenschutzprogramm kommen könnte. Sie sagten, falls es Verhaftungen geben würde, könnte ich danach entspannter vor Gericht erscheinen und gegen meine Zuhälter aussagen. Ich hatte kein Problem damit, gegen meine Zuhälter auszusagen, weil ich diese Leute mehr als sonst jemanden auf der Welt hasste. Was also würde ich dafür tun müssen?

Ich würde für immer die Leute aufgeben müssen, die ich kannte, würde dann zu einer geheimen Adresse innerhalb Großbritanniens gebracht werden, und würde nie wieder in Lage sein, mit ihnen zu reden.

»Und meine Mutter?«, fragte ich.

»Sie dürften keinen Kontakt mehr zu ihr haben«, sagten sie. Sie sagten, sie hätten keinen Zweifel, dass mein Leben in Gefahr sein würde.

»Und auch das meiner Mutter«, sagte ich. »Und es ist bereits in Gefahr.«

Sie wussten, dass das stimmte. Doch sie konnte nicht Teil des Programms werden.

Ich hatte das Gefühl, mir würde für all das nichts angeboten. Ich kann nicht sagen, dass ich das Gefühl hatte, es wäre das Richtige. Ich glaube, es gab dort einige, die ebenfalls dachten, das wäre nicht das Richtige. Ich habe seitdem in Erfahrung bringen können, dass einige Polizeibeamte das Gefühl hatten, ich wäre zu wütend, ein bisschen zu geschädigt, um in irgendeinem zukünftigen Gerichtsfall in den Zeugenstand zu treten, aber das wurde nie deutlich ausgesprochen. Ich denke jedoch, dass sie, zu der Zeit, damit recht gehabt haben könnten. Die Leute haben mir viele Male erzählt, dass Anwälte der Verteidigung »die Leute in Fetzen reißen« würden, und ich weiß nicht, wie ich mich in einem Zeugenstand verhalten hätte, während ich in Fetzen gerissen und beschuldigt wurde, wegen Dingen, über die ich keine Kontrolle gehabt hatte. Die Frage blieb offen, und die Befragungen gingen weiter.

Sie wollten wissen, wo die Geldwäsche stattfand. Ich erzählte ihnen von den Orten, die sie benutzten, wohin sie das Bargeld brachten und wohin sie es schickten, wie, wo und wann.

Sie interessierten sich für Ilies Geschäftskontakte in Schweden, weil sie zu der Zeit glaubten, er wäre dort. Die

Informationen, die ich ihnen gab, wurden, wie ich später herausfand, an die schwedische Polizei weitergegeben.

Sie hatten sich eine Art Bild gemacht, bevor ich kam, hatten ein wenig Einsicht in Ancuta, Ilie und ihr Geschäft bekommen, darüber, wo sie gewesen waren, wie sie Mädchen rekrutierten, hereinlegten, ihnen eine Gehirnwäsche verpassten und sie aus einem Leben holten, um ihnen ein anderes aufzuzwingen. Aber wenn der Leser an das Bild denkt, das sie sich gemacht hatten, sollte er es sich schwarz-weiß vorstellen. Als ich kam, konnte ich Farbe hineinbringen.

Ich sagte ihnen, sie sollten im Internet auf Seiten in Schweden, in Stockholm, nach Escort-Fotos suchen, und dann würden sie früher oder später die arme Skinny und Ancuta finden. Es sei, sagte ich, die einfachste Möglichkeit, herauszufinden, wo sie waren. Es funktionierte.

Ich fragte sie nach der Zeit, als die Polizei ins Margarita Plaza kam, sagte, ich sei dort gewesen, während der Razzia, als sie Fotos von Ilie Ionut in den Händen hatten und Ancuta ein Telefon in sich versteckt hatte, aber sie hatten keine Aufzeichnungen darüber in den Akten.

Sie fragten mich, ob ich sicher sei, dass diese Razzia stattgefunden habe. Was für eine seltsame Frage. Ich werde nie verstehen, was da passiert ist.

Ich fragte nach den Männern, all den Tausenden von Männern, die anriefen, um Frauen, die Opfer von Menschenhandel waren, zu buchen und zu missbrauchen, all die Männer überall in Irland, die das Geschäft am Leben erhalten, die die Zuhälter bezahlen, und die Diebe, Entführer und Vergewaltiger, damit sie ihnen erlauben, mit den Mädchen, die sie haben, zu tun, was sie wollen.

Es würde nicht viel sein, sagte die Polizei, was sie wegen dieser Männer unternehmen könnten. Sie seien an den Kriminellen auf höchster Ebene interessiert, sagten sie.

Ich erzählte Tom davon, von den SIM-Karten mit den Nummern von vielleicht Tausend oder mehr Anrufern, davon, dass ich nicht wüsste, was ich damit tun sollte. Er sagte, er habe darüber nachgedacht und er befürchte, sie an die Polizei weiterzugeben, würde bedeuten, dass ich sie vielleicht nie wiedersah. Ich sagte der Polizei nicht, dass ich sie in meinem Besitz hatte.

Tom und ich entschieden gemeinsam, sie unserem Anwalt zu geben, ihn zu bitten, sie sicher aufzubewahren, in der Hoffnung, dass sie eines Tages mehr bedeuten würden als das Nichts, dass sie der Polizei zu bedeuten schienen. Sie waren meine Spur, Beweis dafür, wo ich gewesen war, was ich gewesen war, und ich würde sie nicht vorschnell aus der Hand geben.

Im Laufe der Zeit wurde der Druck durch all die Befragungen immer unerträglicher für mich. Keine Sitzung dauerte weniger als zwei Stunden, und in all der Zeit erklärte ich manchmal nur fünf Minuten meines Lebens. Ich hatte nach einer Weile das Gefühl, nichts würde getan werden, aber ich musste beenden, was ich angefangen hatte.

Eine Zeit lang konzentrierten sie sich darauf, was ich getan hatte, nachdem ich von Ilie und Ancuta weggekommen war, auf den Mann, mit dem ich viel Zeit verbracht hatte, auf das, was ich getan hatte, während ich in Andys Wohnung lebte. Das war nicht der Grund, warum ich zum PSNI gekommen war, aber sie fragten trotzdem. Und fragten, und fragten.

Wusste ich von seinen kriminellen Aktivitäten, seinen Drogendeals, den Verbindungen, die er in Europa hatte? Wusste ich, dass er ein schlechter Mann war, ein Lügner, ein Dieb, ein Mann, der einen guten Start ins Leben gehabt hatte, der aber aus eigener Entscheidung auf Abwege geraten sei?

Ich sagte ihnen, das wisse ich nicht. »Ich weiß gar nichts über Andy«, sagte ich dann. Es erschien mir so, als hätten sie das Gefühl, jemanden zu haben, der ihnen mit Informationen über einen Mann helfen konnte, der bereits im Gefängnis saß, der ihnen helfen würde, sich nicht nur ein Bild, sondern zwei Bilder vom Innenleben von Verbrecherbanden zu machen.

Ich muss sagen, dass ich es nicht konnte, nicht wollte und nicht tat. Der Leser mag darüber denken, was er will, aber Andy war mein Freund, ein Mann, der loyal zu seinem Wort stand und für mich da war, als ich das am dringendsten brauchte, ein Mann, der mir vielleicht das Leben rettete.

Was weiß ich über sein Leben, seine kriminellen Aktivitäten?

Nichts.

Ein Freund von Tom war in der Lage, mir einen kleinen Job in einem Café mitten im Zentrum von Belfast als Geschirrwäscherin zu verschaffen, und ich nahm ihn gerne an, um meinem Gehirn und meinem Körper etwas Neues zu tun zu geben. Ich konnte keine Steuern zahlen, und hatte immer noch Steuerschulden, aber ich musste etwas anderes tun, als die ganze Zeit nur über mein Leben zu reden und mein Herz auszuschütten.

Eines Tages, im August 2012, wartete ich draußen, in der

Nähe dieses Cafés, saß in Toms Auto, während er mit dem Mann sprach, dem das Lokal gehörte, und es kam etwas im Radio, dass mich dazu brachte zuzuhören. Ein Gesetzesentwurf gegen den Menschenhandel sei in Stormont eingereicht worden, wurde gesagt. Einer der Politiker dort, ein Mitglied der gesetzgebenden Versammlung, habe den Gesetzentwurf eines Privatmitglieds eingereicht, das Gesetz zu ändern, um das Leben von Sexhändlern zu erschweren, von Leute, die andere Leute verkaufen. Ich legte den Kopf zurück, schloss meine Augen und dachte einen Augenblick nach. Dann öffnete ich meine Augen und sagte zu mir selbst: »Das ist es, was ich tun muss.«

Es war wie ein kleiner Funken der Hoffnung und Vernunft, ein bisschen Klarheit. Ich hatte erfahren, dass das ganze System nicht zu wissen schien, was es mit Leuten anfangen sollte, die Opfer von Menschenhandel geworden waren. Die ganze Welt schien nicht zu wissen, wie es war, ein Opfer zu sein, dass den Blicken entzogen wurde, jemand zu sein, der jeden Tag im Geheimen immer wieder angegriffen wurde. Klarheit war nötig, um auszusagen, wie das war, deutlich zu machen, dass die Opfer keine Kriminellen sind, um zu sagen, dass jene, die so etwas tun, jene, die diese Frauen benutzen, Kriminelle, moderne Sklavenhalter, sind.

Würde dieses Gesetz den Zuhältern das Leben nicht schwerer machen? Würde es nicht ihrer leichten, unangefochtenen Art, Geld zu verdienen, einen Stoß versetzen? Ich wusste es nicht, aber ich wollte alles darüber herausfinden.

Ich sagte zu Tom: »Dieser Gesetzesentwurf, der beim Parlament von Nordirland in Stormont eingereicht wird, können wir da helfen? Niemand sonst tut etwas. Können wir etwas tun?«

Dieser Vorschlag ließ sein Gesicht aufleuchten. Er sagte: »Ja, natürlich. Das ist genau das, was wir tun müssen.« Tom wandte sich an das Büro von Lord Maurice Morrow, dem Mann, der den Gesetzesentwurf zu Menschenhandel und Ausbeutung vorschlug. Er erzählte ihm, er kenne ein Opfer, das eine Geschichte zu erzählen habe, das hoffe, es könne bei dem Prozess helfen, diesen kontroversen Gesetzesentwurf in ein Gesetz zu verwandeln.

Wir trafen uns mit ihm in seinem Büro in Stormont und er bat mich, meine Situation zu umreißen. Er sagte, er unterstütze eine Veränderung der Gesetze, weil er mehr und mehr Geschichten von Männern und Frauen, auch von Kindern, höre, die gezwungen würden zu arbeiten, die in Bordellen, auf Bauernhöfen und in Fabriken in Nordirland landen würden.

Doch es gebe, sagte er, ein Problem damit, diese Botschaft zu übermitteln. Dieses Thema, sagte er, werde nicht ernst genug genommen, weil es nicht sichtbar sei.

Ich wusste, dass er das Herz auf dem rechten Fleck hatte, aber nicht alles hatte, was er brauchte, um seine Argumente zu untermauern.

Ich sagte: »Wenn meine Geschichte benutzt werden kann, um dafür zu sorgen, dass die Dinge besser werden, dann werde ich tun, was auch immer ich kann. Ich werde mit jedem, mit wem auch immer Sie wollen, über meine Geschichte reden.«

Er sagte, zunächst wäre es gut, sich mit Peter Robinson zu treffen. Wir schüttelten ihm die Hand und verließen sein Büro. Draußen sagte Tom zu mir: »Weißt du, wer Peter Robinson ist?«

Und ich wusste, dass er ein führender Politiker in Nordirland war.

»Ja«, sagte Tom. »Er ist der Erste Minister. Höher geht es nicht.«

Was das bedeutete, war, dass meine Geschichte sich in sehr kurzer Zeit nach oben bewegte, bis ganz nach oben, bis zu den Ohren von jenen, die die Macht hatten, Dinge zu verändern.

»Ich kann nicht glauben, dass das passiert«, sagte ich zu Tom.

»Aber das tut es«, sagte er. »Wir haben noch einen langen Weg vor uns, aber wir haben einen guten Anfang gemacht.«

An diesem Abend tranken wir Champagner, und ich erzählte ihm von den Gesichtern von Ilie und Ancuta, von der Hässlichkeit mancher Leute, wie die Hässlichkeit im Inneren sich im Äußeren zeigt.

Eine Einladung kam, und ein paar Tage später waren wir bei einer Wohltätigkeitsparty im County Armagh, wo ich Mr Robinson vorgestellt wurde.

Er sagte: »Ich setze große Erwartungen in diesen Gesetzesentwurf, dass er Veränderungen bewirken kann, die wirklich weiterhelfen. Wir wollen das tun, von dem Menschenhändler nicht wollen, dass wir es tun, und das ist, ihnen das Leben viel schwerer zu machen. Eines Tages, so hoffen wir, werden andere unserem Beispiel folgen. Ich hoffe, dass Sie uns dabei helfen können.«

Ich erzählte ihm, ich glaube, dass in diesem Geschäft viel Geld stecke, dass Sexhändler ein Vermögen damit machten, die Körper von Frauen an Männer zu verkaufen. Und ich sagte, da ich dieses Geschäft so gut kannte, es werde einen Kampf geben.

Er sagte: »Aber es gibt immer einen Kampf, wenn man etwas Neues macht.«

Innerhalb von ein paar Wochen wurde eine Versammlung der Gerichtskommission für Mitglieder der gesetzgebenden Versammlung einberufen, die die Geschichte eines Opfers von Sexhandel hören wollten. Ich wurde gebeten, hinzugehen, meine Geschichte zu erzählen und meinen Fall darzulegen, davon zu erzählen, warum ich glaube, dass dieses Gesetz eine sehr gute und starke Idee für Nordirland sei.

Es würde auf dem sogenannten nordischen Modell basieren und ein strengeres Gesetz sein, als das in der Republik Irland, strenger als irgendwo sonst im restlichen Großbritannien, eins der strengsten Gesetze weltweit gegen den Menschenhandel. Ich war sehr aufgeregt, weil ich eine wichtige Rolle bei seiner Verwirklichung spielen konnte.

Ich hatte ein schwarzes Kleid, elegant und gediegen, und mein Haar war blond. Ich trug einen Pferdeschwanz, wegen dem, was mit meinem Haar passiert war, und ich trug neue Schuhe, die Tom mir für den Anlass gekauft hatte.

An jenem Tag waren in dem Raum zwölf Mitglieder der gesetzgebenden Versammlung, einige von ihnen waren sich nicht sicher, ob sie Lord Morrows Gesetzesentwurf unterstützen sollten, und einige unterstützten ihn bereits und wollten mit eigenen Augen ein echtes Opfer, eine echte Überlebende, sehen.

Es war aufregend und zermürbend. Tom sagte mir, ich solle deutlich und selbstbewusst sprechen, ich sei das Gesicht und die Stimme dessen, was ein radikales neues Gesetz für Nordirland werden könnte, und ich müsse an jene denken, die leiden würden, jene, die genau in dem Augenblick, während ich sprach, vergewaltigt wurden.

Aber wissen Sie was? Der Polizei gefiel dieses Gesetz nicht. Der PSNI unterstützte es nicht von Anfang an, behauptete, es würde nur zu wenigen Anklagen führen, da es schwer sei, es durchzusetzen. Für mich war das Wichtigste an diesem Gesetz, dass es Männer kriminalisieren würde, die für Sex bezahlten.

Vielleicht denken Sie, das ist falsch und unfair. Vielleicht haben Sie recht. Vielleicht gibt es »glückliche Nutten« da draußen, die sich ein Taschengeld mit vorbeigehenden Gentlemen verdienen, und das hilft ihnen, ihre Familien zu ernähren. Aber was ist mit den Frauen im Sexhandel? Den Frauen, die nach Irland, nach Großbritannien, überall hin in Europa, gebracht werden und in Bordellen versteckt werden. Was ist mit Menschen mit blauen Flecken, die auf Bildern im Internet erscheinen und in dunklen Schlafzimmern, wenn jemand das Geld hat, für sie zu bezahlen?

Was ist mit den Frauen, die täglich geschlagen werden – in Ihrer Stadt – damit sie mehr und immer mehr Geld für ihre Zuhälter verdienen? Existieren sie nicht? Werden sie nicht kontrolliert? Werden sie nicht wieder und immer wieder Gehirnwäschen unterzogen und missbraucht? Ihre Schwester? Nein. Ihre Mutter oder Tochter? Nein. Interessiert es Sie dann überhaupt?

Es sind jemandes Verwandte, und sie werden von den Zuhältern für den Profit benutzt, manchmal hundert Prozent Profit, und sie sind dabei, alles zu verlieren und nichts zu gewinnen. Wenn ein Gesetz kommt, welches definiert, dass die Frau ein Opfer ist und keine Prostituierte, dann will ich dieses Gesetz. Zuhälter interessieren sich nur für den Markt. Die einzige Möglichkeit den Markt zu treffen, ist, den

Käufer ins Visier zu nehmen. Und das ist die einzige Möglichkeit den Sexhandel zu reduzieren und ihn eines Tages, darum bete ich, zu beenden.

Falls all das schlechte Neuigkeiten sind für einen Mann, der das Gefühl hat, er kann nun nicht mehr auf dem Heimweg von der Arbeit bei einer Nutte Halt machen, bevor er seine Frau sieht, dann ist das einfach Pech. Der Preis ist größer als sein Bedürfnis.

Wissen Sie, was ich witzig finde? Die Sex-Lobby, die dieses Gesetz hasst. Die Allianz aus Sexarbeitern, jene »glücklichen Nutten«, die den Sexhandel ganz zu vergessen scheinen und sagen, dass sie dieses Gesetz nicht mögen, weil sich ihre Kunden dadurch schlecht fühlen, bedroht fühlen. Sie sagen, ein Gesetz wie dieses zwinge die Leute nur, in den Untergrund zu gehen, zwinge sie unterzutauchen und setze sie einem größeren Risiko aus.

Untertauchen? Ist das Ihr Ernst? Wie untergetaucht war ich denn? Wie viel tiefer kann man denn noch untertauchen? Ich war verschwunden, war aus der Gesellschaft entfernt worden.

Und dies ist mein Fall. Und das war es, was ich sagen würde. Und ich würde jede Frage beantworten, die mir, von wem auch immer, gestellt wurde.

Ein Detective aus der Einheit für Menschenhandel im PSNI kam an jenem Tag nach Stormont, und er war nicht glücklich. Er war bekümmert darüber, dass ich meine Präsentation vor Politikern halten würde und es keinen Input von der Polizei dazu gegeben hatte. Er fand, es wäre wichtig, dass der PSNI das Gefühl hatte, meine Argumentation in dieser Angelegenheit sollte nicht isoliert gehört werden, und dass nicht alle Faktoren berücksichtigt wurden.

Ich glaube, was er meinte, war, dass kleine Zuhälter und Prostituierte zu erwischen, traditionell eine sehr gute Möglichkeit für die Polizei war, an Informationen zu kommen, weil die Branche immer mit größeren kriminellen Netzwerken verbunden ist. Aber die Interessen der Polizei in Bezug auf dieses Problem waren nicht meine Interessen.

Wie auch immer seine Argumentation war, er regte sich immer mehr auf, während er mit mir und einigen anderen Leuten vor dem Raum sprach, bevor wir hineingingen.

»Wir können nicht zulassen«, sagte er, »dass eine Prostituierte da reingeht und dort drin Gesetze erklärt.«

Und ich hörte jedes Wort.

Tom sagte dem Mann, er solle darüber nachdenken, was er da gerade gesagt habe. Er beließ es dabei und ging weg. Es dauerte nicht lange, bevor seine Stelle von jemand anderen besetzt wurde.

Mir waren bereits viele Namen gegeben worden, die nicht meine waren, und die Bezeichnung Prostituierte, war auch nicht meine. Na und?

Ich ging mit hoch erhobenem Kopf in den Raum und trug meinen Fall vor. Die Sitzung hätte eine Stunde dauern sollen. Ich war mehr als drei Stunden dort.

Kapitel Achtundzwanzig

Im April 2013 saß ich in einem Raum mit PSNI-Beamten und redete über meine Geschichte. Mehr und mehr Einzelheiten, mehr und mehr Orte. Und an diesem Tag kam ein Detective in den Raum.
»Anna«, sagte er. »Wir haben Neuigkeiten.«
»Neuigkeiten?«
»Ja«, sagte er. »Wir haben gerade Ancuta Schwarz verhaftet.«
Und mein Herz tanzte vor Freude. »O mein Gott«, sagte ich. »Wo?«
»In Belfast.«
Sie war zurück. Sie waren in Schweden gewesen, wo sie ihr schreckliches Imperium aufgebaut hatten. Wie ich bereits wusste, verlegten sie Mädchen aus Irland nach dort, handelten mit betrogenen und entführten Osteuropäerinnen über ihr Netzwerk, flogen sie immer und immer wieder, meistens über dieselben Routen, zwischen Belfast und Stockholm hin und her.
Ancuta wurde vom PSNI verhaftet und würde nach Schweden ausgeliefert werden. Nachdem die Schweden mit ihr fertig waren, ob sie nun ins Gefängnis gesteckt wurde oder nicht, würde der PSNI darum ersuchen, sie nach Nordirland zurückzubringen, damit sie ihre Fragen beantworten konnte.
Zwei Wochen später, in Bukarest, wurde Ilie Ionut als Anführer des Ganzen aufgespürt und verhaftet. Auch er würde

nach Schweden ausgeliefert werden, und nach dem, was dort passieren würde, würde er nach Nordirland geschickt werden.

Es bewegte sich plötzlich alles in die richtige Richtung. Es würde ein wenig Gerechtigkeit geben.

Der PSNI sagte deutlich, die Informationen, die ich ihnen darüber gegeben hatte, wie und wo sie arbeiteten, hätten dazu geführt, dass diese Zuhälter zu Fall gebracht wurden. Aber wie sehr waren sie zu Fall gebracht worden?

Das würde sich noch herausstellen. Menschenhandel ist eine schwierige Angelegenheit. Die meisten Frauen, die Opfer von Menschenhandel geworden sind, werden nur sehr wenig darüber sagen, wie sie in dieser Situation gelandet sind, und sie werden noch weniger über die Leute sagen, die dafür verantwortlich sind, dass sie dort landeten.

Wer etwas über Furcht, Kontrolle und Psychologie weiß, der weiß, wie dieses System funktioniert. Wenn alles, was jemand versteht, ist, dass eine Person auf eine andere zeigt, und sagt: »Er/Sie ist der/die Schuldige« und erwartet, dass der Job damit getan ist, dann versteht dieser Jemand überhaupt nichts.

Wie bei einer geschlagenen Ehefrau, die niemals darüber spricht, wie bei einem missbrauchten Kind, das niemals darüber redet, wie bei einem schweigenden Opfer von Mobbing, ist es wahr, dass sehr viele Menschen, die Opfer von Menschenhandel geworden sind – Männer und Frauen – die einzige Wahl treffen, die sie treffen können, die klügste Entscheidung, die sie unter den Umständen fällen können, und die ist, nur die Dinge zu sagen, die nicht ihre Gesundheit oder das Leben ihrer Lieben in Gefahr bringen.

Aber fürs Erste war ich sehr glücklich über die Verhaftungen. Ich hatte das Gefühl, als hätte ich sie getreten, hätte zurückgeschlagen, auf die Art, die ihnen am meisten wehtat. Sie würden sich nicht schämen, würden sich nicht um den Verlust ihrer Würde sorgen oder darum, dass sie als böse Menschen entlarvt worden waren, sondern nur darum, dass sie, sehr plötzlich, nicht mehr tun konnten, was sie am liebsten taten, nämlich Menschen zu beherrschen und Geld zu kassieren.

Es fühlte sich für mich wie ein neuer Anfang an, ein Punkt, an dem die unmittelbare Gefahr durch die, die mich am meisten in Schrecken versetzt hatten, nicht mehr da war.

Angehörige der schwedischen Polizei kamen nach Nordirland, um sich mit dem PSNI zu treffen, und der Plan war, auch mich zu treffen. Bevor das passierte, kam der PSNI wieder zu mir und sprach mit mir über die Zeugenschutzprogramm-Option, die sie vorher schon angesprochen hatten.

Ich redete mit ihren Leuten und dann mit einem Anwalt, der für den PSNI arbeitete. Dann nahm ich meine Informationen mit nach Hause zu Tom.

»Sie wollen, dass ich darüber nachdenke«, sagte ich.

Er schüttelte den Kopf. »Das tue ich auch«, sagte er. »Das ist der sicherste Schritt für dich, der möglich ist.«

»Ja«, sagte ich. »Aber für sonst niemanden.«

Ich würde Zeugin vor Gericht gegen sie in Schweden und Nordirland sein. Im Gegenzug würde ich an einen anderen Ort innerhalb von Großbritannien gebracht werden und eine neue Identität bekommen. Ich würde ein Heim und einen neuen Start ins Leben bekommen. Ich würde nicht in der Lage sein, irgendjemanden aus meinem alten Leben zu kontaktieren. Weder meine Mutter, noch Tom.

»Du stellst mir«, sagte er, »eine unmöglich zu beantwortende Frage.«

»Das wollte ich hören«, sagte ich. »Ich will dich nicht verlassen.«

Wir waren ein Paar geworden, hatten eine Bindung aufgebaut, waren auf eine seltsame, aber starke Art miteinander verbunden, durch unsere Arbeit, unsere Bemühungen, die Dinge zu verändern. Es funktionierte für uns, und uns lag die Leidenschaft des anderen für Fortschritte am Herzen. Es schien, als würde das enden müssen. Hatten Ilie und Ancuta mir nicht schon genug genommen?

Ich traf mich wieder mit der Polizei und teilte ihnen meine Gefühle darüber mit. Ich sagte, ich sei sehr besorgt um meine Mutter, sie sei so viele Male von diesen Leuten kontaktiert worden, von Leuten, die mit ihnen in Verbindung stünden, dass ich keinen Zweifel daran hätte, dass das wieder passieren würde.

Sie sagten mir, das sei eine Erwägung, die ich berücksichtigen müsse. Sie sagten, sie könnten meiner Mutter nicht dieselbe Option anbieten. Ich würde sie, mehr oder weniger, Leuten ausliefern, die keine Gnade kannten, die ihren Lebensunterhalt mit Gewalt verdienten. Was bedeutete das für sie?

Doch ich hatte, wie die Polizei sagte, so viel zu sagen vor Gericht, so viele Beweise und Einzelheiten über den Missbrauch, den ich erlitten hatte, die Verletzungen, darüber, wie sie Mädchen rekrutierten und loswurden, wie sie uns überall in Irland den ganzen Tag und die ganze Nacht arbeiten ließen. Ich brach zusammen, während wir redeten. Es war eine der schwierigsten Entscheidungen, die ich jemals treffen musste.

Und die schwedische Polizei wartete darauf, mit mir zu reden, wartete darauf, mich über das Paar zu befragen, das sie in Haft hatten. Ich könne dieses Gespräch, so sagte der PSNI mir, nicht beginnen, bis ich mich einverstanden erklärt hätte, als Zeugin auszusagen.

Konnte ich eine offizielle Zeugin in der Operation Burgrave sein und nicht in das Zeugenschutzprogramm gehen?

»Ja«, sagten sie. »Aber Sie würden sich letztendlich ohnehin irgendwo verstecken müssen. Die Situation ist dieselbe, auch für Ihre Mutter.«

Tom würde Belfast nicht verlassen, um mit mir und meiner Mutter und ohne Geld wegzulaufen, und den Rest unseres Lebens in irgendeinem albernen Versteck zu verbringen. Warum sollte er? Die Vorstellung war verrückt. Sie war auch in Bezug auf meine Mutter verrückt, dass ich dachte, sie könnte ein Interesse daran haben, das zu tun.

Ich sagte: »Nein – ich werde nicht als Zeugin aussagen. Ich habe Ihnen geholfen, diese Leute zu finden, Sie müssen ab jetzt allein weitermachen.«

Die schwedische Polizei flog nach einer Woche wieder nach Hause, ohne jemals mit mir gesprochen zu haben.

Mittlerweile arbeitete ich in einem Golfklub in der Nähe von Belfast, war jetzt glücklicher, als ich seit langer Zeit gewesen war, und fing an, mein Leben wiederaufzubauen. Ich plante, meine Steuerschulden auszugleichen, und ich war wieder eine legale Person, verdiente ein wenig Geld und lebte an einer Adresse mit einem Mann, den ich sehr mochte.

Es war eine komplizierte Zeit, eine schwierige Zeit, wegen dem, was mit meinen Zuhältern passierte, aber für mich eine positive. Es waren die frühen Tage eines neuen Anfangs, den ich bereits erwähnte, und meine Entscheidung, nicht in der Wildnis zu verschwinden, erschien mir im Laufe der Zeit immer vernünftiger.

Ich würde vorankommen und damit weitermachen.

Ich begann, mich mehr für meine eigene Gesundheit zu interessieren. Ich ließ an der Schule für Zahnmedizin in Belfast einen weiteren Zahn ziehen und ging zu einem Physiotherapeuten wegen meines Rückens und meiner Knie. Mein Sehvermögen verschlechterte sich, obwohl ich mich daran gewöhnt hatte, wieder eine Brille zu tragen, und meine Schlaflosigkeit trieb mich immer noch beinahe in den Wahnsinn. Schlaflosigkeit ist vielleicht das schlimmste Problem von allen. Nacht für Nacht, die Einsamkeit des nur Daliegens und in die Dunkelheit Starrens, während die Muskeln vor Erschöpfung schmerzen, die Gedanken sich im Kreis drehen, und ich immer wütender auf mich selbst wurde, weil ich nicht schlief.

Tief in mir war ich beunruhigt über all das. Ich konnte mir sagen, ich wäre glücklich, alles würde reibungslos klappen, aber meine verrückte Schlaflosigkeit sagte mir immer wieder, dass mein Leben nicht normal war. Es war in keiner Weise normal.

Es klingt vielleicht, als hätte ich einen Freund gehabt, aber, obwohl Tom und ich uns sehr nahe standen, hatte ich Probleme, persönliche Probleme, die dafür sorgten, dass wir nicht ganz und gar ein richtiges Paar waren. Und über meine persönlichen Probleme nachzudenken, darüber nachzudenken, wie ich damit fertig werden konnte, offenbarte mir noch mehr persönliche Probleme. Ich wollte nichts davon in meinem Kopf haben, ich wollte es alles übertünchen, es wegbrennen, es von mir werfen, auf jede mir mögliche Weise. Doch Nacht für Nacht lag ich da, sah Dinge, hörte Dinge, roch Dinge und fürchtete Dinge.

Ich war ein Mädchen mit Geheimnissen, die es nicht erzählen konnte, die zu schrecklich waren, um erzählt zu werden, also tat ich mein Bestes, so zu tun, als hätte ich keine Geheimnisse. Und der Versuch, normal zu sein, Freunde zu finden, die Arbeit zu genießen und voranzukommen, war für mich, als würde ich versuchen, durch Backsteinmauern zu gehen.

Die Frage, die immer und immer wieder in meinem Geist auftauchte, war: »Was tue ich hier? Was in aller Welt tue ich hier eigentlich?«

Die Polizei sagte mir, Skinny werde in Schweden aussagen. Sie war im April zusammen mit Ancuta in Belfast verhaftet und nach Schweden abgeschoben worden. Dreizehn andere Mädchen waren auch noch gerettet worden, alle verbunden mit Ilie und Ancuta, aber keine sagte irgendetwas. Zuerst war Skinny bei ihrer Geschichte geblieben, dass sie nur Webcam-Arbeit mache, dass sie eine Freiwillige sei, dass Ilie und Ancuta keine Zuhälter seien. Doch schließlich war die mutige kleine Skinny aus der Reihe getanzt und hatte zu sich gestanden.

Soweit ich weiß, ist sie in das Zeugenschutzprogramm aufgenommen worden. Sie sagte 2013 in Schweden gegen sie aus, und was sie den Leuten dort im Gerichtssaal sagen konnte, schockierte sie.

Hier ist ein Artikel aus einer Zeitung:

Belfast Telegraph, 12.04.2013
Paar, das von Belfast aus mit Sexsklaven handelte, wird in Schweden inhaftiert
Von Chris Kilpatrick

Bandenführer, die ein Prostitutionsnetzwerk in Belfast betrieben, und im Zuge des Menschenhandels junge Frauen aus Nordirland transportierten, wurden für vier Jahre inhaftiert.
Ilie Ionut (31), und seine Partnerin, Ancuta Schwarz (28), wurden gestern von einem schwedischen Gericht wegen Menschenhandel, Prostitution und schwerer Zuhälterei verurteilt.
Die Urteile folgten einer groß angelegten Polizeiuntersuchung, an der der PSNI, schwedische und rumänische Behörden beteiligt waren.
Beweise, die dem Gericht vorgelegt wurden, zeigten, dass Ionut die Prostitution in Belfast beherrschte und den Transport von jungen Frauen im Zuge des Menschenhandels von Nordirland in andere Länder organisierte. Schwarz wurde beschuldigt, die Räumlichkeiten, in denen die Prostitution stattfand, gemanagt zu haben.

Der Bericht erklärte dann weiter, einige der Frauen, die involviert gewesen seien, seien gezwungen worden, mit bis zu zwanzig Männern pro Tag Sex zu haben, und das meiste von dem Geld, das sie mit dem Verkauf von Sexdienstleistungen verdient hatten, auszuhändigen. Er legte außerdem dar, die Bande habe Drohungen, Einschüchterungsversuche und körperliche Gewalt benutzt, um die Frauen gefügig zu machen.

Zudem stand darin, »Skinny« sei, unter dem Versprechen

eines hohen Einkommens, von Zuhause weggelockt worden, um für eine Webcam zu posieren. Doch als sie in Irland ankam, sei ihr gesagt worden, es würde kein Posieren im Web geben, nur den Verkauf von Sex. Er schloss damit, die Ankläger hätten gesagt, Ionut habe das Geschäft geführt, sei innerhalb der letzten zwei Jahre mit mehreren Frauen von Nordirland nach Schweden gereist.

Vier Jahre waren nicht genug. Ich weiß nicht, was ich erwartet hatte, aber vielleicht hatte ich gedacht, es würde nur noch gute Neuigkeiten geben, wenn sie erst einmal vor Gericht standen. Vier Jahre kam mir vor, wie die Strafe, die ein Mensch für einen einzigen sexuellen Übergriff bekommen sollte. Für einen Menschen, der Hunderte, Tausende von sexuellen Übergriffen und Vergewaltigungen organisiert, einfädelt und in betrügerischer Absicht arrangiert hatte? Vier Jahre?

Das war nicht das, was ich erwartet hatte.

Kapitel Neunundzwanzig

Eine Möglichkeit, wie man den Kopf freibekommen kann, ist, ihn mit anderen Dingen zu füllen. Im Jahr 2014, während ich immer noch in dem Golfclub arbeitete, schrieb ich mich für das Abitur ein.

Ich hatte recherchiert und herausgefunden, dass das der beste Weg war, einen Abschluss in Rechtswissenschaften zu machen. Mein geschäftiger Verstand kehrte immer wieder zu der Idee zurück, dass eine Veränderung der Gesetze der beste Weg vorwärts sein könnte, dass es die Art verändern könnte, wie dieses Verbrechen wahrgenommen wird, dass es jenen helfen würde, die Opfer von solchen Verbrechen geworden sind. Ich hoffte außerdem, dass ein neues Gesetz, in dem viel deutlicher gemacht wurde, dass Sexhandel eine sehr zerstörerische und sich ausbreitende Angelegenheit ist, dazu führen könnte, dass die Gerichte weniger nachsichtig sein würden.

Ancuta und Ilie waren natürlich in Schweden inhaftiert worden, aber mir war gesagt worden, dass die Strafe, falls man sie für ähnliche Verbrechen in Nordirland ins Gefängnis bringen würde, dort nicht viel anders ausfallen würde.

Im September begann ich, für die Abiturvorbereitung, am Belfast Metropolitan College Kurse in Englisch, Geschichte und Jura zu belegen. Ich hatte meinen Abschluss in Rumänien nicht gemacht, aber das wollte ich auch nicht länger. Ich fand, dass es sinnvoller war, mit dem weiterzumachen, was zu meinem neuen Interessengebiet geworden war.

Ein Juraabschluss von der Queens-University in Belfast sei, wurde mir gesagt, ein sehr guter Abschluss.

Doch meine Arbeitsstunden zu reduzieren, um das Abitur zu machen, hatten dafür gesorgt, dass ich mehr oder weniger pleite war. Ich musste es aufschieben. Die kleinen Hoffnungen, die ich gehabt hatte, wurden, mal wieder, auf später verschoben.

Und auch für Tom und mich liefen die Dinge nicht gut. Er und ich hatten mit einigen Journalisten zusammengearbeitet, und ich bekam mehr und mehr Anfragen, über meine Geschichte zu sprechen, und das war nicht gut für meinen Verstand. Obwohl wir ein gutes Team waren, wenn es darum ging, dafür zu sorgen, dass unsere Stimmen gehört wurden, beschlossen wir, eine Auszeit voneinander zu nehmen, von dem Wahnsinn, den wir zu erschaffen schienen.

Ich arbeitete mehr, so viel, wie ich konnte, im Golfklub, servierte Getränke und brachte Essen, und lachte mit den Männern und Frauen, die gerne über ihren Sport reden wollten.

Es war normal, dass ich mich mit dem Manager anfreundete, und es war auch normal, dass er, nachdem wir uns eine Weile kannten, mehr über mich wissen wollte. Einmal war die Polizei da gewesen, um mit mir zu sprechen, und sie waren nicht allzu diskret dabei vorgegangen.

Ich erinnerte ihn, dass er mir einmal von einer Dokumentation von BBC Nordirland über Sexhandel erzählte hatte, und er sagte, er erinnere sich daran. Ich erinnerte ihn daran, dass er über die Frau gesprochen hatte, die sie interviewt hatten, die Frau, deren Identität verborgen worden war, und die davon gesprochen hatte, wie sie entführt, verkauft und von Zuhältern für Sex überall in Irland angeboten worden war. Und ich erzählte ihm, dass ich diese Frau war.

Seine Reaktion hätte nicht unterstützender sein können, aber ich erinnere mich, dass ich das Gefühl hatte, ich hätte nichts sagen sollen. Selbst ich benahm mich in Bezug auf meine eigene Sicherheit wie eine Närrin.

Die Wahrheit ist, ich wusste einfach nicht, wie groß das Risiko war, dem ich ausgesetzt war. Wussten Ilie und Ancuta, was ich der Polizei gesagt hatte? Sie müssen gewusst haben, dass jemand in Belfast Informationen weitergegeben hatte. Und meiner Meinung nach bestand eine sehr gute Chance, dass sie wussten, dass ich diese Person war.

Mein Geheimnis verraten zu haben, hinterließ bei mir ein dummes Gefühl, als könnte ich mir selbst nicht trauen. Mir drohte keine Gefahr von dieser Person, und diese Person würde es niemandem erzählen, aber ich hatte etwas über mich selbst erfahren, und darüber war ich nicht glücklich.

Mit all dem in meinem Kopf, und wegen der langen täglichen Wege zu Fuß zum und vom Golfklub, wegen der langen Arbeitsstunden und dem unregelmäßigen Schlaf, kündigte ich im Februar 2015 meinen Job dort.

Tom und ich hatten uns getrennt, und ich lebte jetzt allein in einem Reihenhaus in Südbelfast, und wieder fragte ich mich, was in aller Welt ich dort tat.

Ich war immer noch in Kontakt mit Tom, und wir hatten immer noch das Gefühl, viel zu tun zu haben, aber wir fanden, dass es am besten für uns war, nicht so nah zusammen zu sein, wenigstens nicht, bis ich mich mit einigem von dem auseinandergesetzt hatte, mit dem ich mich auseinandersetzen musste.

Ich fing einen neuen Job an, bei dem ich wieder Getränke und Essen servierte, in einem Luxushotel in der Nähe von Belfast. Ich musste weiterhin arbeiten, um Geld zu verdienen, und ich musste mich, um meiner geistigen Gesundheit willen, beschäftigen.

Als ich in dem Hotel anfing, wusste ich nicht viel darüber, wusste nicht, dass es ein Ort war, an dem reiche und berühmte Leute übernachteten, wenn sie in Belfast waren. Ich erkannte sie nicht, aber Sean Bean und all die wichtigen *Game of Thrones*- und *Herr der Ringe*-Leute waren dort, in dem Jahr, in dem ich in dem Hotel arbeitete. Ebenso Dolly Parton.

Gegen Ende des Jahres, nachdem wir ein wenig Zeit getrennt voneinander verbracht hatten, traf ich mich noch einmal mit Tom. Wir brachten einander über das, was wir über die neuen Entwicklungen in Bezug auf das Gesetz wussten, auf den neuesten Stand. Er erzählte mir, dass sie, in seinen Gesprächen mit Mitgliedern der verfassungsgebenden Versammlung und anderen politischen Repräsentanten, von dem Gesetz als »Annas Gesetz« gesprochen hätten.

Ich kann Ihnen gar nicht sagen, wie froh mich das machte.

Ich erzählte ihm, dass ich, was auch immer passieren würde, jetzt fest entschlossen war, den Plan umzusetzen, Jura zu studieren, einen Abschluss zu machen. Es war möglich, sagte ich, wenn ich lange genug sparte und die richtigen Darlehen beantragte.

Tom sagte, er habe das Gefühl, es wäre das Richtige, das in Betracht zu ziehen, er glaube, das sei die richtige Wahl für mich.

Er sagte, es sei gut, ob nun das Anti-Menschenhandel-Gesetz in die Gesetzbücher käme oder nicht, dass ich diesen Weg weitergehen wolle.

Ich erzählte ihm, dass ich darüber nachgedacht hatte, was ich beim Bewerbungsgespräch erzählen wurde, dass ich erklären wolle, was ich durchgemacht hatte.

Ich wollte sagen: »Anwalt zu sein, bedeutet nicht nur, Gedanken aus den Gesetzbüchern umzusetzen, es bedeutet, Menschen zu schützen und ihnen zu helfen. Es ist ein sozialer Beruf – oder es sollte ein sozialer Beruf sein. Es wird nicht so gesehen, aber ich hoffe, dass es eines Tages so gesehen werden kann. Wenn es richtig funktioniert, dann ist es das. Leute, die Hilfe brauchen, brauchen das Gesetz. Das Gesetz sollte mehr sein, als nur eine Zwischenstation. Anwälte sollten mehr sein, als nur Bürokraten.«

Wenn ich mir die »Allgemeine Erklärung der Menschenrechte« ansehe, dann sehe ich, wie viele der Rechte, die so viele Leute unterstützen, anderen Menschen jeden Tag verwehrt werden. Und ich meine nicht in brutalen Diktaturen. Ich meine in Straßen wie den Ihren, in Häusern, wie dem Ihren, in Ländern, wie dem Ihren, genau in diesem Augenblick.

Die AEMR ist auf gewisse Weise eine Liste von Dingen, von denen Menschenhändler sicherstellen müssen, dass man sie nicht bekommt, damit sie mit einem erfolgreich sind, und mit einem das meiste Geld verdienen.

Es würde eine wunderbare Sache sein, eines Tages, das Wort »Menschenhandel« auf der Liste zu sehen, wie das bei »Sklaverei« bereits der Fall ist. Ich glaube, dass es nur eine gute Sache ist, nur im Interesse der Menschen überall auf der Welt, wenn wir dieses Wort auffälliger und deutlicher machen und es öfter sehen, um zu zeigen, dass eine Person, die Opfer von Menschenhandel geworden ist, nichts anderes als eine versklavte Person ist. Die Welt wird dieses versteckte Problem niemals wahrnehmen, es sei denn, das Problem wird ihr gezeigt.

Das neue Gesetz würde Frauen, die Opfer von Menschenhandel geworden sind, helfen, eine Ausbildung, Unterstützung und Sicherheit zu bekommen. Es würde die Ausrede beseitigen, dass ein Menschenhändler sagen kann, die Frau habe zugestimmt, das zu tun. Diese Dinge sind so wichtig, dass es mich sehr glücklich gemacht hätte, wenn ich irgendeinen Einfluss darauf hätte haben können, dass das irgendwo auf der Welt passiert.

Wie viel ist Versuchen wert?

Doch unsere Reise verlief nicht so glatt, wie wir zu hoffen gewagt hatten. Es gab mit vielen der Mitglieder ein Problem mit einer bestimmten Klausel des Gesetzesentwurfs, Klausel Sechs, die es verbot, für Sex zu bezahlen.

In Nordirland war es illegal, auf den Autostrich zu gehen, Zuhälterei und ein Bordell zu betreiben, aber die Handlung, einen Körper für Sex zu kaufen, war nicht illegal. Klausel Sechs würde all das ändern. Die Sinn-Fein-Partei war jedoch nicht überzeugt, und sie waren nicht allein. Einige Sexarbeiter waren ebenfalls gegen die Klausel und planten, in Stormont zu protestieren. Die Polizei hatte auch keinen großen Glauben daran, dass das eine gute Sache wäre.

Was jedoch wichtig war, waren die Abstimmungen in Stormont, und das war der Ort, wo wir kämpfen wollten, falls wir mussten. Ich war willens, mich mit allen Mitgliedern der verfassungsgebenden Versammlung zu treffen, die das wollten, um die menschliche Seite dessen zu erklären, worüber sie sprachen.

Ich weiß natürlich, dass es immer Sex für Geld gegeben hat, aber wie ich bereits sagte, gibt es jetzt eine schreckliche, wachsende Form von Sex gegen Geld: die moderne Sexsklaverei.

Wenn man einem Mann sagen kann, sagen wir, einem Mann in Ihrer Stadt, dass er verhaftet werden und in der Zeitung landen könnte, weil er für Sex bezahlt hat, dann ist es weniger wahrscheinlich, dass er es tun wird. Nicht alle Männer werden aufhören, nein. Aber es werden weniger sein, die das tun.

Und es gibt wenigstens mehr Hoffnung, dass die Frauen, die von ihrer Sklavenarbeit gerettet werden, nicht wie Kriminelle behandelt, nicht verhaftet werden, keinen Eintrag ins Vorstrafenregister bekommen und nicht einfach, wie es manchmal in Großbritannien der Fall ist, in ihre eigenen Länder deportiert werden, wo dieselbe kriminelle Bande sie aufsammelt und alles wieder von vorne beginnt.

Und wenn es in einem bestimmten Land ein Gesetz gegen das Bezahlen für Sex gibt, wird der Zuhälter das berücksichtigen, bevor er dort sein Geschäft aufbaut.

In der Debatte in Nordirland wurde all das wieder und wieder durchgegangen, von innen und außen betrachtet, immer wieder.

Am 21. Oktober 2014 stimmte Nordirland für eine große, neue Gesetzesänderung. Die Versammlung in Stormont stimmte einundachtzig zu zehn für die Einbringung des Gesetzesentwurfs, den Lord Morrow lanciert hatte. Es würden die strengsten Anti-Menschenhandel-Gesetze in Großbritannien sein, ob es nun um Menschenhandel für Arbeit oder Sex ging. Und sie enthielten Klausel Sechs – es würde illegal werden, in Nordirland Sex zu kaufen.

Der Justizminister unterstützte die Initiative weiterhin nicht, aber am Ende kam Sinn Fein an Bord, durch eine, wie es hieß, sehr seltene Vereinbarung zwischen ihr und der DUP. Es hatte mehr als sechzig Änderungen gegeben, aber ich hätte nicht glücklicher sein können, nun, da ich wusste, dass Sex zu kaufen jetzt illegal war.

Am selben Tag trugen ein paar Sexarbeiter Masken und Plakate, um gegen den eingehenden Gesetzesentwurf zu protestieren. Sie sagten, das Gesetz sei »schändlich«, und Nordirland werde zum »Gespött von Europa« werden.

Ich war an jenem Tag auch dort, und nichts, was irgendjemand sagte, hätte mich runterziehen können. Es gab Tränen und Umarmungen mit allen möglichen Leuten, viele von ihnen waren Leute, die ich noch nie getroffen hatte, die genauso überglücklich waren wie ich.

Es war für uns alle ein Sieg, weil so viele Menschen mitgewirkt hatten.

Lord Morrow gab mir eine Kopie des Gesetzesentwurfs, und ich bat ihn, sie zu signieren. Ich bewahre sie, wie einen Schatz, in meinem Haus auf. Es stehen darin die Namen aller möglichen Leute, die involviert waren, Unterstützer aus allen Gesellschaftsschichten. Auch ich wurde gebeten, die Gesetzesentwürfe von anderen zu signieren, und ich erinnere mich, dass ich, während ich auf meine eigene Schrift blickte, dachte, dass die Buchstaben so groß, so glücklich, so rund geworden waren.

Im Januar 2015 wurde der Gesetzesentwurf offiziell zum Gesetz.

Hier ist der Bericht von der BBC-Nordirland-Website von jenem Tag:

Ein Gesetzesentwurf, der bedeutet, dass Nordirland der erste Teil von Großbritannien ist, der das Bezahlen von Sex zu einer strafbaren Handlung macht, ist in Kraft getreten, nachdem er die königliche Zustimmung erhielt ...

Der Gesetzesentwurf von privaten Mitgliedern wurde vom Mitglied der Democratic Unionist Party (DUP), Lord Morrow, eingebracht ...

»Was mich während dieses ganzen Prozesses angetrieben hat, war das Bedürfnis, für die Opfer dieses verabscheuungswürdigen Handels etwas zu bewegen«, sagte er.

»Die Aussagen von Opfern, die ich getroffen habe, werde ich nie vergessen ...«

Kapitel Dreißig

Ich traf mich mit Marco im Januar 2016 in Sibiu in Rumänien.

Es war schwer gewesen, ihn aufzuspüren, aber der Kontakt wurde schließlich durch einen Freund von Petre hergestellt, und er war immer noch in London. Er war immer noch dort, arbeitete noch, rauchte noch, schuldete noch Leuten Geld und lebte immer noch auf seine eigene Art und Weise.

Wir müssten uns so bald wie möglich in Sibiu treffen, teilte ich ihm mit.

Und er erklärte sich einverstanden, sich im Januar mit mir zu treffen, eine Tasse Kaffee mit mir zu trinken.

Ich fühle mich in meiner Heimatstadt immer unbehaglich, vielleicht werde ich mich in Rumänien immer unbehaglich fühlen, aber dieser Besuch diente einem guten Zweck. In dem Amt, in dem wir geheiratet hatten, ließen wir uns auch wieder scheiden. Es gab keinen Streit, keine Klagen, wir hatten nichts mehr füreinander übrig. Wir trennten uns offiziell, und ich bekam meinen eigenen Namen zurück, mein eigenes Selbst, mein eigenes Leben.

»Kennst du meine Geschichte?«, fragte ich ihn hinterher.

»Ja«, sagte er. »Es ist so schrecklich, was dir passiert ist, Anna.«

Er sagte, er habe versucht, auf meinen Besitz aufzupassen, nachdem ich weg war, auf meinen Laptop, auf die Schlüssel der Leute, aber er sei nicht in der Lage gewesen, alles zu verfolgen.

Ich fragte ihn: »Kennst du irgendwelche Leute, die Leute entführen, die mit rumänischen Mädchen handeln, Marco?«

»Nein«, sagte er. »Ich habe gehört, dass das passiert, aber ich kenne niemanden, der so etwas tut.«

»Sie bezahlen Geld«, sagte ich. »Denn das richtige Mädchen ist sehr viel Geld wert.«

»Ja«, sagte er.

»Das Mädchen kann immer und immer wieder benutzt werden, immer wieder, und sie behält ihren Wert eine lange Zeit«, sagte ich. »Mit einem Menschen kann so viel Geld verdient werden, wenn er wie eine Sache behandelt wird.«

»Ja«, sagte er.

»Aber jemand müsste schon ein böses Herz haben, um in so etwas verwickelt zu werden«, sagte ich.

»Das stimmt«, sagte er.

Ich glaube nicht, dass wir uns jemals wiedersehen werden.

Ich kehrte in jenem Monat nach Nordirland zurück und hörte, dass Ilie Ionut und Ancuta Schwarz aus dem Gefängnis in Schweden entlassen worden waren. Aber sie kamen nicht sehr weit, weil sie sofort, auf zwei verschiedenen Flügen, nach Großbritannien ausgeliefert und von Stockholm nach Belfast geflogen wurden. Sie erschienen an verschiedenen Tagen vor dem Amtsgericht Belfast, um zu hören, was ihnen bevorstand.

Ancuta wurde unter Anklage gestellt wegen Kontrolle von Prostitution und dem Organisieren von Sexhandel, Straftaten, die auf das Jahr 2011 zurückgingen. Sie betrat an jenem Tag die Anklagebank in einem langen grünen Mantel, mit einem Kragen im Leopardendruck, der aussah, wie der Mantel eines Zuhälters.

Dem Gericht wurde gesagt, Miss Schwarz habe angeblich viertausendeinhundertundachtundsiebzig Pfund an illegalen Geldern an eine Frau in Rumänien überwiesen, und sie habe geplant, weitere Beträge zu überweisen. Sie wurde außerdem angeklagt, Beihilfe bei der Prostitutionskontrolle und dem Transport einer Person im Zuge des Menschenhandels nach Großbritannien zum Zweck der sexuellen Ausbeutung geleistet zu haben.

Diese Person, das kann ich Ihnen sagen, war Skinny.

Ilie wurde zuerst gesagt, er würde sich vier Anklagen stellen müssen, einschließlich zwei Anklagepunkten wegen Prostitutionskontrolle gegen Bezahlung, Menschenhandel und dem Entfernen von kriminellem Eigentum aus Nordirland. Ihre Anwälte sagten, sie würden fürchten, dass dies ein Fall von »Doppelbestrafung« sei, denn sie befänden sich in einem anderen Gericht in einer anderen gerichtlichen Zuständigkeit, doch die Anklagen seien größtenteils dieselben wie jene, für die sie gerade erst im Gefängnis gewesen seien.

Und natürlich plädierten sie auf nicht schuldig in Bezug auf alle Anklagepunkte.

Oder zumindest taten sie das vier Monate lang. Im Mai 2016, nach vielen Gesprächen hinter den Kulissen, plädierten sie auf schuldig.

Ich kann Ihnen sagen, dass Ancuta lächelte, als das Urteil verlesen wurde.

Sie würden beide nur acht Monate absitzen, für das, was sie getan hatten, während sie in Nordirland waren, und danach würden sie sechzehn Monate in Freiheit unter Beobachtung stehen.

In den Polizeiakten stand, sie seien Schlüsselfiguren einer

organisierten kriminellen Bande, die an Prostitutionskontrolle und Menschenhandel in Nordirland, Schweden und Rumänien beteiligt sei. Es hieß weiter darin, dreizehn Opfer seien im Zuge der Operation Burgrave in Belfast gerettet worden. Opfer, die mit Hilfe von Drohungen und Gewalt ausgebeutet und isoliert worden seien, kein Geld und keine Dokumente gehabt hätten und völlig von den Zuhältern abhängig gewesen seien.

Richter Kerr sagte, es habe »demütigendes und erniedrigendes Verhalten« gegeben.

»Dies ist ein Fall von organisiertem Verbrechen, das Menschenhandel einschloss – etwas, das eindeutig in hohem Maße körperliche und psychologische Verletzungen bei den Opfern hervorrufen kann«, sagte er, bevor er ihnen ihre kurze Strafe verkündete.

Doch wissen Sie, ich war nicht dort, nicht bei der Anhörung, feierte nicht, weinte nicht. Ich war nicht in Belfast, nicht in Nordirland, nirgends auch nur in der Nähe des Ortes, wo dieser Teil meines Lebens stattgefunden hatte. Ich habe, denn das musste ich, die Vergangenheit hinter mir gelassen.

Ich habe jemanden gefunden, ich habe einen Weg nach vorn gefunden, Arbeit, ein Studium und ein ganz neues Leben. Jetzt spreche ich oft mit meiner alten Freundin Mirela, und wir lachen über die guten Zeiten, machen kleine Pläne für die Zukunft, mit den neuen Freunden, die wir jetzt haben.

Und ich stehe in Kontakt mit meiner Mutter, wir reden über gute Dinge, nie über schlechte Dinge, über das, was ich tue, was ich zu tun hoffe, wer ich zu werden hoffe.

Ich habe Verbindungen zu politischen Kreisen, in der Gesetzgebung, die mich gebeten haben, dabei zu helfen, Dinge zu verändern, mich um Rat gebeten haben, darüber, wie die Zukunft für andere Ländern aussehen sollte. Ich habe mich mit hochrangigen Persönlichkeiten in England und Schottland getroffen, um über solche Themen zu sprechen, und ich weiß, dass ich viel beizutragen habe, viele Einsichten einbringen kann, einen großen Erfahrungsschatz zu bieten habe, der nicht in Geld gemessen werden kann.

Ancuta und Ilie kennen das Innere von zwei Gefängnissen, weil ich in der Lage war, sie zu finden.

Doch während mehr Monate vergingen, nachdem ich meine Freiheit wiedererlangt hatte, wurde es mir immer wichtiger, mich selbst zu finden.

Vielleicht ist das der Grund, warum ich jetzt, nach all dem, beschlossen haben, an die Universität zurückzukehren, Jura zu studieren, und in der Zukunft daran arbeiten will, Dinge zu verändern.

Eines Tages, das weiß ich, wird mein Name aus dem Strafregister gestrichen werden.

Eines Tages, da bin ich mir sicher, werden sich wichtige Leute bei mir entschuldigen, die erklären werden, dass sie so gut wie ich wissen, dass ich niemals das Innere des Gerichtsgebäudes von Galway hätte sehen sollen.

Sie werden wissen, dass das, was an jenem Tag passierte, ein Unrecht war, und dass die Tatsache, dass ich seitdem zur Kriminellen abgestempelt worden bin, nicht der richtige Weg ist, die Geschichte zu erzählen.

Ich bin nicht das, was sie von mir behaupteten.

Ich bin keine Prostituierte.

Stimmen über Anna

Lord Maurice Morrow: Lancierte den Gesetzesentwurf der privaten Mitglieder

Anna ist eine Frau von immenser Tapferkeit. Ihre Geschichte brach mir das Herz, machte mich absolut fassungslos. Was in diesem Land, überall in Großbritannien, in Bezug auf Menschenhandel vor sich geht, ist entsetzlich. Anna erwies sich als Inspiration für mich, als ich mich bemühte, das Gesetz zu Menschenhandel und Ausbeutung durch die Nordirland-Versammlung zu bringen.

Andy: Drogendealer

Anna war selbstmordgefährdet. Jedenfalls erschien es mir so. Sie kümmerte sich nicht um sich selbst, aber sie wollte eigentlich einfach nur Abstand von dem Leben gewinnen, das sie geführt hatte. So war sie, als ich sie traf. Sie hatte überall blaue Flecke. Die Leute, die ihr das angetan hatten – ich war nicht involviert – aber sie bekamen eine Abreibung. Die bekamen sie definitiv. Sie bekamen mehr als eine Abreibung. Sie hatten es verdient.

Rachel Moran, Autorin von Was vom Menschen übrig bleibt: Die Wahrheit über Prostitution

Ich traf Anna zum ersten Mal 2014, während wir beide damit beschäftigt waren, Lord Morrows Gesetzesentwurf zu Menschenhandel und Ausbeutung zu unterstützen, und seitdem habe ich gesehen, wie sie jede Art von Sturm überstanden hat, einschließlich der Grausamkeit strategisch platzierter Lügen, von jenen, die ein politisches Interesse daran hatten, den Versuch zu unternehmen, die Realität ihrer Erfahrung zu leugnen. Trotz allem hat sie nie klein beigegeben, und wir erreichten unser Ziel. Ich bin froh darüber – und unglaublich stolz auf sie.

Dank

Ich will jenen danken, die mir während und nach den Monaten halfen, die ich unter der Kontrolle von anderen verbrachte. Es gibt viele von ihnen.

Doch besonders danke ich den beiden Menschen, die in diesem Buch Tom und Andy genannt werden. Sie glaubten an mich, als ich nur noch wenig hatte, an das ich glauben konnte. Sie reichten mir eine helfende Hand, als es mir am schlimmsten ging. Sie gaben mir Hoffnung.

Danke auch an die furchtlose Anti-Prostitutions-Aktivistin Rachel Moran, an die außerordentlich engagierten Leute bei Flourish NI, an Lord Maurice Morrow und an diverse Wohltätigkeitsorganisationen und Agenturen, die alles getan haben, was sie konnten. Ich weiß wahrhaftig, wie kostbar Freundlichkeit sein kann.

Mein Dank auch an den Police Service of Northern Ireland, für ihre Hilfe, als ich dieses Buch schrieb, und noch mehr für ihre unablässige Arbeit, Ilie Ionut und Ancuta Schwarz vor Gericht zu bringen.

An meinen Ghostwriter Jason Johnson, ein herzliches Dankeschön.

Sie haben geglaubt, dass ich meine ganze Geschichte erzählen könnte, wenn auch nur einmal. Sie waren die sensible und doch bestimmte, treibende Kraft hinter diesem Buch.

Dem rücksichtsvollsten und aufmerksamsten Literaturagenten, Paul Feldstein, und meinem mitfühlenden, verständnisvollen Verlag, Ebury, will ich sagen, dass Sie mir, indem sie meine Geschichte akzeptiert haben, geholfen haben, eine Tür zu schließen und weiterzugehen.

Es gibt noch andere, die geholfen haben, die aber nicht namentlich genannt werden können. Sie wissen, wer sie sind.

Ich bin nicht in der Lage, Ihnen zu sagen, wer ich bin. Die Gefahr für mich und andere, sagt die Polizei, ist zu groß.

Doch diese Geschichte ist größer als nur eine Person, größer als nur ein Ort.

Meine innigsten Hoffnungen sind, erstens, dass dieses Buch vielleicht Mut macht, wo er am meisten gebraucht wird.

Und zweitens, dass es davor warnt, dass wir uns in einer Zeit wachsender, heimtückischer Sklaverei befinden, und dass jeder, überall, sich reiflich überlegen sollte, was der nächste Schritt sein sollte.

Sie können hinsehen und darüber sprechen, oder Sie können auch, was angenehmer ist, wegsehen.

Anna

»Ein Sklave der Angst zu sein, ist die schlimmste Art der Sklaverei.«
George Bernard Shaw

Über die Autoren

Jason Johnson ist ein Journalist und Autor aus Nordirland.

Anna hat im Hintergrund mit Gesetzgebern in Nordirland gearbeitet und eine maßgebende Rolle bei der Einführung eines radikalen Neuanfangs in der Gesetzgebung in Bezug auf den Sexhandel gespielt. Sie lebt jetzt nicht mehr in Großbritannien oder Irland.